企业知识联盟及其运行绩效评价研究

任慧 著

上海三联书店

目　录

前　言

早在1965年，管理学者彼得·德鲁克就曾预言“知识将取代土地、劳动、资本与机器设备，成为最重要的生产因素”。《知识型企业》（Sveiby，1986）这本著作则开启了以知识资源为客体的知识管理理论与实践研究的先河。20世纪80年代，部分标杆大企业开始投入到知识管理实践中，以办公设备制造著称的施乐公司以及战略咨询领域的麦肯锡公司都是其典型代表。施乐公司为应对日本复印机的威胁，巩固自己在复印设备领域的领先地位，就最先建立起标杆学习制度，向其他行业的优秀公司学习。而麦肯锡的格鲁克时代也是为应对来自BCG和贝恩咨询公司的竞争威胁，着力塑造其知识管理和组织学习的企业文化。

受到信息化浪潮的影响，基于技术支撑的知识管理的观念结合网际网络建构入口网站、数据库以及应用电脑软件系统等工具，成为组织累积知识财富，创造更多竞争力的利器。到了90年代，大量企业的知识管理系统开始建立自己的信息技术系统，这也成为企业经营流程的重要构成部分。一般而言，不同的组织采用不同的知识管理模式，但按照惯例，企业通常会创建最佳实践的信息库，在公司内部建立客户服务人员和产品制造人员之间的信息沟通网络，企业员工之间建立基于强关联社会网络的知识分享网络、任务协作网络等。知识经济时代，以知识为纽带保持并提高公司的竞争力，塑造竞争优势，是企业发展必须要面对的时代选题。良好的知识管理体系的构建是保持企业持续创新与竞争优势的法宝，知识管理实践受到业界活动的追捧。

基于知识分享、知识创造的动态理念开始融入了企业动态能力的培养和管理的各个层面，知识管理战略逐步上升为企业的一项核心任务。管理大师德鲁克认为："21 世纪的组织，最有价值的资产是组织内的知识工作者和他们的生产力。"对于组织和个人，知识管理都已经成为伟大机遇和挑战。90 年代中期涌现的大量知识管理方面的研究成果也推动了大量公司以战略性的眼光，投入巨资，纷纷建立自己的知识管理体系和知识管理系统。有以知识被编码、贮存在数据库，公司任何人都可以通过计算机网络直接调用的编码管理模式以及以知识与知识的所有人不分离为特征的人物化管理模式（Hansen and Thomas，1999）。并凝聚成知识管理的两条主线，其一是以信息技术为支撑的技术流派，在实践中被大量应用；其二是以如何围绕员工如何进行知识交流、新知识创造、知识渗透、知识基提升等的认知心理学、社会网络分析、组织行为学、社会经济学等理论研究流派。而且，随着知识管理理念的跨学科扩散，不仅仅是企业，几乎所有的组织都在提倡知识管理。知识管理实践在业界的密集开展进一步促进了学术界对知识管理的研究，公开发行的出版物数量也呈指数增长①，通过对 379 名在知识管理 / 智力资本方面活

---

① Ragab M A，Ramy A，Floody J，et al. A Scientometric Analysis of Knowledge Management Research and Practice Literature：2003—2015［J］. *Knowledge Management Research & Practice*，2017，16（1）.

跃的学者的调查，发现做知识管理专题研究的国际学术期刊已至少有25种[①]，其中一些国际学术期刊还开设了知识管理研究专栏，比如，《战略管理》（*Strategic Management Journal*，1996）、《管理研究》（*Journal of Management Studies*，2001）、《组织》（*Organization*，2007）、《知识管理研究》（*International Journal of Knowledge Management Studies*，2009）[②]。尽管该领域受到极大关注，知识管理研究依然是一个未成熟的学科分支，其概念模型还是没有稳定下来，但有学者也认为，知识管理正往成熟方向慢慢接近[③]，比如，它吸引了越来越多其他学科的学者加入本领域的学科研究中，在重要期刊出版物上发表的级别的提升以及越来越多有关知识管理的研究使用实证研究方法的趋势。

起源自美国和日本的知识管理理论和实践理念在世纪之交传入中国，一经传播，立即被学界和业界广泛接受。知识管理是一种以人为本的先进管理理念和管理模式，已经伴随着知识经济的发展逐渐向我国各个领域渗透。知识管理在学界和业界的双轮发展，为我国企业参与国际竞争和转型发展注入了新的活力与动力，与此同时，以知识为纽带的企业管理理论研究也成为显学。知识经济、知识型

---

① 以下资料来自 Serenko A. Meta-analysis of scientometric research of knowledge management：discovering the identity of the discipline［J］. *Journal of Knowledge Management*，2013，17（5）：773–812。

② Roussel C S. Knowledge creation during cross-functional projects：lessons from a case study of a french bank［J］. *Post-Print*，2011，3（3）：259–274。

③ 观点来自 Serenko A，Dumay J. Citation classics published in knowledge management journals. Part I：articles and their characteristics［J］. *Journal of Knowledge Management*，2015，19（2）：401–431。

企业、学习型组织、知识型员工等词汇开始越来越深入地渗透到各国经济建设中。2000 年里斯本欧洲理事会更把知识管理上升到战略的层次，并计划十年内让欧洲成为全球最具竞争力和最具活力的知识经济实体。与此相呼应，国内学者从管理学、情报学、经济学、社会学等多学科视角涉足这一领域的学术探讨，大量期刊、书籍纷纷刊发相关文章和学术观点，而到了 2010 年前后，国内对于知识管理领域研究热度和应用更是达到了巅峰。

与学界理论研究相伴而来的是企业纷纷开展知识管理实践活动，国内一些大型企业几乎都是知识管理理念的践行者和知识管理系统的使用者，并从中获得了极大的经济利益。

应市场需求以及国家创业浪潮的激励，一些专门服务企业知识管理实践的专业服务公司，如泛微、深蓝海域，纷纷出现。成立于 2008 年的深蓝海域（KMPRO）就是这样的企业级知识管理服务提供商，致力于推动“企业内容管理（ECM）和知识管理（KM）”在中国的发展，为客户提供企业内容管理、知识管理领域的专业产品与服务——知识库系统、企业内容管理、智能搜索引擎、知识挖掘、标准法规管理、学习与培训、案例库、诊断库等产品与服务；已经完全具备自主研发能力，拥有 15 项著作权，拥有功能最丰富、需求覆盖率高达 90% 的知识管理软件平台，业务范畴跨越银行业、保险证券、呼叫中心业、电信运营商、制造业、政府机构以及电商互联网①。这也从侧面反映，知识管理战略在中国各组织机构受欢迎

① 根据深蓝海域官方网站（http：//www.kmpro.cn/html/aboutus/introduction.）整理而得。

的程度。

大数据和人工智能使知识管理技术手段不断提升，这既是其自身技术工具演进的结果，更是知识管理现实的需要。大数据时代的到来，企业面临的信息挑战远非传统信息管理系统能加以处理和应对的。网络安全威胁问题使企业意识到应对网络攻击最有力的资源之一就是他们手中可以掌握的供其支配使用的不断增加的数据信息。然而，传统的知识管理技术可能在处理和分析大数据方面功能有限，基于此功能掣肘，不少企业加大了网络知识管理建设，这些先行者从大数据分析中获得了网络反应敏捷性的好处。据调查，应用大数据分析的组织有约 72% 认为他们应对网络攻击的能力得到提高，反应能力也更敏捷。相对于那些没有采取大数据分析工具的企业，这些网络知识管理的先行者网络安全性能良好，并且有足够的能力保护自己的核心和关键技术资产免受外部攻击，同时，拥有高级数据分析能力的组织能更有效地组织自己的 IT 资源以快速应对网络突发事件。

知识管理技术并不是孤立存在的一种技术，而是在实践中动态发展的技术体系。组织需要从知识管理的需求出发，明确解决知识管理问题的方法，将相关技术综合集成后，形成知识管理系统或知识管理工具，进而提供完整的知识管理服务。知识管理技术被越来越广泛应用，比如基于知识管理技术的情报分析系统，借助知识地图、知识仓库、群件、智能代理、案例推理技术、神经网络、机器学习、工作流技术、网格技术、文档管理技术等知识管理技术对情报分析工作进行改造。

综观学界对知识管理理论和实践领域的研究，大致以资源基础论（RVB）为基础，存在两个基本研究取向：内部导向的资源基础观和外部导向的资源基础观。

对于什么是企业竞争优势的来源的问题基本被波特的战略定位理论所主导，即，企业竞争优势主要源自产品、市场、定位和规模这些结构性要素，企业竞争战略定位趋向于分辨相似的企业在相似的市场中经营状况的区别，企业竞争优势来自企业外部环境因素。然而，企业中有些问题还是无法解答。面对日本企业的威胁，美国学界开始深入思考企业成长的真正来源是什么的战略问题。用George Stalk Jr. 在20世纪90年代后期概括战略演变的话说，“在新的时代背景下，战略的核心不再是企业对于产品和市场的定位，而是企业的行为逻辑，其目标是识别和培养组织难以模仿的能力，从而使其能够在竞争中脱颖而出”。1984年，密歇根大学的年轻教授沃纳费尔（Birger Wernerfelt）发表了“公司的资源基础观”（*A Resource-Based View of the Firm*）。该文发表初始，并没有引起学界的极大关注，但是其以资源为导向来考虑企业竞争力来源的战略方法成为接下来20多年这一领域大部分学术研究的焦点。之后，巴尼（Jay Barney）在“竞争优势的内核”里具象化“资源基础观”，开启了由外向内看的内部导向资源基础论，该理论使学者们不需要像波特一样受过经济学研究的训练，只要有组织科学的学科背景就可以深入企业内部，建构标准，判断企业内部资源对竞争优势的潜在影响效果。以内部导向资源基础论为基础，探求企业内部知识创造与累积规律是知识管理战略。该理论分支强调，作为企业竞争优势的最主要资源——知识资源才是企业竞争力的根本来源，如何从企业内部找寻原因和手段，提升企业知识资源的高价值性、稀缺性、难以模仿性以及无可替代性等组织情境根植性的特质。麦肯锡的研究认为，能拥有这种能力的资源标准应该是“可交易的专有资产”（Tradable Privilege Assets）和“独特竞争力”，即组织的一些比较软性的能力，如人力管理能力、持续创新能力以及建立和维持企业声誉等的能力等。

当这种理论提出时，互联网——20世纪最大的变革——还处于萌芽阶段，谷歌的两位创始人拉里·佩奇和谢尔盖·布林才刚刚认识；Windows操作系统刚创建5年，还是3.0的版本，而中国的互联网创业群体还处在启蒙前的阶段。然而，几年之后，随着互联网的风起云涌，信息技术在全球的广泛应用，大量知识型企业盛行起来，知识型员工成为这些企业的核心资源。在这种背景下，围绕持续创新的新经济情境的研究大量出现，密集型知识活动应运而生。对于企业来说，为应对突然而至的科技创新和知识大爆炸浪潮，大量知识密集活动能为它们带来科技创新成果，也能为它们持续带来新产品和新服务。创新活动在全球范围内迅速蔓延，知识经济发展需要大量训练有素的知识员工，为快速适应复杂协作的业务流程，他们必须具备多方面能力和素质，比如对于业务变化的灵活机动处理和适应能力，这一切都需要企业花大精力和财力去开发知识管理系统流程以促进组织内部知识的创造、分享乃至资产化（Garvin et al.，2008），这也为它们带来其他一些挑战，当企业的核心竞争力与企业中的少数技术人员、管理人员密不可分，基于个人能力寻求企业核心竞争力的定位就使一些企业误入歧途；另外，一旦企业的核心竞争力被认定，企业的业务拓展会被锁定在这个能力定位上，也存在陷入核心刚性的另一个歧路上。

当然，我们必须看到这种理论观点也存在诸多令人质疑的地方，有些学者批判持这种观点的研究者，认为内部导向的资源基础观忽视了市场因素，即欠缺对外部世界的思考，主要着眼于公司应该如何管理其内部资源，且内部资源的 VRIN（Valuable-Rare-Inimitable-Nonsubstitutable）属性也很难核定。更犀利的批评者认为，内部导向资源基础观实则是多余的，因为没有价值的资源肯定不会是竞争优势的来源，“越来越多的质疑使这一理论丧失了魅力，研究的人越来越少”（沃尔特，2018）[①]。然而，该学说也提出了重要的理论观念，企业参与竞争的战略意图应该是“相较于竞争对手对自己当前优势的模仿，可以更快地创造未来的竞争优势”。这正如波特在 1996 年《什么是战略》（*What is strategy*）里就“竞争者可以快速地模仿你的市场定位和竞争优势”的观点予以反击一样，企业根本竞争力不仅仅是提高运营效率，因为追求低成本或者提供高质量服务 / 产品的运营管理效率会带来两个致命弱点：第一，技术会很快被竞争对手复制，并进一步扩张技术生产力边界，让市场进入加速竞争循环中；第二，追逐效率的结果是标杆管理，使市场竞争者的竞争策略相似，竞争趋同，市场非有效竞争市场，也容易使企业陷入短视，失去长远优势。企业还要关注特定的市场定位，并学会“匹配”。对于企业来说，做到这些的关键在于拥有的技能和获取新知识的组织学习能

① 观点参见沃尔特·基希勒三世著．慎思行译．战略简史：引领企业竞争的思想进化论［M］．社会科学文献出版社．2018 年 8 月版。

力和“组织协作及传递价值的能力”，这种关键技能构成了企业的“核心竞争力”，它是企业内基于资源和技能的竞争优势的组合。这种基于优势的战略定位理念迅速影响了企业战略导向，也引起了知识管理战略的实施导向改变。

在这种背景下，通过新的途径获得新技能和优势资源成为企业更快获得竞争优势的思维导向。以外部导向的资源基础观为基础探究企业资源（知识）创造与累积规律的跨组织知识管理战略应运而生。该分支把知识管理的视角伸向企业外部网络知识资源的获取上，通过对企业与企业之间形成的关联关系的研究，构造了多个研究对象，如虚拟企业、供应链、知识联盟、战略联盟、产学研组织、动态组织、产业集群等中间性组织形式。与企业内的知识管理活动相对比，组织间知识管理增加了更多的变数：（1）知识管理活动中增加了组织间机会主义因素和道德风险；（2）除了其自身拥有的固有属性外，知识这一客体又有了更多企业特定因素，更增加了其转移的黏性、不确定性以及内隐性；（3）知识管理活动的文化环境更为复杂，企业内的单一文化向双元乃至多元文化情境转变，增加了知识创造活动的复杂性。而与此同时，跨组织知识管理也是企业增加知识资源储备，扩充自身能力，开展开放式创新的重要途径，对它进行有效管理是一个重要的学科研究领域。

作为跨组织知识管理的重要分支，知识联盟是企业在实现创新战略目标的过程中，与其他企业、大学和科研院所之间通过结成的优势互补、风险共担的以获取对方知识，以创造新知识为目的的网络组织，主要通过知识要素的流动来实现各方核心能力的连接与融合，联盟伙伴间在交互学习中提高各自的创新能力，并将知识迅速转化为市场价值。2003 年，国内学者李久平和顾新，在《情报科学》杂志上引入知识联盟（Knowledge Alliance）概念，对知识联盟的知识管理问题进行了初步探讨，至今已近 20 年。传统意义上的战略联盟分为产品联盟和知识联盟两大类；也有人将企业战略联盟分为产品联盟、技术联盟与知识联盟，而技术本身就是一种高级知识，所以事实上技术联盟也可归为知识联盟。而产品联盟则是以两个或多个企业为了生产或扩大生产、销售或扩大销售某种产品而结成的较为固定的协作关系，旨在获得对方的产品或零部件的联盟关系，它具有防御性的特征。在这类联盟中，产品是中心，知识创新是居次要位置的。在全球市场上基于资源依赖而达成的结盟方式都可以算是产品联盟。相比较而言，知识联盟的主要目标是学习及创造知识；知识联盟伙伴之间的关系要比产品联盟密切；知识联盟的成员涉及范围较广；有别于采取防御性战略的产品联盟，知识联盟则具战略性和进攻性，目的在于扩大和改善企业的基本能力。而以研发新技术为主要目的的 R&D 战略联盟，从事技术追随和创新开发，加速了产品开发的力度和速度。当然，知识联盟与产品联盟的界限也不是截然分离的，对于一方来说是产品联盟，而对于小企业来说则可能是为获取技术知识、管理知识、市场知识和技能为目的的知识联盟。

总之，以知识为纽带与其他机构联盟，是企业应对市场不确定性以及技术研发的风险的战略选择，而这一趋势也直接促使企业技术创新过程从线性向网络化模式的根本性转变。同时，以学习和知识创造为宗旨的知识联盟的迅速发展也大大加速了技术创新的速度。

国内外学界对企业间的联盟关系的研究主要针对战略联盟展开，随着知识经济的迅猛发展，学者对知识联盟的研究热度有所增强。然而，还是没有将战略联盟严格分离，依然按照战略联盟分类方式划分知识联盟，比如有学者把知识联盟划分为相互持股投资的知识联盟、企业合资的知识联盟以及契约型知识联盟三种。作为战略联盟的一般形式，它们都没有凸显知识联盟独特之处。与理论研究界相对落后的研究现状相反，企业界在实现知识管理系统构建的同时，也在着力实施对外知识获取的知识联盟战略，也因此使得知识联盟的组织形式还在不断地出现新的品种，如基于项目合作的虚拟企业知识联盟、基于松散型的新型产业集聚区以及产业技术创新联盟等，这些变化使知识联盟的功能定位也发生了重大变化。

基于知识的内隐性特征，对知识联盟（学习型联盟）的研究以理论分析占主导，本书选取知识联盟运行绩效评价标准与多因素的关联影响效应衡量作为研究选题，试图从知识这一本质出发，对企业知识联盟，尤其是一些新兴知识联盟的运行绩效加以实证考量，并试图构建一套全新的绩效衡量指标体系，这对全面解析和研究企业知识联盟的战略决策、企业技术/知识创新、企业技术地位提升以及知识联盟理论的深化研究都具有重要的理论与现实意义。而随着知识联盟研究的不断深入，国内学者对知识联盟内涵的理解逐渐深入，知识联盟的外延也不断扩大。实证研究的调研对象也要跟着发生重大的变化，为此，我们试图通过一个大的视野，将近年来一直从事知识联盟研究的学者成果汇总起来，在知识联盟内涵和外延不断扩大的前提条件下，展开系统的理论与实证研究。

而事实上，对涌现的各式各样知识联盟的运行状况进行实证研究，困难是巨大的，比如知识联盟运行绩效评价指标体系的构建、指标体系中每一个变量的量表设计几乎都要做新的尝试性研究。改革开放四十年过去了，伴随经济转型以及新兴技术的迭代升级和普及应用，企业面临的外部环境更为复杂多变。这也促使组织新形态的产生，从而导致企业与合作伙伴间的战略合作关系也发生了巨大的变化，它们不再是仅就财务绩效而合作，而是增加了一些其他动机，如提高自身学习能力和战略地位等。此外，保持较长的合作时间即为联盟运行绩效高的评判标准也应随联盟方式和目的的变更而做调整。当出现以获取知识、知识创造、知识创新等为目的的知识联盟时，显然，这种评价方法还不够完善。而针对这种变化，我们又应该按照何种维度对其运行绩效进行评价呢？Khanna 等（1998）关于联盟企业的利益分为私有利益和公共利益的理论观点富有启发性，为研究知识联盟提供了很好的研究视角。国内学者陈菲琼还将 Khanna 等人的理论观点深化为实证研究，提出了联盟绩效评价的 PC 评价系统，并将这种评价系统应用于跨国公司与我国企业的知识联盟运行绩效的具体测度上。

在前人研究工作的基础上，笔者遵循分析性研究和经验性研究两种方法，通过概念性分析得出基本假设，通过经验性研究对假设进行实证分析和统计检验。

首先，集中阐述知识联盟的基本内涵、功能、类型以及形式等问题。归纳了国内外学者对知识联盟的定义，并在此基础上，从不同的视角对知识联盟予以多维度的分类，并进一步分析了知识联盟组织形式发展的新动向，进一步提出了向度分类的创新性提法。知识联盟是一种松散的知识链接组织形式，一旦企业加入这样的联盟中，就如同融入了一张无形的知识网络。构建企业的联盟关系越来越倾向于向其他成员获取自己缺乏的知识资源，通过彼此的跨组织学习，获得一种基于隐性知识转移和合作创新知识的联盟协同效应。增进学习能力的联盟形式涌现出来并不断出现新的品种，本书对知识联盟的内涵加以解读并详细总结了知识联盟组织形式的演变，它不仅仅指传统意义上以学习为目的的战略联盟，还包括一些更为松散的联盟协议或结构模式，比如产学研联盟、知识技术密集型的产业集群以及基于技术和知识交流为目的的项目虚拟合作等。现代意义上的知识联盟的内涵和外延得以扩充。

其次，笔者集中综述了知识联盟构建和功能理论以及知识联盟运行绩效评价研究的主要成果。知识联盟构建可以从多种理论视野去看待，其一，知识联盟构建可以从管理学自身的组织学习理论分析企业组织自身学习与协同学习这一行为现象；也可以从管理学中的战略管理分析企业知识联盟战略对企业学习能力以及学习效果这一现象。其二，知识和信息在本质上属于同一性质的存在，因此，有关信息论方面的理论也常应用于知识联盟中知识形成与累积这一抽象现象，比如，我们既可以从复杂系统论看待知识流的自组织过程，也可以从信息传播论看待知识在知识联盟组织中的传播过程以及伴随传播现象而出现的信息交易成本、信息交易机会主义行为、信息传播噪音的消除与防范等问题研究。其三，知识在本质上如同一个生物体，有其衍生、成长、旧灭亡、新知识再生……不断循环往复的生命周期，而有关这方面的理论研究主要从两个理论分支展开，一方面从生物科学这一理论视角展开，将知识看作是生物基因片段，知识联盟中不同企业的知识基因的多维度、多方式对接，往往会产生新的知识形态；另一方面从知识认知论来看，知识联盟中任何一方如同一个人脑，其知识的形成存在一定的微观基础和路径依赖路径，知识联盟组织正是一种容易打破企业脑中“锁定”的思维定式，从而形成一种新的知识创新和能力创新模式。其四，企业新知识的形成离不开人际交往所形成的社会网络以及由社会网络而构建起来的知识网络。社会网络理论中关于社会资本、关系网络、社会网络分析方法等常被用来分析知识联盟组织中企业间搭建的知识网络的结构、密度、集中度、结构洞强度以及弱连接和强连接程度等。笔者也尝试从这些理论视野看待企业如何通过知识联盟战略实现知识演化和创新差异等问题。

有关如何评价知识联盟运行绩效问题。我们认为，以学习为导向的研发联盟（知识联盟）与传统的战略联盟既有相似点，也有不少相异点。比如其成员伙伴离开联合机构的几率和倾向更大，而这样的联盟合作方式的终结，往往代表了合作目标已经完成，这样的合作越早结束，则代表项目完成的效率越高，联盟运行的效率越高，这对应着传统意义上战略联盟的稳定性较小且联盟绩效越差的评价标准。某些联盟的建立仅仅是因为一个合作项目的需要，当合作目的达到之后，联盟可能会自然消亡。此时若将联盟的结束一味地理解为是因效率低下是不科学的。相反，并非所有正在运作中的联盟都是成功的联盟，或许企业之所以不退出联盟仅仅是因为退出成本太高而已。因此，我们只能根据联盟的不同情况去进行辩证的分析判断。为此，需要从一些新的维度和视角构建一套新的绩效评价指标体系以适应新的联盟运行绩效的评价，对我国现存知识联盟的运行状况进行实地调查研究。本书在实证研究以及对专家、业界人士访谈的基础上，从新的视角提出了一套衡量组织间知识联盟运行绩效的指标评价体系。本研究以知识及知识活动的相关要素为基本研究对象，从知识增量的私有知识与共有知识分配的结果绩效以及知识联盟过程绩效两个角度分析知识联盟的运行绩效，打破了学界对传统企业战略联盟运行绩效的分析，从新的视角看待组织如何通过联盟导向的发展战略实现个体知识累积和创造的发展路径。

再有，本书据此对我国现有的各种知识联盟类型进行实地调研，从而对国内知识联盟的运营现状做一检验。本研究采取多种调研方法，完成了大规模实证研究，分别以因子分析、相关分析和结构方程模型，验证了知识联盟本身特性、联盟企业学习行为等重要因素对企业知识联盟运行绩效的影响效应，寻找出要素、结构、过程以及绩效之间的路径关系。这一研究模型的提出有利于进一步完善知识联盟理论，也为我国大量存在的组织间合作，如何提升知识创新能力和技术地位等提供了具有实践指导意义的参考框架。

本研究虽力求周严，但由于研究主题的限制，仍尚有未能涵盖之处：第一，本研究作为横断面研究，只能观察某时点现象，不能窥知合作期间的整体变化历程，及其对合作后续行为的影响变化情况，这不可避免地忽视了企业合作的长期演化特征。第二，尽管研究问卷调查及样本量基本满足信度和效度检验，但事实上，有效问卷量仍有限，而且如果研究能够深入到某一具体的知识联盟内部参与实地调研，进行蹲点研究，效果会更好。第三，尽管建构了知识联盟运行绩效评价指标体系，但量化研究阶段，绩效评价指标的测度采取单一的主观评价法，在知识联盟运行绩效的衡量中，只能达到广度观点，而相对欠缺深度观点。因此，后续研究者可从以下几个方面做进一步研究：

首先，后续研究者可以对企业进行分类对比研究，针对知识联盟中组织特征，可以将联盟成员分为：（1）追求技术进步，并持有寻求前沿知识的发展动力特征的创新型企业；（2）能专注与其密切相关的市场领域的发展趋势，但鉴于自身缺乏资源而不能尝试创新技术，其职责即为在产品市场和流程创新上，尽力规避风险，意图最大限度地利用竞争者成功经验的“警觉性模仿者”；（3）满足现状，不愿意或没有能力推进技术改革和发展的创新免疫型企业，分别探讨三类企业组织在联盟过程中的合作绩效。

其次，后续研究者可以对学习类型进一步界定。本研究侧重将学习类型界定为“隐蔽学习”。现实中很多企业间学习并不是仅限于该种类型的学习，而可能是开发式学习，为此，在考虑后续研究时，可以从单一学习类型视角综合看待学习的效果，这是思路之一。一直以来，对知识联盟内企业间的知识合作（学习），存在两种截然不同的认知观点，其一是 Hamel（1991）所提及的“学习竞赛”（the Race to Learn），即联盟是获得伙伴知识和技能的机制；另一个强调联盟是企业获得合作专业化（Co-specialization）及能力提高的机会，也就是说，这种能力是伙伴能力结合带给企业创造新业务的机会中获取的，所以 Kale et al.（2000）指出，联盟的成功依赖于每一个成员的学习投入程度。在第一种联盟学习模式中，组织学习是不稳定的，必然会导致联盟的解体，这是因为在学习竞赛中，总有一些成员学习能力强，学习速度快，效果好，进而控制了联盟关系，从而易于攫取本应该由其他联盟伙伴获得的利益。而在第二类联盟学习类型中，通过学习获得的收益可以转移到其他成员的其他业务领域或产品领域，这会增进联盟的现期净收益，从而强化联盟伙伴间合作的动机。而这些学习导向又是通过什么样的机制影响企业知识基础的提升绩效和技术地位呢？这是一个需要进一步研究的深刻课题。

另外，后续研究者可以进一步完善知识联盟运行绩效指标体系。本研究在战略联盟理论研究的基础上，依据它与知识联盟的异同点，提出了基于结果评价和过程评价的主观评价指标体系。虽然从新的视角对这一理论和实践予以分析和诠释，然而，满意度绩效和合作延续性倾向、知识基础提升绩效之间又存在一定程度的关联性，绩效标准的选择有待未来更多的学者参与研究并优化。

对于企业间合作效率的评测和衡量的确是一项复杂而多变的学术任务，当然，对于从业的企业来说，亦是如此。因为随着经营环境的不断动荡化、复杂化与协同化，尤其是新兴增强技术的大规模应用，企业间的人际互动模式、合作路径、合作效果、合作成果的计量都会跟着发生重大变革。对企业管理学界和业界来说，21 世纪最具挑战性的工作就是以一种非结构化智力任务的方式提高“知识员工生产率”（productivity of knowledge-workers）。一直以来，实施知识管理的企业多关注知识流程管理，从基础设施、组织架构和文化培育等方面推进，旨在提高知识员工生产率，实现最终的创新绩效。然而，很少去关注知识，知识管理过程中人的心理因素对知识员工利他的组织公民行为——知识分享行为的产生会有什么影响。而对以知识合作为目的的知识型中间性组织中人以及知识本质要素的关注度也应加强。比如在学习型跨组织知识团队中，如何增强个体的知识共享行为，将附着于知识员工身上的具有隐秘性、动态性、行动—结果导向性、主观性、延展生长性、情境性以及心智内化等本质属性的特殊信息激发出来，也成为团队管理领域里日渐活跃的话题。而对于这些话题的关注，更应该从心理学视角切入。知识到底在哪里又是以何形式呈现的疑问始终存在，也是知识管理理论领域永恒追逐的话题。如何激励联盟中的个体高效分享其可言传知识甚至一部分不可言传知识，应成为联盟领导者职责的重要体现。

在未来，探索个体心理认知对行为结果的影响方面，是组织心理学研究的重要方向。依据“信息场”理论，个体在信息搜寻过程中产生的心理和情绪状态部分构成了个体行为决策的信息空间，“个体特征—场所状况—信息特征”信息场三元要素都是动态变化的变量，由此构建的信息场是一个灵活演进的系统。知识联合体就是知识载体，共享吧与知识属性构建的信息场，信息场营造的氛围就是凝聚这三种动态因素的粘合剂，也是激起个体利他公民行为动机的重要因子。基于行动者—情境互动主义，加强人际社会交换关系的培育与维护，对于增进知识联盟合作绩效也应该是重要的方向。

有关中间性组织知识管理乃至组织知识管理中“人性”问题的研究，仍是冰山一角。涉及对以人为载体的任何形式知识的管理都存在其“荣格阴影”，还存在更多的人为因素待发掘与研究，这正如有关“组织能力”问题、“组织学习”问题都不会像管理科学中有关经典范式、经典模型、经典曲线或者经典矩阵那般容易受到追捧一样，让组织能力得以发挥以及让组织学习创造价值，需要改变企业及其人员的既有行为方式和思维模式，而这比引入一种简单的分析工具或者一种分析框架要困难得多。

任慧于广州

2020 年 4 月 27 日

第一章　绪论

1.1　理论研究背景

1.1.1　知识联盟研究逐步受到关注

从 20 世纪 80 年代中期以来，随着战略联盟理论与实践的进一步发展，越来越多的国内外学者开始关注战略联盟伙伴间的关系网络，并通过研究发现，企业间结盟的目的越来越倾向于向其他成员获取自己缺乏的知识资源，即通过跨组织学习，获得一种基于隐性知识转移和合作创新知识的联盟效应。西方学者 Bronder & Pritzl（1995）将联盟的学习性作为研究战略联盟的新视角，认为企业构建联盟合作关系能提供一起交流的机会，在联盟内，组织间的合作学习要比单纯竞争更有价值，因为这种联盟关系关键是为组织提供了一种学习机制，而一旦这种机制坚持下来，就可以建立长远的合作机制。

国外学者 Olkkonen（2001）将战略联盟分为基于标准的联盟、协会联盟、市场联盟、整合联盟、分销联盟、供应链联盟、研发联盟、投资联盟、合资联盟、并购联盟等十种类型加以研究。在知识管理理论快速发展的背景下，战略联盟理论研究逐渐演化出一种新概念——学习型联盟（Learning Alliance），国内学者则称之为知识联盟（Knowledge Alliance）。按照构成联盟的合伙各方相互学习转移，共同创造知识的程度不同，传统的战略联盟可以划分为两个极端——产品联盟和知识联盟。一般来讲，产品联盟通常是和竞争者或潜在的竞争者合作，而知识联盟的结盟对象可以是任何机构，只要它拥有专业能力，对合作可以有贡献即可。针对知识联盟的研究，国内学者从20世纪90年代末开始逐步增加了对其的关注，并在2005—2009年达到一个高潮期，近几年直接以知识联盟为研究对象的文献篇数呈下降趋势。

我们从国内CNKI期刊全文数据库中，以“篇名”和“知识联盟”为搜索关键词，精确查询1995—2018年文献，文献部分指数呈如下分布规律：

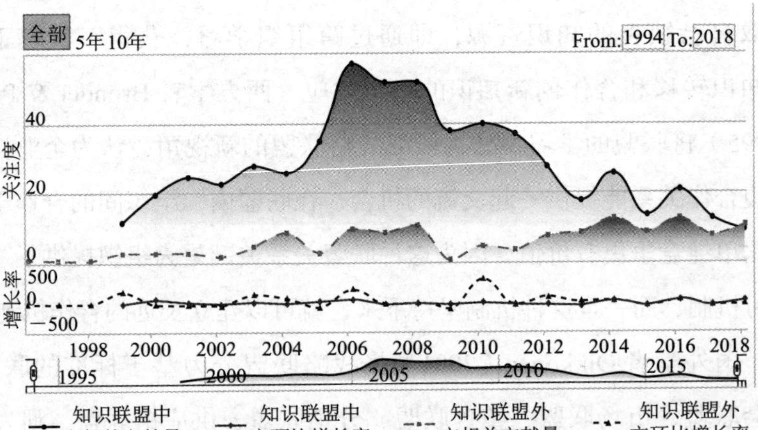

图1-1　包含知识联盟字眼的期刊文章篇数分布图

通过检索发现，对知识联盟的关注，往往和其他相关词知识共享、知识管理、知识转移、战略联盟以及核心竞争力等有关系，其分布如下图。

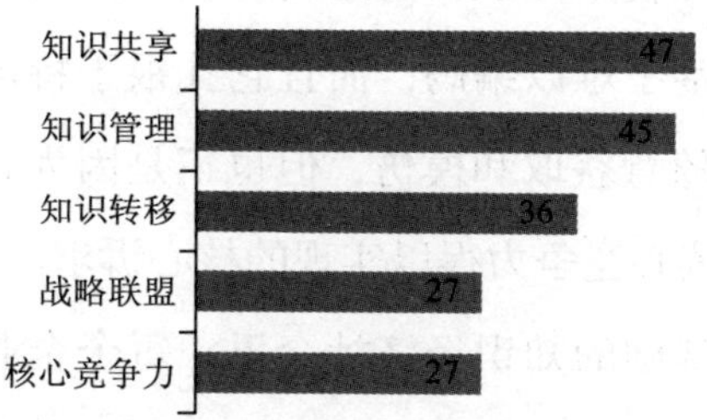

图 1-2　知识联盟相关词分布图

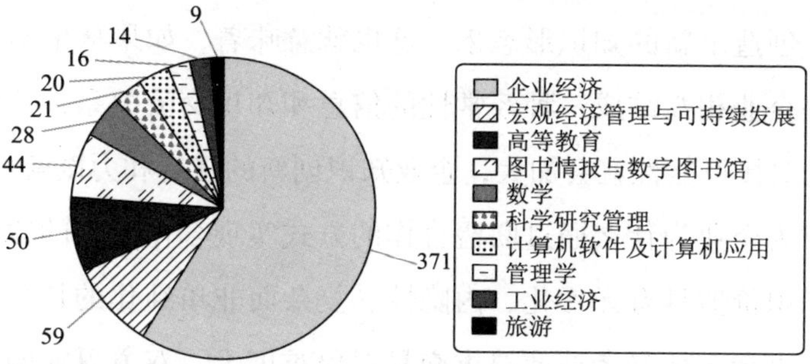

图 1-3　直接以知识联盟作为标题的论文学科分布图

而且这些文献的学科分布范围较广，涉及企业管理、经济学、管理科学与工程、情报学、软件工程、教育经济与管理乃至行政管理乃至旅游等，具体见图 1-3。知识联盟这一主题词近年来受到学界关注度有所下降，但是其相关词依然是各学科尤其是创新学研究的热门话题。

1.1.2　联盟合作绩效评价问题需要再认识

从 20 世纪 90 年代开始，随着知识对国民经济的深度渗透，知识已经成为企业获取竞争优势的重要手段，甚至是企业结盟的终极目的，已成为一个不争的事实。故而，越来越多的企业已经认识到，企业最重要的资源就是知识，而从资源获取的角度来看，隐性知识是最难模仿的，鉴于难以编码，而且它扎根于特定组织情境，隐性知识根本无法被随意获取和模仿，但也正是因为它的这些属性，隐性知识成为企业核心竞争力得以实现的核心诉求。

在以创新为基础的知识经济社会里，每个企业都是涵盖某一特定领域知识资源的拥有者，可以视作一条知识链，在与其他企业接触中，会与之发生知识链条的对接、交错、融合，从而不断在新的节点上创造出新的知识形态来。这也就意味着，如果从事不同业务的相关企业相互结成一种经常性的信息和知识交流关系，这种知识链条的对接可能性就会加大，企业知识创新的强度和力度就可能大，这就成为企业为什么通过联盟合作的方式实现合作创新的原因。然而，知识价值具有无形化、内隐性、复杂而非单纯化的特征，而且知识提供者与接受者彼此寻求交易对象难度大，双方可能因有限理性与投机主义行为作梗，再加上组织内部信息不完整、知识分布不均、知识交易充满不确定性（苏中锋，谢恩，李垣，2007），以至于知识交易成本很高（张明，江旭等，2008）。

如何突破传统战略联盟的学习效果，也是知识经济时代，现代企业知识创造和学习能力提升面临的新挑战。知识联盟的概念是在20世纪80年代末期提出来的，它是战略联盟新的衍生形式，对知识联盟的研究起步较晚，实质性研究更是少之又少，并且大多囿于对知识联盟概念的解读、理论分析（Bronder et al.，1992；符正平，1999）。而对一些知识联盟如动态联盟、技术联盟、研发联盟、产学研联盟等的运行状况的分析，也基本是单维度局部实证分析（陈菲琼，2001，2002）。早期关于知识联盟的国内外文献，对知识联盟基本的假定都是将跨国公司作为知识源，把发展中国家的后起企业作为知识接受体的，此时的知识联盟基本也等同于垂直型的国际战略联盟。所以，针对知识联盟运行绩效的评价也要突破战略联盟的传统评价维度而展开。

1.1.3 知识联盟运行绩效的实证研究有待展开

从 20 世纪 90 年代末期开始，国内学界以知识联盟为研究对象的文章大量涌现出来，并展开一系列的理论与实证研究。这些研究包括知识联盟的内涵界定、知识联盟的功能与作用机理研究，组织间创新合作与知识传播模型研究；知识联盟网络集群成长研究等以及网络位差对组织成长的关联度进行了理论探讨，这些成果都丰富了有关知识联盟的理论阐述研究。

然而，值得提出的是，研究知识联盟的学者，还是没有将知识联盟与战略联盟严格分离，比如董永梅、刘烨（2007）还将知识联盟划分为相互持股投资的知识联盟、企业合资的知识联盟以及契约式知识联盟三种。作为战略联盟的一般形式，它们都没有凸显知识联盟独特之处。如同战略联盟的发展一样，伴随知识经济的加速发展以及企业外援化发展战略的实施，知识联盟也在不断衍生出一些新的形式，如基于项目合作的虚拟企业知识联盟、基于松散型的新型产业集聚区以及产学研新发展——产业技术创新联盟等，这些新兴知识联盟使知识联盟的功能定位也发生了重大变化，比如，一些跨行业的企业间知识联盟，会激发一些原创的新观念、新应用和新业务需求，这会促使一些新兴产业业态不断衍生出来。然而，产业业态的形成，除了需要知识联盟的滋生交叉知识功能外，还需要知识联盟进一步发展演化，增加促进产业化的产业链嫁接功能，这方面的研究则是需要进一步深入展开。

此外，相关研究大多是围绕着定性研究展开的，都强调知识联盟是企业增强其核心竞争力，创建企业新知识、新能力的重要途径，对知识联盟实际运行绩效方面的实证研究出现得较少，然而也不乏经典之作，如陈菲琼（2002，2003）就针对跨国公司内知识转移目标、知识转移层次、知识联盟转移绩效评价的PC指标体系，并以跨国公司与我国企业的知识联盟为实证对象，进行了开创性的量化研究，这对我国知识联盟的研究具有重大的指导和开创意义。然而，这些研究在量表设计、指标体系构建以及实证对象的规模等方面还未展开系统性的研究。

随着针对知识联盟研究的不断深入，国内学者对知识联盟内涵的解读逐渐深入，知识联盟的外延也不断扩大，所以原有实证研究的调研对象也要跟着发生重大的变化，为此，我们将近年来一直从事知识联盟研究的学者成果汇总起来，在知识联盟内涵和外延不断扩大的前提条件下，展开一次大规模的理论与实证研究。这既是对前述研究的一次总结，也是对本专题深入研究的一次拓展。

1.1.4 知识与技术创新的网络化合作机制研究方兴未艾

企业中无处不在的知识是决定企业成败和企业获得持续竞争优

势的重要因素，搭建好企业的知识管理系统、管理好企业的知识资产比管理好企业的其他资产更加重要。从本质上讲，知识管理隶属企业自身的微观世界的范畴，它是企业组织自身建构一个量化与质化的知识系统，该系统能使组织中的资讯与知识，通过获得、创造、分享、整合、记录、存取，不断更新、创新并再回馈到知识系统中，通过这一知识循环过程，知识得到永不间断的累积，个体知识与组织智慧实现能量互换与增强效应。

这种依赖自身创新积累的封闭式创新（closed innovation）是企业内向提升企业的应变能力和创新能力，增强其核心竞争力的重要途径（Chesbrough，2003），比如企业知识/技术的更新发展，尤其是高技术含量的技术诀窍和深度创新，是需要长期自身积累才能实现。一般来讲，这种封闭式创新是企业规模依赖性的创新模式，知识创新和技术演进的速度是漫长的，而大多数企业的知识存量相当缺乏，因此，从这个意义上讲，封闭创新似乎是规模庞大且有创新意识和创新能力的大型企业的专利。对于那些在知识经济时代大量存在的中小企业来讲，由于竞争而导致的不确定性和由于模糊性带来的不确定性综合引致的动态外部环境不确定性，使得技术或者知识创新不再是企业自身的事情，它需要与其他机构共同分享差异化的知识，这种差异化的知识体的融合能促使更新速度加快，这是封闭创新模式无法实现的。很显然，这种封闭式创新模式并不适应市场对企业技术日新月异的创新需求。企业必须不断增进自己的知识整合能力，创新利用和综合整合这些新知识，使之融入企业内有的知识存量库中，增加企业产品和技术附加值，或创新管理过程中（Zahra et al.，2007），并有意识地展开外部新知识搜索行为（Searching Behavior）和搜索战略（Searching Strategy），以便增强企业对自身拥有的知识存量以及从外部获得新知识的认知（Brennecke & Rank，2017）。

从资源基础论来看，知识资产尤其是隐性知识资源，是最难模仿的，又难以编码，无法被随意获取。另一方面由于信息不对称、机会主义行为和不确定因素的存在，知识往往难以用市场价格机制进行交易，所以，如果一个组织想获取另一个组织的隐性知识，必须跨越该组织的边界形成新的合作学习模式，突破学习的天然阻障，实现无法用价格衡量的学习效果。

任何新技术的产生往往需要多种互补性技术的同步发展，只有拥有不同但又相关的技术的企业或组织并行合作，才能真正推动技术进步。技术创新既需要同行业知识、技术的交融，甚至还需要跨行业组织建立较为紧密的关系网络，突破由于专业化知识积累所带来的创新刚性，超越既定的创新轨道，引发企业创新和对新能力的选择，以增进企业技术创新的动力和能力。

伴随网络化知识创新模式日渐占据主导地位，知识网络（Knowledge Network）自20世纪90年代中期由瑞典的M.J. Beckmann在1994年提出后，这一概念被越来越广泛地提及。它将复杂的社会网络研究与知识管理理论相结合，进而用来研究个人及组织间的知识传播、合作以及创新行为，以分析个人及组织知识体系的重构、组成和创新行为等等。这种知识创新网络化趋势促使学界和业界关注知识联盟这种新型组织形式。

1.2 实践背景：新型产业集聚区的涌现①

自20世纪90年代开始，产业集群在我国得到突飞猛进的发展。近年来各大城市又出现了一些新型的产业集聚形式，它们的集聚不再是以加工制造业为其主体产业群，而是以知识、信息、技术密集型的服务性产业集聚为其显著特征，新型产业集聚区呈现知识联盟的本质。尽管2007年我国首次公布的“百佳产业集群”，其中除上海浦东金融产业集群属于现代服务业外，其他九十九个集群均为制造业，但这一现象也反映了占主体地位的加工型产业集群不再是我国产业集聚的专利品，其他服务型产业集聚的空间布局成为我国区域产业的又一大特色。这些新兴产业集群从主导方划分，有政府主导型，也有市场主导型；从行业角度看，主要有文化创意产业、金融服务业、高新技术产业以及休闲娱乐产业等类型的产业集聚。

1.2.1 新型产业集聚区的主要类型

（1）文化创意产业集聚

截至21世纪前十年，我国已形成以北京为核心，东到上海、南及广州、深圳，中有昆明、重庆以及西至西安等城市的几大区域文化创意产业园群落。它们各自基于不同的地缘情况、历史渊源、城

① 本节内容是作者发表于2009年3月的《管理现代化》上独著文章，编入本书时略有改动。

市定位特点，形成了形色各异的区域创意产业基地。如到2007年，上海市将在已建成的36个文化创意产业集聚区的基础上，规划出70—80个创意产业集聚区；北京文化产业集聚区也从2006年底认定的10个增至2008年的21个。这些文化产业集聚区，通过整合文化资源，发挥产业集群的聚集效应，催生一批有较强实力、竞争力、影响力和自主创新能力的大型文化企业和企业集团，进一步提高中国文化产业规模化、集约化水平。另外作为文化产业的重要构成部分，传媒产业集群现象也日趋明显，如建成于2008年的北京中国国际新闻中心，将吸纳传媒业上下游的企业及餐饮、物流等配套性机构进驻，打造我国北方的“麦迪逊大街”，成为以智能化、数字化的现代建筑为载体，集新闻传媒、科技传媒、教育传媒、娱乐传媒、通信网络于一体的大型国际传媒产业社区。与之遥相呼应的是早在2003年上海就开始创建，集国际著名4A广告公司，本地实力传媒及诸多产业链上下游的服务企业于一体的“广告湾”。

（2）高新技术产业集聚

尽管目前业界对于高新技术产业的界定还存在不同的看法，但它通常指那些以高新技术为基础，从事一种或多种高新技术及其产品的研究、开发、生产和技术服务的企业的集合，这种产业所拥有的关键技术往往开发难度很大，但一旦开发成功，却具有高于一般技术的经济效益和社会效益。自20世纪70年代以来，以这些产业集聚而成的高新技术产业区以硅谷的成功为契机，在全球兴起并得到突飞猛进的增长。我国自1988年批准建立北京新技术产业开发试验区以来，截至2018年，根据科技部公布的统计数据，我国国家级高新技术开发区数目在168家，国家高新区表现出很好的发展质量和增长态势，已成为中国深入实施创新驱动发展战略、走中国特色自主创新道路的一面旗帜。

（3）生产性服务产业集聚

伴随我国开发区建设的发展，制造业的集聚力度和规模不断扩大，为之提供生产性服务的金融、物流、信息服务、中介服务等产业开始随之在空间地理上聚集。近年来，这一趋势在工业经济较发达的国内大中型城市正进一步深化。上海市试图将浦东作为现代服务产业区（MSD），积极发展金融业的聚集。如从2005年开始，上海对向浦东聚集的金融机构和个人给予较高的优惠措施；特别把陆家嘴金融贸易区建成国家金融改革先行试验区和金融资源集聚高地，同时加快张江银行卡产业园区的金融信息服务产业基地建设。目前，集聚在上海外滩的金融服务业企业除了持有金融牌照的银行、保险、券商、基金公司等机构外，还包括金融产业链上下游的各种上市公司、资产管理公司、咨询公司、会计师事务所等机构，在外滩地区形成了环环相扣的、方便快捷的金融生态环境。而江苏无锡的金融商务第一街区将建成无锡金融商务和企业集团总部的聚集地，从而成为“总部经济”和高端产业的主要承接载体。作为京津冀都市圈经济发展的重点和中国北方地区重要的对外开放门户，滨海新区要实现其现代制造业和研发转化基地的目标，也要发展为之提供生产服务的现代服务产业区，如天津滨海新区政府为将打造以公司总部为核心、以金融机构为主体、以咨询服务机构为配套的服务产业生态链，并在位于天津开发区商务核心区域打造金融服务业聚集地①。

（4）休闲娱乐产业集聚

伴随部分国家进入休闲时代，休闲主题成为经济大潮的一个风口，并且科学技术的发展在逐渐改变人们的生活方式和态度，由此让人们生命中50%的时间用于休闲已经成为可能，故而休闲产业也将成为新的经济增长点。我国逐渐步入休闲时代，以娱乐休闲为宗旨的各类体育产业园区、主题公园、休闲中心、社区等在国内各大城市纷纷落成或积极投入规划和建设中。从20世纪90年代以来，我国就建成了几个规模较大的地域性体育休闲产业集群，如发展较早的深圳的观澜湖体育产业集群以及后来发展起来的北京的龙潭湖和大兴体育休闲产业园区在内的六大体育功能区、天津以“水滴”为核心的体育休闲产业集群以及滨海新区以水上文化为特征的休闲娱乐产业园区、上海张江体育休闲区以及苏州、杭州、成都等城市的特色休闲产业的发展等，都是以能提供休闲、健身功效的产业集聚而成的。除此之外，2007年，以旅游休闲为主题的国家级旅游度假园区就有十一家，围绕旅游而展开的休闲产业也自然聚集在一起。

1.2.2 新型产业集聚区为知识联盟的形成提供实践依据

上述类型不一的产业聚集形式都是典型的服务行业的空间聚集形式，它们的涌现展示了其独具特色的凝聚力和影响力。企业是一

---

① 苏杰．天津开发区有关负责人谈金融业发展，打造金融服务业聚集地［N］，渤海早报第4版，2008年10月17日。

条知识链，一个企业可以参与多条知识链。多条知识链的交融形成了一个知识网络，而通过强联系搭建的知识联盟，将一个企业和其他的企业建成知识创新联合体，增强了企业间的群集机制，避免了因“形聚而神不聚”等因素而导致的集群脆弱性。

（1）知识密集型产业：知识联盟形成的前提条件

新型产业集聚的类型尽管不一，但是它们的一个共性就是以信息或知识的生产、扩散与应用为基础或者借助于知识员工所拥有的信息或知识以及以无形资产为主要投入要素的企业的空间集聚。虽然目前我国新型产业集聚区的企业大多是劳动密集型要素使用模式，与我国传统的加工制造业集聚不同的是，新型产业集聚区中的劳动力不再是简单的劳动投入，而是凝聚着更多知识员工智力、技能和知识的复杂劳动，所以这些产业集群往往需要具有较为深刻的文化底蕴，从而能为知识阶层提供便利和舒适的物质空间环境，以促使“人脑”的创造性得以实现。它们往往表现出使经济服务化和密集使用要素软化的特征。正是从这个角度上看，目前我国的产业集群出现了结构软化的趋势，即围绕知识的生产、分配和使用在社会生产和再生产过程中，体力劳动和物质资源的投入相对减少，脑力劳动和科学技术的投入相对增加。与此相适应，劳动和资本密集型产业的主导地位日益被信息、知识和技术密集型产业所取代。

一般来讲，产业聚集区内知识型企业间的关联度较强，它们之间知识结构很相似，这些会增强它们对新知识的学习和模仿外部知识溢出的能力。在这个意义上，产业集聚区建设就像知识网络建设一样，通过集聚区准入产业设置的分工和专业化，促进网络内的各个节点实现其专业领域内的知识高效率积累，企业组织能够将自身的知识资源集中于能够体现自身优势的活动中，并将核心能力之外的相关活动交给网络其他节点处理，实现共同发展。一旦一种外部新知识被纳入到企业或个人知识库中，依赖知识存量间的关联性，就会快速实现知识的形态变化，知识正是在这种“介入—内化—外化—再介入”的循环中实现快速更新。所以，在特定区域空间，通过成员的集体学习容易并且能够共同建构一种关于集聚区内外部知识获取和竞争与合作协调的集体知识。

（2）中间性组织：知识联盟形成的制度条件

1975 年，制度经济学家威廉姆斯（O. E. Williamson）在其著作《市场和等级组织》中提到了介于市场和企业之间的“中间型产业组织”，产业集聚区被看作市场中的企业关系网络。按照这种观点，产业集聚区不再是纯市场交易的场所，它在一定意义上，成为类似企业特征的组织形式，因为在区内的企业享有共同的集体公共服务和基础设施、机构，从制度设计和组织规划上减少了园区内交易的信息不对称，降低了区内交易成本。区内企业容易形成信任关系网络，通过相互间的心理契约减少一般市场的机会主义倾向，它们尊崇风险与共的集体信仰、评价体系、惯例和语言（孙洛平，孙海琳，2006：30—32）。传统企业是在企业内部通过权威来指挥协调工作，在纯粹的市场中，交易双方仅仅在市场界面上交流信息，相互作用。而在产业集聚区内，市场主体已经超越了自己的“本分”，超越了产权边界和市场关系，与相关企业不仅在市场界面上交流，而且在一定程度上介入了与之相关联的企业内部生产过程，发挥原来只有在科层企业中才存在的指挥、协调和干预作用（王冬，2007：63）。Michael Porter（1990）在科斯（1937）交易费用概念的基础上，从知识管理角度论述了产业竞争性集群（competitive cluster），认为区位集中有利于企业间知识的传播和积累，并能大大降低企业的信息获取成本，这为产业集聚区内知识共享和转移提供了理论支持。相对于完全市场而言，知识在中间性组织中的传递成本较小，因为网络允许节点之间的各层次人员进行面对面的交互式学习和交流，通过"干中学"实现大量隐性知识的交流和转移。中间性组织的特征为产业集聚区的知识管理提供了最基本的科层组织所享有的制度条件。

（3）信息传播成本低：知识联盟形成的物质条件

在信息化进程深化、人力资本流动性加强的条件下，外部思想的可用性以及外部合作者能力趋强，决定了以知识、技能和信息技术等软要素为主要投入的现代服务业的知识创新不再是企业内部自我强化传播，而应该是运用内部或外部的知识来促进内部知识创新的开放式创新。新型产业集聚区的涌现就为这种开放式的知识创新和服务创新提供了必要的空间环境和社会资本。网络信息的低成本交流为建立企业间强烈的、重复的交互作用架起了桥梁，有利于企业间知识的获得，能提高企业认识和评价来自区内其他同类企业知识的能力。Nonaka 等（2002）则从知识衍生的角度提出了 SECI 模型，认为知识在"社会化—外在化—组合化—内在化—社会化"的循环传播中由低级向高级转变，不断创新。如今，虽然电子、信息技术的发展带来知识和信息传播成本的大幅下降，但在企业间学习和知识共享过程，依然存在着对知识需求的了解，知识来源的搜寻，知识供给者的识别、鉴定，并通过知识交易合约的签订和监督执行等一系列的活动，产生知识交易费用或称知识交易成本。新型产业集聚区内部企业间重复交易的可能性较高，这种博弈机制导致他们之间通常能够建立起良好的信任关系，大大减少传播的不确定性，降低知识传播费用，这就会使知识共享的成本降低，从而有利于产业聚居区遵循良性发展的轨道。

1.2.3 新型产业集聚区知识联盟构建理念

（1）产业门槛构建

企业或其所属员工的知识结构类同可以促使知识在产业集聚区内传播更便捷，知识也易被吸收。正是从这个角度看，城市新型产业集聚区要保证区内企业具有相似的文化和技术水准。新型产业集聚区在产业搭配上，一般既要有主体产业，也要吸引与之相关联的其他行业组织介入，这就决定了产业内的产品结构有一定的层次性和等级性，并且在它们之间关联度高的基础上，实现相互服务、相互促进。而且很重要的一点是产业间不能存在技术断层，即技术层次处于大致相同的水平。比如麦当劳是连锁快餐经营的典范，而美国加利福尼亚健身俱乐部在其行业内也被称为经营的楷模，它们都隶属品牌经营的技术等级。技术等级门槛的设置目的在于避免出现以往“能力鸿沟”而导致知识难以顺畅有效扩散的现象。

（2）战略商业网络构建

在以知识和技术为主导要素的新型产业集聚区内，建立开放型文化和制度氛围对于鼓励“人脑”创造力的释放至关重要。产业集聚区内不同类型的企业，尽管提供的项目可能不一，但是它们之间产品替代性较强，地理上相毗邻，一家企业的任何创新意识和文化更新都会很容易外溢到区内的其他企业，企业间面对面打交道有利于各种新思想、新观念、新技术和新知识的传播，从而容易形成一种独特的创新型战略网络，与倾向于建立孤立的知识库的战略商业单位不同，战略商业网络鼓励在伙伴、客户、供应商、研究机构和其他合作者、竞争者之间的知识信息的双向甚至多向流动，经营者追求的是合作利益而不是竞争利益，它们通过共生伙伴关系获得双赢。正是从这个意义上，真正创新的主体是战略商业网络而不是战略商业单位。所以建立包括区内各企业、顾客和各供应商在内的类似实践社区或者知识社区的战略性商业网络对于知识联盟的形成非常必要。

（3）知识管理体系构建

随着我国各行各业信息化进程的加速，基于信息化基础的产业集聚区建设势在必行。在知识经济时代，一个产业的战略资源是知识资源，竞争优势将来自对知识资源的有效开发和管理。所以作为一个整体，产业集聚区首先要架构较为完整的知识管理体系，这是今后进一步发展的先期条件，作为产业集聚的规划者，政府应该考虑将集聚区的企业构建一个现代化知识管理体系，从起步开始就走规范化的道路，在企业内乃至企业间形成一定程度的知识共享，保证区内企业知识的交流和沟通，促进集聚区服务知识的聚类激增。产业集聚区是其所处企业乃至其所处城市的名片，所以提高产业集聚区的知识资本价值是知识管理体系的价值所向。

（4）整体绩效评价标准的构建

城市产业集聚区的建立，离不开对其经济主体的市场行为的绩效评价，离开绩效评价，主管部门就不可能对产业集聚区的运营有正确的认知和指导，所以构建一套切实有效的产业集聚区市场运行绩效评价指标体系是必要的。产业集聚区作为一个整体产业链条，必须通过将其目标和活动与其他价值增值环节相整合，才能使整个链条实现价值的最优化。故而在园区绩效评估时，产业园区的成长不仅依赖于单个企业的经营绩效，即不仅要考虑每一个经营企业的各项财务指标衡量的经营状况，还要将园区作为整体运营进行绩效指标的构建，以便对集聚区的运行实施即时系统地监测。

知识联盟的形成会促使知识创新系统、知识传播系统、知识应用系统的形成，而它们也是我国国家创新系统的重要组成部分，所以要构建国家知识创新系统必须建立知识联盟，形成基于知识共享的管理模式。在这一过程中，知识密集使用的新型产业集聚区可以首先考虑打破传统的条块分割和封闭的管理模式，在区内外形成多条知识链交叉而形成的知识联盟，做成开放的创新系统。理论和实践均显示，在滋养和强化产业集聚区上，政府扮演着重要的角色。产业集聚区知识联盟的构建不意味着知识可以在其间实现真正意义的免费共享，也不意味着知识联盟系统能保持鲁棒性，所以制定知识共享的激励机制以及风险预警机制都是产业集聚今后发展必不可少的制度设计环节。

1.3 研究动机与任务

1.3.1 研究动机

（1）企业联盟合作关系的改变需要关注其运行绩效评价研究

20世纪90年代以来，经济全球化的提速和信息技术的突破性发展，促进研发全球化进程日益深入，使得创新的方式发生根本的变化，从更多的封闭创新向更加全面的开放创新转变。正如经济合作与发展组织（OECD）发布的《2013创新记分牌》报告所显示的，合作日益成为推动创新的重要方式，开放趋势不可逆转。在这种形势下，开放创新呈现出鲜明的时代特征。在经济全球化进程加剧的过程中，基于日益增强的多学科特征和复杂性，以及研究成本的上升、科学家和工程师的跨文化行动、散居国外者的力量，尤其是经济全球化和市场、材料、人才的竞争，推动了科技探索的国际合作，创新要素的流动性变得极为便利和快速，企业间联盟合作关系形式更趋多样性，创新知识的扩散机会几乎无所不在。

这就让企业不得不考虑更多深层次的战略问题：一方面，加大研发投资，前瞻性地部署先导技术和战略技术的研发，力争掌握主导权；另一方面，开展合作，进一步利用和整合外来资源。知识经济时代赋予组织更复杂多变的外部环境，导致企业与合作伙伴间的战略合作关系也发生了巨大的变化，这些联盟合作关系不再是仅就财务绩效而合作，而是增加了一些其他动机，如提高自身学习能力和战略地位等也促使一些组织新形态不断涌现。与此同时，企业联盟的目的和动机也发生了变化，保持较长的合作时间就不是知识联盟存在的目的。比如，当出现以获取知识、知识创造、知识创新等为目的的知识联盟，面临创新知识的复杂与隐性本质时，显然，对传统战略联盟运行绩效的评价方法就不够完善，也需要追随联盟性质的变迁而做适度调整。

而针对这种变化，我们又应该按照何种维度对其运行绩效进行评价呢？Khanna 等（1998）关于联盟企业的利益分为私有利益和公共利益的理论观点新颖而富有启发性，为我们研究知识联盟提供了很好的研究视角。比如国内学者陈菲琼（2002）还将 Khanna 等人的理论观点深化为实证研究，提出了联盟绩效评价的 PC 评价系统，并将这种评价系统应用于跨国公司与我国企业的知识联盟运行绩效的具体测度上，然而，她们仅将知识联盟放在一个较为狭窄的应用领域，并没有对知识联盟作系统的分析和解读，而且其利用 PC 评价系统时，采用的评价标准依然是和战略联盟没有根本分别的，从而很长时间，国内基本都把知识联盟等同于战略联盟加以研究。为此，我们有必要对这一现象予以重新的审视。我们发现企业或产业的学习能力很大程度体现在它从外部获取知识的途径和能力，其中知识联盟就是很好的知识获取路径。所以，加强与战略伙伴（正式松散型战略伙伴、正式的紧密型战略伙伴、非正式组织性战略伙伴等）间的关系并从中获取知识，能够促进组织自我累积的持续性成长。那么当前知识联盟的规模多大，其运营绩效如何，如何评价，运营特点如何，还存在什么阻碍因素等等一系列问题还有待进一步深化研究，并对它的发展提出针对性的建议具有很强的理论与现实意义。

（2）知识资源重要性亟待开展企业知识联盟战略实施研究

从20世纪90年代开始，国际范围内陆续出现了一些跨越传统意义上的组织界限的联盟形式，中国也不例外，如产学研联盟、产业融合中的产业交叉联盟、组织的非正式的松散型战略联盟以及各种类型的产业集群等都是知识联盟的具体表现形式。在全球经济一体化与信息技术高速发展的背景下，处在内部网、外部网和国际网所构成的复杂信息环境中的我国各类组织（微观组织、中观组织、宏观组织）在学习、消化知识和创新等方面虽然有了突飞猛进的进步，但如何从复杂的外部环境中有效地获取组织发展所需的外部知识，即如何增进组织的学习能力和知识管理能力正是时代向知识型企业提出的命题。因为学习能力关系着这些组织形式在国际市场上的竞争能力。

人类社会正进入知识经济时代，知识化、网络化正成为现代经济发展的重要特征。在农业经济时代，社会经济发展主要取决于土地和劳动力资源；在工业经济时代，社会经济发展主要取决于自然资源、劳动力资源和资金。而在新技术革命所带动的知识经济时代，知识资源已逐步作为一个组织的首要资源和核心竞争力，越来越受到企业家的重视。尤其是20世纪90年代中后期以来，信息传播技术（CIT）与网络搜索技术的突破性发展，知识的获取与传播方式发生了本质变化，知识冗余性与知识易得性已成为突出的矛盾，对于知识的有效传播与有效管理，已经成为学术界、政府和企业共同讨论的重要课题。

然而在实践中，组织的隐性知识具有天然的不可言传性，如果一个组织想获取另一个组织的隐性知识，必须跨越该组织的边界，进入其活动流程的具体情境中。企业间的联盟是一种经常性的交流机制，是较好的知识转移载体，于是，大量以相互获取对方知识和信息，进而增强自身学习能力的企业间知识联盟形式的涌现能否起到知识创新的功效，进而推进新技术、新知识、新经验、新业务的开发还有待我们进一步研究。

1.3.2 研究任务

正是基于上述的动机，我们树立以下几个基本的研究目标：

（1）总结当前国内外知识联盟的形式和类别、功能与形式。

（2）综述和理解国内外关于知识联盟研究现状和研究方法，构建一种基于多学科理论的知识联盟研究框架。

（3）界定、筛选知识联盟运行绩效衡量指标，并借助 AHP 方法，构建一套符合国内知识联盟发展的绩效评价指标体系。

（4）通过对国内相关知识联盟合作机构的调查，对上述框架模型进行实证研究，并对现行知识联盟的运作状态及影响运行绩效的因素间的关联机制予以系统考察，并回答、解决知识联盟在我国进一步发展的方向。

1.4 研究方法

本研究遵循分析性研究和经验性研究两种方法，通过概念性分析得出基本假设，通过经验性研究对假设进行实证分析和统计检验。同时进行类“试验性经验研究”——在知识本质上寻找知识联盟内知识创造得以成功的正确模式及其在国内各领域的实施现状。

（1）假设和理论框架整理和完善阶段：总结组织学习和知识联盟方面的理论，考察国内外经典案例进行分析、归纳、概括，丰富、完善本研究的假设，得出知识联盟研究的基本理论框架。

（2）试验性调查：深度访谈，对国内小范围部分企业进行试调研，检验以上所提假设和命题。

（3）假设认定：将上述调查分析得到修正性结论提请国内外相关专家进行研讨，确定调研方案，进行“标准化”的访谈，提出研究的进一步结论。

（4）构建基本的理论分析模型，并设计正式问卷，在预调研基础上不断修正模型和问卷，最终对中国具有代表性的创新型学习型联盟构建模式进行大规模问卷调查与深度访谈。

（5）统计分析并验证调查结果：对调查结果进行总结归纳和统计分析，多维度分析国内知识联盟发展的现状和存在的问题，提取关键因素，明确各关键因素间的关联性，以及基于组织学习的视角验证之前所提出的有关假设命题和模型框架。

（6）归纳与总结：在理论分析和经验研究的基础上，归纳实证研究的结论。

1.5 研究内容架构

本书研究的主要内容和技术路线框架如下所示，内容共包括七章，具体如下：

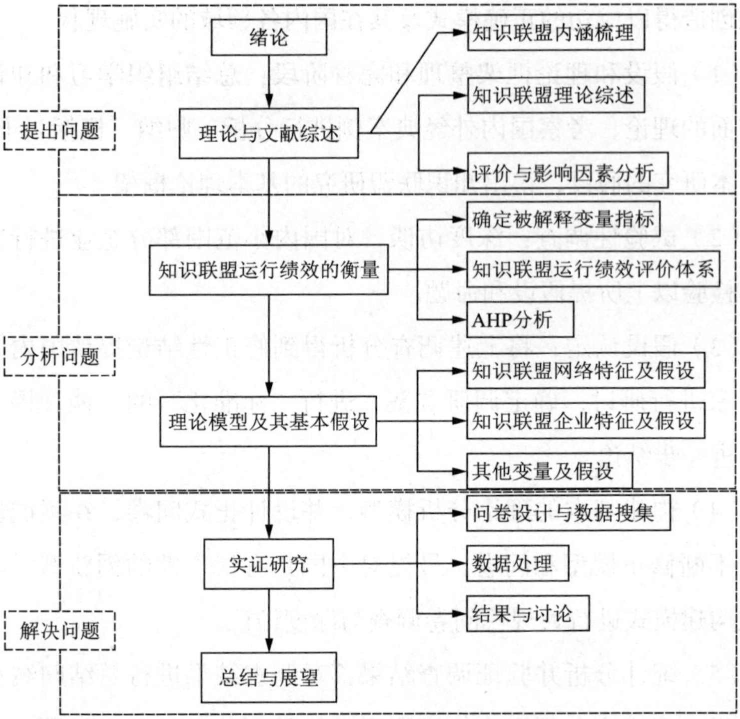

图 1-4　本书研究内容和技术路线

第一章　绪论

主要阐述本书研究的理论与实践背景、本研究动机，总结研究的基本内容，进而形成以知识联盟及其绩效评价的总体研究框架，提出研究的方法和本书研究的主要关键创新点以及难点和重点部分。

第二章　知识联盟概述

本部分主要界定本书的研究对象，阐述知识联盟的基本内涵和功能，并在此基础上，依据不同标准对知识联盟予以多维度的分类，并进一步分析了当前知识联盟组织形式发展的新动向，并提出了向度分类的创新性提法。

第三章 企业知识联盟相关理论基础

通过对国内外文献的分别回顾，评述国内外主要理论研究成果，分析它们的贡献与不足，为后续研究做好理论基础。本章从战略联盟组织学习理论、知识动力学、知识传播与交易理论、知识演进论以及知识的社会网络学说等六个方面予以系统综述，分别从不同的视角阐释知识联盟构建与运行的内在机理，旨在为后续的实证研究作铺垫。

第四章 战略联盟合作关系运行绩效评价维度与影响因素分析

本部分研究内容主要系统归纳和总结传统联盟合作关系绩效评价维度及影响联盟合作运行绩效的因素，旨在梳理出知识联盟运行绩效评价维度以及影响知识联盟运行绩效的关联要素，从而为构建知识联盟运行绩效衡量的概念模型做好铺垫。

第五章 知识联盟运行绩效评价指标体系构建

本章在第四章系统分析的基础上，首先比较了知识联盟与战略联盟的异同点，并据此提出了知识联盟运行绩效评价维度。其次，本章在文献综述以及专家访谈的基础上，逐步裁定各衡量指标的内涵及其适应性，通过信度和效度检验，筛选和提取被解释变量的指标，确定了知识联盟运行绩效的评价指标体系。

第六章 知识联盟运行绩效影响效应的实证研究

本章对问卷设计、数据收集、数据的预处理进行了分析与设计，并突破了学界以往对知识联盟绩效的评价机制，构建了知识联盟本身特性、联盟企业学习行为、知识属性等变量与知识联盟运行绩效之间的概念模型，将系统地提出解释变量、中间变量以及被解释变量之间的关联机制，同时分析企业知识联盟概念模型，并阐释影响企业知识联盟运行绩效的各关键要素内涵以及这些影响因素作用于知识联盟运行绩效的基本假设。为了验证所提假设，在综合各相关量表的前提下，开创性地设计了衡量知识联盟运行绩效的指标测度量表，并在问卷调研的基础上，分别以描述性统计、因子分析和信度检验对问卷收集来的数据予以处理，逐步提取共同因子，简化指标，为后续的相关分析和结构方程分析提供数据支持。借助 SPSS、AMOS 和 AHP 等社会科学统计软件包，对收集来的数据，进行了相关分析以及结构方程建模的测量和再建构分析，探求影响知识联盟运行绩效的因素间以及各因素与运行绩效之间的内在关系，以验证本研究的前期假设。

第七章　研究总结与展望

本章中，最后总结全书研究成果，进一步解释有关假说，深入讨论模型结果的含义，总结本书主要研究成果，进一步指出研究尚待改进之处，并对研究前景进行展望。

1.6 研究创新点

本书在学者已有的研究基础上，从以下几个角度进行创新性探索：

（1）本研究首次从多学科的研究视角，对企业构建知识联盟的理论进行了系统的解读和推演。文章从管理学的组织学习论出发，探讨了企业实施知识联盟战略的根本动机和战略意图；从知识动力学出发，探讨企业差异化的知识形态（流）如何在知识联盟个体不同势能的作用机理下，实现信息、知识和技术的互动与自组织；从知识传播与交易论出发，分析知识联盟作为一种制度框架便于知识转移与交易的制度框架；从知识演进论出发，探讨了知识联盟作为一种类生物系统，承载着异质知识体间互动、变异与进化的生态演进过程；从社会网络分析出发，探讨了知识联盟网络结构的稳定性、多元性以及网络距离等影响知识联盟运行的绩效的社会关系网络构建机理和功能。

（2）本研究在理论综述和系统分析的基础上，突破了学界以往对知识联盟绩效的评价机制，构建了知识联盟本身特性、联盟企业学习行为、企业的知识属性等变量对知识联盟运行绩效影响路径的概念模型，提出因素间影响关系的相应假设。为了验证这些假设，本研究对各解释变量、中间变量以及调节变量在综合各相关量表的前提下，设计了衡量知识联盟运行绩效的评价指标的测度量表，并在问卷调研的基础上，分别以因子分析、相关分析和结构方程模型对跨层交互的多元数据进行数量分析，完善了知识联盟理论的研究视角，为我国企业如何通过知识联盟战略提升其知识创新能力和技术地位提供了具有实践指导意义的参考框架。

（3）本研究从知识联盟整体运行出发，对知识联盟运行绩效的评价指标进行了界定、筛选、测度，提出了知识联盟运行绩效衡量应更侧重知识 PC 诉求的结果绩效以及侧重评价合作延续性、技术地位变迁、满意度等过程绩效的二维评价准则。在专家访谈和业界调研的基础上，借助 AHP 方法，提出了衡量组织间知识联盟运行绩效的指标评价体系，测算出了各指标在评价体系中的权重，并对企业知识联盟战略实施提出针对性建议。

1.7　研究难点和重点

知识联盟作为一种企业间组建的网络组织形式，其运作标的是以隐性知识为主体的知识资产，对这些知识资产的管理和合作运行绩效的评价是复杂的，有些指标甚至无法测度，数据的获取也极其困难。作者尽可能将有关知识联盟的所有问题都予以解决，只从有限的视角看待这一复杂现象，这不免使得研究存在诸多漏洞，具体来讲，本书研究中存在诸多的难点，而这些难点也正是本研究在前人研究基础上所需要突破的重点内容。

（1）本研究涉及问卷调查、深入访谈等实证研究方法，收集一手数据，构建多层结构方程，并采用 SPSS 软件、AHP 软件以及 AMOS 软件，运用相关分析、主成分分析等方法对数据进行处理，处理后的数据将利用层次分析法等分析工具对指标权重加以明确，分清变量之间的互动关系，确定关键绩效指标，建立一套全新的知识联盟绩效评价体系，这是本书的重点，也是难点。

（2）任何一项科学研究都是站在巨人的肩膀上，然而从现有的大量国内外文献来看，和本研究直接相关的理论和方法方面的文献资料并不是非常充分，在系统分析的基础上，通过对国内外大量文献的阅读和总结，笔者首先要理清一些概念，并在此基础上实现理论和实证方法上的创新，需要突破的瓶颈仍然较多。

（3）本书涉及实地调研和问卷发放、回收以及整理，工作量很大，是极具挑战性的工作。此项研究所涉及的调研工作，调研对象和空间领域比较宽泛，且需要澄清的概念非常多，需要向相关的专家和学者进行专访，这是本研究的潜在难点。

第二章　知识联盟概述

2.1　知识的界定

从哲学意义上讲，知识就是被证实了的信念（knowledge is justified true belief），信念通常为某一特殊的认识主体所持有，是认识主体内在的一种心理状态，或是在自己的思维活动中对某一思维内容的一种断定（陈军，2003）。西方传统的客观主义认识论统治了几乎整个20世纪的科学思维，然而波兰尼从科技哲学来看待知识的本质，提出了个人知识的概念，意味着知识的主观特性得到了承认。1994年，日本野中郁次郎等对波兰尼的知识观做了深入探讨和发挥，以日本企业管理实践为证据，呼吁组织和个人知识在隐性和显性知识间的SECI转化的“整体”性，从而以整体观取代西方人的主客体相分离的“笛卡尔分离”观。Von Krogh（1998）认为知识包含两个层次的含义：其一，它是世界信息的展示，是人脑可以认知的宇宙万事万物。从这个层面上讲，学习就是不断积累对现实的认知度。所以知识可以被编码，也可以被传递。其二，知识经由社会构造，带有高度的个人特征，从而很难被编码以及分享。这种认知观念与野中（1994）对知识的内涵解读异曲同工，即认为知识的表现形式可以有隐性和显性两类，相区别的是，野中提出的知识更强调这两类知识在不同层次的相互转化，最终实现知识的螺旋创造的动态性，这与Krogh仅从静态因素上给予的知识概念相区分。

广义上讲，知识分为陈述性知识和程序性知识，前者是描述客观事物的特点及关系的知识，也称为描述性知识，后者是一套关于办事的操作步骤和过程的知识，也称操作性知识。这类知识主要用来解决“做什么”和“如何做”的问题，它是关于认识活动的方法和技巧的知识，是更高级的知识形态。与哲学角度解读不同，认知心理学是从知识的来源、个体知识的产生过程及表征形式等角度对知识进行研究的，比如经验（即知识）就来源于个体与环境的交互作用，这种经验是个体头脑中的知识，它并不是客观现实本身，而是个体人脑中的知识结构，是嵌入到个体或者组织中的差异化知识结构，反映了个体对客观事物反应的不同广度和深度，是通过个体的认知活动而形成的。一般来说，个体的知识以从具体到抽象的层次网络结构（认知结构）的形式存储于大脑之中，而抽象的层次化认知网络结构则与管理学中的隐性知识有相似之处。这种抽象的层次网络结构都是高度个性化而且难于格式化的知识，以主观的理解、直觉和预感等形式呈现。Davenport & Prusak（1998）在其经典著作《运营知识》中，提出知识与企业战略、行为模式、文化内涵以及管理过程密切相连，Van der Spek & Spijkervet（1996）还将知识看作能够指导思考、行为和交流的正确和真实的洞察、经验和过程的总集合。

不管是哲学意义上对知识本质的看法，还是认知心理学对知识的来源、个体知识的产生过程及表征形式等方面的探讨，都对研究知识联盟中交易的客体有着重大的启发意义。在此基础上，我们所界定的知识形式更多元，呈现形式更动态化。流动的动态信息混合体，会随着刺激和学习随时改变、更新，具体包含经验、价值观、情景信息和专业洞察力。这些动态存在的知识形态不仅仅存在于个体以及组织的有形载体里，还存在于例行的工作、流程、实践与文化中，并且会在知识联盟这一组织形式下不断创新。

2.2 知识联盟的内涵

从知识获取和学习导向视角，Morrison & Mezentseff（1997）和 Schoenmakers & Duyster（2006）提出了“学习型联盟”（Learning Alliance）概念，即国内学者所称的知识联盟（Knowledge Alliance）概念。李元旭和唐林芳（1999）将知识联盟归为战略联盟发展的高级阶段，并与产品联盟、技术联盟并列。当然，知识联盟与产品联盟的界限也不是截然分离的，对于一方来说是产品联盟，而对于小企业来说，则可能是为获取技术知识、管理知识、市场知识和技能为目的的知识联盟。知识联盟有别于传统意义上企业间以竞争和争取市场份额为主要目的的战略联盟，是合作多于竞争的联盟形式；同样也有别于“为了生产或扩大生产、销售或扩大销售某种产品而结成的较为固定的协作关系”，旨在将现有技术进行应用和推广的产品联盟，知识联盟是以知识创新为主的，目的在于推进新技术、新知识、新经验、新业务的开发（徐立军，2002）。

任慧和和金生（2009）认为，从知识管理的角度来看，战略联盟是一种或松散或紧密的组织形式，涉及多方面的组织内和组织外的信息和知识的交流与扩散，而当其中的一种或几种联盟是以学习和创造知识为中心目标，通过与其他机构结盟的方式，共同创建新的知识，并实现知识跨组织的转移。从这个意义上看，可以将任何一个组织看作是一条知识链，它可以参与多条知识链。当一个组织和其他的组织建立一种知识创新联合体时，不同组织之间知识链相互交错形成知识网，便构成了知识联盟。万伦来等（2004）将知识联盟看作是企业诸形式联盟的高级形式，它是若干个企业（或组织）基于 Internet 为标志的网络通信技术将各自核心知识进行有机集成，通过知识传递、知识分享和知识集成等多维互动的过程学习和掌握合作伙伴的知识技能和能力，且与合作伙伴共同创造新知识的动态联盟过程。周朴雄，余以胜（2008）将以学习和创造知识为中心目标，以获取企业外部知识与信息资源为根本目的，并通过组织机构结盟的方式共同创建新的知识和进行知识转移的战略联盟定义为知识联盟。

总而言之，知识联盟是一种战略联盟，然而战略联盟并不一定是知识联盟，其根本的区别就在于联盟构建的目的是不同的，前者是多目的的，而后者则将目的集中在获取外部知识，这些外部知识一则可直接来自其他联盟企业，二则可以从与联盟企业合作中获得创新的灵感，从而做到自主知识创造。这些学者尽管从不同的学科背景提出了知识联盟的内涵，然而不难看出来，这些内涵界定基本都认定，知识联盟是“一种新型的组织形式”。

2.3 知识联盟的功能

从20世纪70年代开始，越来越多的企业已经认识到，企业最重要的资源就是知识，因为从资源获取的角度来看，知识尤其是隐性知识，是最难模仿的，鉴于难以编码，故而也是最为稀缺的资源，而且知识往往是扎根于特定的组织情景中，从而使得隐性知识根本无法被随意获取和模仿。此外，信息不对称、机会主义行为和不确定等因素导致知识往往难以用市场价格机制进行交易，所以，如果一个组织想获取另一个组织的隐性知识，必须跨越该组织的边界。

知识联盟这种网络组织的天然特性，决定了它是传播此类知识的有效组织形式。它自身是一种适应知识经济，并以网络连接为主要联结方式，且以创新为灵魂的新组织模式，其运作机制、支撑技术以及柔性结构为知识扩散、转移与进一步创新提供了新的发展空间和保障。因为在创新网络社会里，企业作为一条知识链，在与其他企业接触中，会与之发生知识链条的对接、交错、融合，从而不断在新的节点上创造出新的知识形态来。这也就意味着，如果从事不同业务的相关企业相互结成一种经常性的信息和知识交流关系，这种知识链条的对接可能性就会加大，企业知识创新的强度和力度就可能很大。

国内较早对知识联盟研究的学者们认为，知识联盟是提升企业核心能力的重要途径。与产品联盟为生产或扩大生产、销售或扩大销售某种产品而结成的较为固定的协作关系，旨在获得对方的产品或零部件的防御性联盟关系不同，知识联盟的主要目标是学习及创造知识，企业构建知识联盟关系则具有了战略性和进攻性，目的在于协助一家企业扩大和改善它的基本能力（符正平，1999），企业实施知识联盟战略有利于战略上更新核心竞争力和创造新的核心竞争力。此外，知识联盟还有助于促进新产品的开发，比如同属于知识联盟的研发联盟，就是以开发新技术为主要目的，从事技术追随和创新开发，加速了产品开发的力度和速度。

2.4 知识联盟的类型

关于知识联盟的类型，有多种说法，如孙小兰（2008）就认为目前的知识联盟有虚拟企业、技术联盟、研发合作等形式，而且新兴的知识联盟形式仍在不断涌现出来。为此，我们从四个划分角度看待知识联盟的类型。

2.4.1 按利益分配划分

作者研究文献发现，目前学界对知识联盟的分类比较典型的是 Khanna et al.（1998），他们按照联盟内成员行为特征及其利益获取的分配情况为标准，将知识联盟划分为以下三类：

（1）仅存在公共利益的知识联盟。在这类知识联盟中，企业没有任何的动机赶超其他成员，也没有任何动机在其他成员还未结束学习之前提前结束学习过程。所以，这类知识联盟最典型的企业行为特征就是合作学习和合作解决知识联盟决策问题。在这里，知识联盟的学习行为就像是在本企业里进行一样。

（2）仅存在私有利益的知识联盟。在这类知识联盟中，企业往往展开竞赛式学习，很容易产生学习进程上的赶超思想，从而往往在掌握了学习技能后提前结束学习，而达到获取私有利益的目的。所以，“搭便车”现象会在这里普遍存在，不难看出，提前结束学习的一方会得到一种额外的收益，而学习能力落后的企业所获得的学习效果则会比先学到者少。在这里，知识联盟内其他企业的知识似乎成为一个公共品，每一个企业都最大限度地挖掘其价值，而在达到目的后，为节约学习成本和保护私有知识会选择提前结束学习过程。

（3）共有和私有利益共存的知识联盟。竞赛行为是与私有利益获取直接关联的，随着共有利益对私有利益的比率不断升高，学习竞赛的动机就会减弱。当首先完成学习的企业获得足够多的私有利益后，无需额外共有利益时，它就会选择退出知识联盟。然而在现实中，企业预期到的共有利益往往很大，所以领先企业不会选择即刻退出知识联盟。实际上，总会有一个最低限度的共有利益吸引着领先者和其他企业留在知识联盟中，继续合作学习。

第一类和第二类知识联盟类型是两种极端情况，大多数知识联盟都是处在二者之间的第三种情况。企业既希望获得共有利益，更期望获得私有利益，所以在这样的知识联盟中，企业竞争和合作行为共存。私共利益比率影响着企业保持还是退出知识联盟的动机强度，如果这一比例过高，留在知识联盟中的动机小，企业退出。反之，企业留在知识联盟中。而某一个企业的私有利益与其他企业私有利益之比却不会影响该企业的这一行为。

2.4.2 按竞争程度划分

根据合作伙伴之间是否存在直接竞争关系，法国的皮埃尔·杜尚哲和贝尔纳·加雷特把联盟划分为竞争性战略联盟和非竞争性战略联盟两种类型。与此相似，知识联盟也可以作类似的划分，竞争性知识联盟通常认为是结成联盟关系的各方在产品或服务提供方面相同或类似，并在同一个或相近的市场上展开直接竞争。实际上，在全部的联盟合作协定中，大约有70%属于竞争者之间的联盟，竞争性战略联盟已经成为当前企业战略联盟的主要形式之一（龙勇和龚顺杰，2009）。我们所熟知的IBM—东芝联盟、西门子—IBM联盟、罗孚—本田联盟、惠普—用友联盟等都是竞争性知识联盟。从这个角度看，与竞争性知识联盟相对应的是非竞争性知识联盟，它是联盟关系的各方在产品或服务提供方面具有明显的差异，不会在同一个或相近的市场上展开直接竞争的知识联盟，比如企业与大学（科研院所）之间建立的产学研知识联盟、企业与非营利的中介机构以及不同主营业务的企业间构建的知识联盟等都属于此类。

不管是理论研究还是实证研究，研究战略联盟的学者基本都普遍认为，相对于竞争性联盟形式，非竞争性知识联盟是相对成功的。早期的学者将这种非竞争性联盟叫作协作联盟（Collaborative Strategic Alliances），而后，Ketelhohn（1993）又提出了合作联盟（Co-operative Strategic Alliances）的概念，认为这种战略联盟鼓励深入交流和反馈的学习环境，从而使得各成员知识转移形成对流机制，这会使交易成本最小化。在这种合作联盟协议中，一个成员如果一旦依赖于其他成员的能力时，它就会丧失其竞争力。如果这种依赖现象出现，其中依赖程度较小的、能力较强的伙伴组织就会给对方一种竞争压力，从而成为直接或潜在的竞争者。

2.4.3 按行业归属划分

产业内贸易与产业间贸易的区分是根据产品分类后是否属于同一类别来判断的。这也就意味着，当双方交换的商品属同一种产品分类目录时，就属于产业内贸易；相反，当双方交换的商品不属同一种产品分类目录时，就属于产业间贸易。按照这一定义，具有相似要素密集度的产品就属于水平差异的产品，而那些要素密集度差异较大的产品则应属于垂直差异的产品了。水平差异是同质产品具有不同的特性或属性，这类产品在价格上是接近的；垂直差异则是产品具有不同的物理特征和质量，通常表现为产品的价格差异，即高质量产品具有高价格、低质量产品具有低价格。与国际贸易领域的产品交换相类似，知识联盟内企业间也是一种商品的相互交换，只是在这里，交换的不是一般的商品，而是商品后凝聚的技术知识。因此，知识联盟的类型也可以依据企业所拥有的知识要素密集度来区分，它是水平型还是垂直型知识联盟。

（1）水平型知识联盟。在水平型知识联盟中，联盟成员处于同一行业，或者是虽处于不同行业但具有相似的行业标准和门槛，即它们具有相似的业务操作环节和知识密集度特征。因此，在这类联盟中，企业间往往会存在大量的知识重叠，这有利于增加其吸收能力，也有利于开展相互学习（Cohen & Levinthal，1990）。因为，同属一个行业水准的企业或其所属员工的知识结构类同可以促使知识在联盟内传播更便捷，知识也易被吸收。从这个角度看，水平型知识联盟要保证联盟内企业具有相似的文化或技术水准，在行业和技术搭配上，要有一定的层次性和等级性，并且在它们之间关联度高的基础上，实现相互服务、相互促进。所以，在西方，知识联盟发展很快，如美国的微电子和计算机联盟（MCC）、半导体制造技术联盟（SEMATHCH），欧洲的欧洲信息技术开发战略联盟（ESPRIT）和日本的超大规模集成电路技术联盟。

（2）垂直型知识联盟。在垂直型知识联盟中，企业分处不同的行业，拥有不同的业务操作环节，知识重叠率很低，使得企业很难吸收消化从其他联盟伙伴那里获得的知识，这会增加两种学习模式的难度。另外，垂直联盟成员的知识是异质的，降低了知识的有用性，这也意味着垂直型知识联盟的隐蔽学习，即学习中投机行为会增加，这意味着垂直型知识联盟给企业带来的利益要小于水平型知识联盟的（Ding X-Ho et al.，2010）。另外，在垂直型知识联盟中，因为企业间交换的知识密度、强度、宽度等的差异，容易形成一种类似产业技术断层的"能力鸿沟"，即技术层次水平差异过大造成的知识或技能难以顺畅有效扩散的现象。

2.4.4　按学习方式划分

依据之前对知识联盟内涵的界定，知识联盟有别于战略联盟最主要的特征之一在于学习导向以及获取知识资源的动机。这实际上要求各成员拥有不同的知识资源和学习潜力，为此，按照伙伴间学习方式来划分，我们将知识联盟划分为以下三类：

（1）双向学习的知识联盟。所谓双向学习的知识联盟主要指联盟伙伴之间拥有的知识资源和投入联盟的知识资源数量、质量具有同类可比性，即双方的知识 / 技术地位基本对等，比如传统战略联盟中的以获取高价值的知识资源为目的而构建起来的技术联盟、RD联盟、动态联盟等都属于此类。在双向学习的知识联盟合作中，各成员都会依据自己的技术 / 技能 / 知识优势，投入与自己实力相对应的资源，从而研发出单个联盟无法顺利实现的联盟合作成果。

（2）单向学习的知识联盟。相对于双向学习的知识联盟中各成员在知识投入上的对等性，单向学习的知识联盟伙伴之间拥有的知识资源和投入到联盟中的知识资源数量、质量是不对等的，往往一方是知识的供给者，而另一方则是知识资源的需求者，他们之间是知识的供与需的关系，比如，近些年来大量兴起的产学研知识联盟，产学官知识联盟等就属于此类，在这类联盟合作中，大学和科研院所起到了知识供给者功能，而企业和政府机构则扮演了知识需求者的角色，在这样的知识链条里，供与需间存在不可分离的锁定关系。

（3）不定向学习的知识联盟。不同于前两项学习的有向性，不定向学习的知识联盟则是指各成员的知识拥有量以及投入联盟的知识资源的质与量没有可比性，在这种联盟空间里，任何一方的知识资源总是以一种近乎“混沌”的方式在空间里流动，比如，国内大量存在的知识、技术密集型产业集群（集聚区），这些区域的一个共性就是以信息或知识的生产、扩散和应用为基础或者借助于知识员工所拥有的信息或知识以及无形资产为主要投入要素的企业的空间集聚。在这样的空间里，企业间重复交易的可能性较高，这种博弈机制导致他们之间通常能够建立起良好的信任关系，大大减少传播的不确定性、降低知识传播费用，这就会使知识流动和学习效果得到较好的保障。

2.5 知识联盟的形式

众所周知，市场是诱导和接受创新的最佳经济协调机制，但是以价格为基本联系方式的市场交易网络所传递的信息量较小，所产生的信任和合作有限，无法作为知识传播的桥梁。因此，知识网络作为介于市场和企业之间的协调机制，既有企业的专业化优势，又能够保持足够的开放性，以接受创新，成为网络能力的两个互补的优势。组织内部和越来越多的组织间正在联结成以获取新知识为目的的网络。因此，构建企业的联盟关系越来越倾向于向其他成员获取自己缺乏的知识资源，通过彼此的跨组织学习，获得一种基于隐性知识转移和合作创新知识的联盟效应。所以 Bronder & Pritzl（1992）将联盟的学习性作为研究战略联盟的新视角，认为联盟为其成员提供一起交流的机会，在联盟内，组织间的合作学习要比单纯竞争更有价值，因为这种联盟关系关键是为组织提供了一种学习机制，而一旦这种机制坚持下来，就可以建立长远的合作机制。因此，大量以相互获取对方知识和信息，进而增强自身学习能力的联盟形式涌现出来，而知识联盟作为其中最具代表性的组织形式，还将不断出现新的品种，下面我们对此加以总结：

2.5.1 虚拟知识联盟

所谓虚拟知识联盟，即并不是通过正式的股权或者契约形式构建的联盟合作形式，而是通过某种非正式方式构建起来的特殊知识网络，比如20世纪90年代中期兴起的知识、技术密集型的产业集群以及基于高技术含量项目合作的虚拟（动态）联盟就是其中具有典型代表意义的组织形式。

2.5.1.1 高新产业集群

知识联盟作为以软要素知识、技术为交流目的而构建起来的联盟组织形式，多出现在咨询业、教育行业、高科技产业、娱乐传媒产业等知识密集型产业的交叉领域。而近年来，我国各大城市出现了一些新型的集聚产业，如文化创意产业、金融服务业、高新技术产业以及休闲娱乐产业等。它们的集聚不再是以加工制造业为其主体产业群，而是以知识、信息、技术密集型的服务性产业集聚为其显著特征，它们能打破传统的条块分割和封闭的管理模式，在区内外形成多条知识链交叉的知识联盟，做成开放的创新系统。而身处其中的知识密集型企业存在投入与产出的界限不再清晰；与客户和不同类型的伙伴间的关系日新月异；专业技术人员间的相互依赖和个人观点对彼此的影响进一步增强；产品线以及服务种类的组合不断更新；信息分布不均衡等五个特征（Harri，2006）。

产业集群，尤其是知识技术密集型产业集群，往往被看作是有效吸收知识的形式，因为在这一中间性组织形式中，企业可以方便地模仿伙伴的技能、惯例和/或复制其技术（Hamel，1991）。同时，企业间面对面打交道，而非构建正式的契约关系，这种模式本身更有利于各种新思想、新观念、新技术和新知识的传播，从而容易形成一种独特的创新型战略网络，与倾向于建立孤立的知识库的战略商业单位不同，战略商业网络鼓励在伙伴、客户、供应商、研究机构和其他合作者、竞争者之间的知识信息的双向甚至多向流动，经营者追求的是合作利益而不是竞争利益，它们通过共生伙伴关系获得双赢。正是从这个意义上讲，产业集群是知识联盟构建的重要形式和途径之一。

有一些学者还就产业集群式知识联盟展开了较为具体的论述。如唐锦铨（2009）就论述了产业集群内企业构建知识联盟的动机，并从时空、规则和增值三个维度分析了产业集群内知识联盟各主体之间在一定的时空区域范围按照对策各参与方对联盟竞争行为设定的界限和规则，实现知识联盟参与者对整个联盟知识学习与创造所起的作用。他借助经济博弈论的方法对产业集群内企业间的投入、利益分配和联盟份额等元素为主维度分析了企业博弈的结果应该是构建知识联盟，从而实现联盟企业集体能力提升和知识创新、创造的联盟动机。当然，产业集聚区知识联盟的构建不意味着知识可以在其间实现真正意义的免费共享，也不意味着知识联盟系统能保持鲁棒性，所以制定知识共享的激励机制以及风险预警机制都是这类产业集群今后发展必不可少的制度环节。

2.5.1.2　虚拟（企业）联盟

知识经济对知识资源的需求急速提升，而创新要求和能力有限性决定了企业间合作研发的可能性越来越大，在信息技术高度发展的带动下，虚拟企业知识联盟形式得以大量涌现。1991 年，美国学者肯尼思·普瑞斯、罗杰·内格尔等最早提出了“虚拟企业”（Virtual Enterprise，VE）的概念，虚拟企业是利用信息技术等联盟企业的核心能力和资源集成在一起的一个临时经营主体，它的出现是互联网经济发展的必然结果。这种临时性的动态企业联盟组织，是企业从长远发展或战略利益出发，以协议或契约为联结方式而形成的一种联盟性质的组织形态（贺盛瑜和邓勇，2003），又被称为动态联盟、虚拟组织（Virtual Organization）、扩展企业（Extended Enterprise）、网络企业（Network of Enterprises）等，其运行模式可以由盟主和核心团队组成虚拟企业的高层组织结构，而其他伙伴企业则可根据需要以多种方式参与，各个成员之间采用“动态合同”形式，并最大可能地通过信息网络进行协同工作。虚拟企业的主要合作方式是外包，在外包模式下，企业间的项目合作成为项目合作方分工整合的一种有效的组织方式。虚拟企业间所交换的往往是彼此之间的智力资源，正是从这个意义上讲，我们将以基于高技术含量的项目合作为目的而组建起来的虚拟企业也称为知识联盟。

2.5.2　实体知识联盟

2.5.2.1　产学研知识联盟

产学研知识联盟，是一种提高合作的组织化形式，它变个人行为为组织行为，它也是各国发展科技促经济战略的重要环节。在我国，它是科技体制、教育体制、企业体制改革的具体体现，也是科技体制、教育体制改革的一个重要组成部分，其存在的真正意义就是要以知识创新和知识转移为目标。在实践当中，已出现多种合作形式，具体可以分为以下两类（李廉水，1998）：（1）以合约为基础的联合，如大学教授到企业咨询、授课，公司科研人员到大学进修，科研机构向企业提供技术咨询、技术服务、技术培训、技术转让，企业和高校、科研机构共同进行课题研究技术开发，或企业委托高校、科研机构进行技术开发等，这种产学研合作方式具有松散性，紧密程度较低，带有"短平快"的特点，在我国产学研联合中占主导地位。（2）共建实体合作方式，如企业、高校、科研机构共同设立合作研究中心、研究开发集团和高新技术企业，这种合作方式属紧密型，带有长期性，有利于研学知识转移到企业。

2.5.2.2 产学官知识联盟

产学官知识联盟是以大学、产业和政府为核心的三螺旋交互模式（Ranga et al.，2008），这种模式为三者的相互作用，为不同类型的知识生产者与知识的使用者之间的知识转移与积极学习提供了一种制度框架模型。该观点最初由 Etzkowitz & Leydesdorff（2000）提出，具体有三个模型，第一种情况是政府占据着控制学术机构以及产（企）业的地位，第二种情况是三者互相独立，所谓的交流也是在界限分明的情况进行的，而在第三种情况下，企业、大学与政府间形成了互动的三螺旋关系，三方的交流和合作形成了三边合作网络，而一定程度上形成了一个混合组织，三方不分彼此，其中一方在承担自己责任和义务的同时，也扮演着其他各方的角色。值得一提的是，政府直接或间接地成为支持三边网络发展的关键要素。形成三螺旋模型的路径不是简单划一的过程，它涉及政府、学术机构和企业三方直接的线性或反复的非线性交互作用过程。

2.5.2.3 企业与中介机构间构建的知识联盟

中介机构是指依法通过专业知识和技术服务，向委托人提供中介服务的机构。目前中国的中介机构大致有三种，公证性中介机构、代理性中介机构以及信息技术服务性中介机构，如生产力促进中心、产权交易服务中心、行业协会、各种技术联合会等。这些中介机构专业技术、信息密集度高，服务及业务创新频繁，与这些中介机构的知识联盟将会大大提升企业技术创新的知识源质量以及技术推广应用的效率。如今，企业与中介机构间的信息和知识/技术交流，已经成为企业获取专业知识的重要途径了。经济发展和创新能力越是落后的地域，就越需要交流和合作。一般来讲，中小企业在研发投入以及技术能力方面较为落后，往往根植于“以中小企业为中心的世界”中，其技术需求常常不为外部的学术机构、职业培训机构，甚至是政府部门所知晓，造成企业技术需求与供给的结构性失衡。

2.5.3 知识联盟组织形式新发展

在全球经济竞赛中，中国要领跑，必须在一些新兴产业上占据制高点，然而缺乏基础研究和应用技术对接机制，产学研合作项目带有明显的短线市场性和单一产品化等特点几乎是我国各大城市普遍存在的问题。有调查显示，政府支持一些企业从自身需求和市场利益出发参与产学研合作，并没有从根本上解决行业基础技术研究薄弱、基础应用研究传播有限、高端人才缺乏、中小企业技术创新能力较低等普遍性问题。企业需求的市场拉力与相对应的基础研究内在动能的推力没有合在一起，缺少有效的产学研合作组织形式和科技服务交流平台，缺乏基础技术研究支撑、重大项目牵引和核心团队激励等动力。为突破核心技术创新这一点，在国家和各省科技局等相关政府部门的大力推动和支持下，一种新型的知识联盟形式——产业技术创新联盟产生了。这些产业创新联盟大致有政府积极引导推动组建和地方企业自发组建两种形成机制。

2009年，北京市直接推动成立了首都工程技术创新产业联盟、首都新能源产业技术联盟、北京新药创制产学研联盟等30家产业技术创新战略联盟，涉及成员单位超过600家。所谓“产业技术创新战略联盟是指由企业、大学、科研机构或其他组织机构，以企业的发展需求和各方的共同利益为基础，以提升产业技术创新能力为目标，以具有法律约束力的契约为保障，形成联合开发、优势互补、利益共享、风险共担的技术创新合作组织”。建立产业联盟可以大大提高创新效率、降低创新风险，因此近年来在国际上很流行，也得到了科技部的大力支持。

2010年5月，我国各省市根据自己区域经济发展的特点以及各自规定的新型战略性产业的不同，构建促进不同产业的技术创新联盟组织，如山东省制定了工业调整和重点产业振兴规划，围绕钢铁、汽车、造船、石化、纺织、轻工、有色金属、装备制造、电子信息9大重点行业和重点扶持的15个高新技术产业群，利用企业、高校、科研院所现有的重点实验室、工程技术研究中心、企业技术中心等高层次技术创新平台，以企业的发展需求和各方的共同利益为基础，争取3—5年时间，构建若干个产业技术创新战略联盟，形成联合开发、优势互补、利益共享、风险共担的产学研结合新机制。而到2016年底，广东省政府共组建了87家产业技术创新战略联盟，几乎覆盖该省所有重要产业；北京市共成立90家产业技术创新联盟，再生资源产业及绿色能源产业等新兴产业均成立了相关产业联盟；浙江省总共成立了93家产业创新联盟，以小家电以及皮革等省优势产业为主，力求加快技术创新，巩固竞争优势。

产业技术创新联盟既是一种新型的知识联盟形式，也是产学研（官）知识联盟的一种，在于促进产业技术的开发和市场推广，这有别于一般意义上的产学研合作主旨，它是市场经济条件下产学研结合的新型技术创新组织。整体而言，我国形成的产业技术创新联盟主要围绕一些新兴产业，如生物育种产业、新能源新材料、生物制药产业等项目展开。

2.6 知识联盟的演化：多维度透视①

战略联盟与知识联盟的区分，正如企业与学习型企业的划分视角一般。以市场开拓、渠道获取、新产品/技术开发、资金互融以及风险共担为特点的大型企业间的或松散或紧密的战略联盟组织形式有别于知识联盟，当企业通过与其他机构合作的方式，并以学习和创造知识为中心目标，共同创建新的知识，实现知识、技能以及

① 本节部分内容发表在《科技进步与对策》期刊上。

其他软要素在跨组织间转移时，战略联盟也就突破了原有的意义，成为了知识联盟（任慧，和金生，2009）。

不难看出来，知识联盟是高于一般战略联盟的“一种新型的组织形式”，是提升企业核心竞争力的有效途径（李元旭，唐林芳，1999；符正平，1999）。作为新的组织形式，知识联盟演化进程中也会遵循一定的阶段性特征，这些阶段性特征体现出联盟形式的变迁。Doz（1996）和 Inkpen（1999）认为，成功的学习型联盟通常会沿着“学习—再评价—再调整”的螺旋循环路径演化，而每一次循环的起点都是在原来循环的再调整基础上得到新的提升，从而使联盟由低级向高级阶段发展。Reuer & Zollo（2000）通过对生物产业联盟研究发现，40% 的联盟会经历契约、董事会或监管机制的变化，他们所认为的联盟演化实际上就是联盟组织形式不断完善的过程，这种观点实际上是强调了正式的知识联盟组织结构的变迁，并没有从学习和知识变化视角看待联盟的演化和阶段特征。

我们从知识本质的视角看待联盟的演化过程，以辨明知识联盟进一步发展的规律。

2.6.1　以企业联盟能力变迁为维度的知识联盟演进

国内早期研究学者如李元旭、唐林芳（1999），符正平（1999）都强调，知识联盟是企业借助外部资源，获取自身竞争力提升的重要而有效的途径。换句话说，知识联盟是企业能力形成的重要载体，已经成为国内学界的公认观点。企业加入知识联盟之后，与联盟伙伴进行多维度的交流和项目合作，还会形成一种获取、融合、利用、内置外在知识的能力。对此，Henderson & Cockburn（1994）将企业能力分为建构（architectural）能力和组件（component）能力，前者是企业整合自有知识的能力，后者则指的是整合外部知识的能力。因此，企业能力是不断演进的，它既是被动式自身“干中学”内部能力累积的结果，也是主动出击学习外部知识 / 技术 / 诀窍，获取外部资源的外部能力累积结果。Grant（1991）认为，能力和企业所拥有的资源是严格不同的，企业资源包括可以交易的技术诀窍、货币或实物资产、人力资本等，而企业能力指企业配置这些资源的策略途径的综合（Amit & Schoemaker，1993），这些能力是组织记忆的重要组成部分，而组织记忆保证了企业按照一定的规则行事，正是这些技能和惯例恰恰体现出企业独特的行为模式、认知范式等能力属性（Ethiraj et al.，2005）。

具体来讲，企业能力又可分为企业管理能力、获利能力以及研发能力等几种，而作为企业管理能力的一种，企业联盟能力越来越受到学者和业界的关注。闫立罡等（2006）认为联盟能力是公司的核心竞争力在联盟过程中的应用，可以分为四个维度：（1）接受能力是公司实际从合作方吸收知识和技巧的能力，这种能力强调激励组织成员主动去向合作方学习和吸收所需的知识和技巧，在接受能力中，激励组织和个人进行学习的因素更加重要；（2）吸收能力被定义为公司从外部识别、吸收和获取信息或知识的能力；（3）整合能力是公司将已有的深深积累在组织内部的能力与新知识进行合并的能力；（4）创新能力被定义为有效的吸收、掌握和改进现有技术的技巧和知识，以及创造新知识的能力。四个维度构成了一个能力积累的过程，随着联盟能力从接受能力过渡到创新能力，逐渐增强的联盟能力则展现了知识联盟由低级向高级阶段演化的累进过程，企业联盟能力越强，知识联盟发展的阶段越高。以联盟能力为核心的企业多维能力的发展，反映了知识联盟发展演进的阶段特征。因此，按照联盟企业联盟能力发展来衡量知识联盟的进度似乎成为一个合理的理由。

正是基于这一视角，冯进路等（2005）将知识联盟发展分为四个阶段：（1）“知识基”形成阶段。知识联盟利用信息技术把若干个具有联盟意愿的企业贡献的一部分核心能力有机集成为“知识基”，各合作伙伴透过“知识基”的窗口，使彼此都有能力感知对方的“知识基”领域，交叉的“知识基”为知识联盟提供了“知识库”，是整个学习过程的基础。（2）学习能力积累阶段。知识联盟中的各合作伙伴在“知识基”上不断进行知识相互交流，有意识地吸收其他组织的知识并进行知识积累。（3）生产能力形成阶段。前一阶段组织学习积累的知识仍是“知识形态的生产力”，必须将这些知识融入组织生产过程中的各个环节，才能变成“现实生产力”，即组织必须通过“学中用”，把学习积累的知识转变成组织的生产能力。（4）创新能力形成阶段。这是知识联盟形成的最后阶段，是企业核心能力拓展的高级形式。前一阶段企业把联盟伙伴的知识消化转变成维持和优化生产运行的生产能力，而这一阶段是企业进行“用中学”探索，实现知识“再生”，创造出前所未有的新知识、新能力。

以联盟能力为标志划分知识联盟演进的阶段，是因为企业能力是其前期知识累积的外在表现，企业能力发展是知识联盟发展的前提基础和终极目标。企业组织的网络化发展，使得企业联盟能力成为企业极为关键的价值资产之一，是企业能力集中构成独特竞争优势的要件，越来越受到学者和业界的关注。一般来讲，企业参与联盟管理的经验越多，其在联盟合作和协调中就会得到较快的能力发展，即经验越多，联盟能力越强。如有些联盟企业，往往通过联盟峰会、联盟工作培训、联盟案例开发、联盟虚拟会议等方式加强联盟管理，在交流中实现联盟经验在企业各层次人员之间的共享和渗透，使联盟工作不再仅是企业高管的高端事宜，而应该是企业所有人员的共有事业（Stanek，2004）。也有的企业，对其参与的每一个联盟从建立到终结的每一个阶段都建立严格的制度和规章以及归档管理，使企业联盟经验这些原本属于联盟经理人的私有隐性知识，变为企业的联盟显性管理能力累积的基础。

2.6.2 以联盟生命延续周期为维度的知识联盟演进

Poulymenakou et al.（2004）认为，联盟发展的两个重要特征就是:（1）联盟是延续的，即所有联盟成员的行动决策具有延续性，成员间对此相互认可，以便联盟按照设定的目标持续发展。（2）联盟的发展策略是循序渐进的（step-to-step approach），即联盟的每一步发展都依赖于成员对该过渡阶段的洞察力以及对合作内容、对象和方式的调试能力。联盟的发展不是一蹴而就的，需要在合作尤其是项目合作中，实现生命形式的蜕变。所以，从这个意义上讲，联盟就像任何一个组织一样，具有其自身的生命周期，在发展的不同周期阶段，联盟的定位、目标以及合作内容均会呈现周期性调整。

国内学者，则从另一角度看待知识联盟的生命周期演进过程。李元旭、唐林芳（1999）等把传统意义上的战略联盟分为产品联盟、技术联盟与知识联盟，但鉴于技术本身就是一种高级知识，所以事实上技术联盟也是一种知识联盟。符正平（1999）进一步区分知识联盟有别于产品联盟的主要特征：（1）目标提升，旨在学习及知识创造；（2）伙伴关系更倾向于信任；（3）战略调整，由产品联盟的防御性战略调整为知识联盟的战略性进攻策略，等等。由此我们认为，如此划分知识联盟，实际强调了联盟主要客体变迁带来的联盟形式的变迁，产品联盟指两个或多个企业为了生产或扩大生产、销售或扩大销售某种产品而结成的较为固定的协作关系，旨在获得对方的产品或零部件的联盟关系（徐立军，2002）。如从 20 世纪 80 年代中期以来我国的汽车行业、日用化工品行业内的大规模的合资和合作形式都属于产品联盟的范畴。而知识联盟则是以研发新技术为主要目的的 R&D 联盟、内容联盟等软要素为客体的联盟方式。

Poulymenakou et al.（2004）认为，知识联盟的目标不应仅仅局限在产品 / 技术（知识）创新上，即技术联盟不会因为技术或产品 / 服务创新的实现而宣告结束，而应当进入一个全新的商业化阶段，即联盟的发展遵循如下规律，可见图 2-1。

（1）发起阶段。在发起阶段，合作的伙伴间的主要任务就是设定其合作的基础，选取合适的联盟伙伴是关键，潜在的联盟伙伴一般是从那些以往有过合作经历的企业或机构中选择，以保证彼此合作契合。此外，为保证今后合作沟通的顺畅进行，构建一套基本的企业间行动规范也是有必要的。

（2）定型阶段。在该阶段，成员主要处理联盟合作的详细规划，如建立监控机制（Ring & Van de Ven，1994）、沟通界面（Doz，1996）和冲突管理程序，从而在关系层面和操作层面上都极力促进企业间的整合。进一步来讲，这一阶段，较为正式的知识联盟合作机构还会建立监管机构（Reuer & Zollo，2000），以进一步规范未来合作。

（3）实施阶段。实施阶段就会涉及联盟伙伴间日常的甚至是每日业务往来，会要求伙伴间就某些重要的事宜达成一致意见，并对联盟进行系统管理，以保证联盟的顺利运行。而联盟的成功运行，需要有正确的绩效衡量指标作为评价参考体系，为此，在这一阶段，联盟经理们有必要开发一套综合的积分卡以满足联盟发展的需要（Doz & Hamel，1998）。

（4）稳定阶段。该阶段主要考虑人员的冲突和预期，联盟的稳定阶段是联盟生命周期发展的较为成熟的阶段，这意味着联盟成员对其伙伴的各种能力有了更准确和清晰的认识（Doz，1996），而与此同时，他们之间的冲突也会容易爆发并会迅速蔓延。所以这个阶段的主要任务是梳理各成员们的理想预期，避免冲突。

（5）转型阶段。在该阶段，前期合作学习会对每一个成员在联盟中的地位产生重大影响，而这会影响联盟今后进一步发展的方向，为适应这种外部环境的不断变化，合作成员则应该进一步发现新市场并适应这一市场需求做出知识联盟内部结构和组织形式的战略调整。联盟的生命周期依目标和任务而实现周期性演进，图 2-1 展示了这一过程。

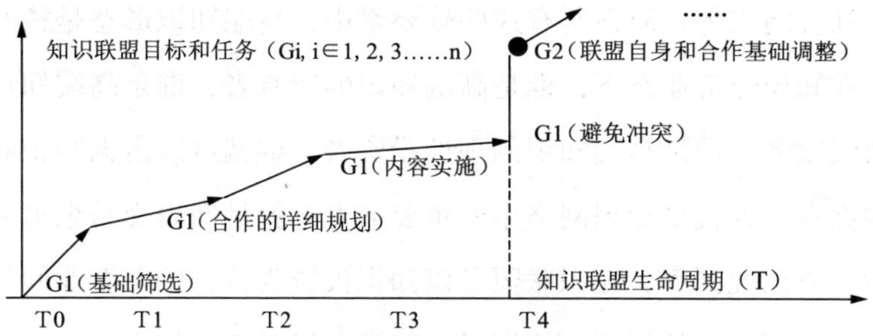

图 2-1　知识联盟的生命延续周期示意图

注：作者根据自己理解自行绘制。

然而，学习尤其是组织间的学习绝非容易的事情，组织间文化、习惯和运营等方面的差异，再加上联盟项目设定上的不完善以及不恰当的交流往往会导致不同的学习效果（Doz，1996）。而联盟企业的机会主义学习行为，则进一步加剧了联盟学习过程的动荡性。因此，很难避免知识联盟中的企业一旦达成了自己的目标，即退出联盟使联盟失去延续性的可能。为此，加强知识联盟企业机会主义学习行为的防范和规制研究则是今后该领域应该着力考虑的。

2.6.3　以知识投入产出变迁为维度的知识联盟演进

基于考虑企业资产专有性、市场不确定性因素以及单个企业较低的议价能力等因素，初期发展的企业间联盟更多是从成本节约、风险共担等角度考虑的。然而，外部市场瞬息万变，行业内的企业竞争日益激烈，技术发展范式的跳跃式提升，使得企业所依赖的资源也随之发生改变，由最初依赖低端硬要素，如土地、资本、设备、厂房等，到后来越来越倾向于依赖高端软要素，如知识、信息、渠道、社会网络等。而在所有这些软要素中，高端知识形态是核心所在。在知识经济业态下，谁是高端知识的所有者，谁是高端知识的有效吸收者，谁是高端知识的理性投资者，谁就可以占据知识联盟的制高点，谁就是知识网络中的重要节点，就是知识交易渠道的把控者。所以说到底，知识联盟是以知识投资为特征的。企业间的合作也以知识投入的程度、知识投入的类型以及知识投入的方式等表现的。一直以来，对知识联盟内企业间的知识合作（学习），存在两种截然不同的认知观点，其一是 Hamel（1991）所提及的“学习竞赛”（the race to learn），即联盟是获得伙伴知识和技能的机制；另一个强调联盟是合作专业化（co-specialization）及能力提高的机会，也就是说，这种能力是伙伴能力结合带给企业创造新业务的机会中获取的，所以 Kale et al.（2000）指出，联盟的成功依赖于单个成员的学习投入程度。在第一种联盟学习模式中，组织学习是不稳定的，必然会导致联盟的解体，这是因为在学习竞赛中，总有一些成员学习能力强、学习速度快、效果好，进而控制了联盟关系，从而易于攫取本应该由其他联盟伙伴获得的利益（Khanna et al. 1998；Inkpen 1998）。而在第二类联盟学习类型中，通过学习获得的收益可以转移到其他成员的其他业务领域或产品领域，这会增进联盟的现期净收益，从而强化联盟伙伴间合作的动机。与此观点相类似，Ding & Huang（2010）以及 Samaddar & Kadiyala（2006）按照企业加入联盟后，根据知识投资的意愿和知识应用程度等情况，将知识联盟的发展分为三个阶段：

（1）先验知识投资阶段。

向联盟伙伴学习，以获取本企业发展必须而自己目前缺失的知识、技能和能力是企业加入知识联盟的最基本的目标之一。然而，要达到这个学习目的，企业必须投入一定的知识存量。企业在合作创造知识的过程中，投入的知识有两类（Cohen & Levinthal，1990）：第一类是现期知识投入，指合作企业正在联合投入的知识资源与合作努力；第二类是先验知识投入，指的是在未加入联盟合作关系中时，单个企业愿意并且能够投入的知识资产和努力程度，它包括为促进研发所进行的投资，这些先验知识投入构成企业吸收能力的基础，会对组织学习和知识创造起到重要的推动作用。

一旦二者或者联盟一方将自己的先验知识（prior knowledge）投入到合作中，新知识创造与先验知识的转移也就随之发生了。而且，谁投入的先验知识与致力于新创造知识相关程度大，谁就占据合作的主动性。Samaddar & Kadiyala（2006）利用斯塔尔伯格的领导者—追随者博弈模型，分析了作为领导者的企业与作为跟随者的企业在先验知识投入的决策过程，分为两个阶段，在第一个阶段，领导者决定自己的知识投入水平，称为参与率；在第二个阶段，追随者对领导者的投入决策做出反应，进而确定自己的投入水平以及合作创造知识的努力程度。领导者与追随者决定投入水平依据的原则有二：其一，领导者参与到联盟合作的知识投入程度，会对其追随者的知识投入边际收益带来正面的影响；其二，当领导者将先验知识投入到联盟知识创造所带来的边际收益与追随者的准投资相比，其弹性系数（Quasi-Investment Elasticity）大于1时，领导者企业的投入效益才是正的效益。然而，在实际中，各企业的决策环节、文化、思维模式以及知识投资意愿等方面存在诸多的差异，各个企业在选择投资时间、投入数量与努力程度时，必然有异于理论推导的投资行为预期。

（2）知识合作创造阶段。

Samaddar et al.（2006）指出，在企业合作过程中，会产生物质流和知识流，而知识流包括知识创造（如，新产品开发、过程改进、技术开发、技术商业化等）和知识转移。对知识创造的理解，大致有两类基本的观点，一种是“储备”观点，如Davenportand Prusak（1998）指出的那样，“主动而有目的”的知识创造是企业用以提高其企业知识储备所发起的活动。这种观点认为，知识创造过程会增进企业知识储备，当然，知识创造还可能带来正面知识或者负面知识（Teece，1998），正面知识可以直接用来指导现行的知识创造过程，可以使之向期望的方向迈进，而负面知识则可能将知识创造过程带到一个“盲道”上。但总体而言，不管是正面还是负面知识，都会增进企业的知识存储量。另一种是过程论或关系论，即组织知识创造是“企业利用组织整体能力创造新知识，将之在组织散播，并在产品、服务和制度等方面体现”的一种过程（Nonaka & Takeuchi，1995）。这种观点的知识创造是动态过程导向的，意指隐性知识和显性知识在组织和个人之间通过SECI过程来展示新知识被创造出来的过程。

然而，Hamel（1991）也指出，企业在获取其他企业知识并与之合作创造新知识的同时，不能毫无保留地将自己的知识转移给伙伴企业。参与到联盟中的经理们，必须意识到，自己既是获取外部知识的主体，还是保护自有知识资产的关键人物。所以，企业在对知识联盟做知识投资决策时，必须考虑避免其他伙伴攫取知识资产的利益而提前退出知识联盟的机会主义行为。应该说，这种机会主义行为会导致知识投入收益不均的后果，而保护意识或者学习能力弱的一方，其知识的流失却提升了能力强的一方的知识创造力，他们之间的竞争因素较之合作因素也会明显增强（Inkpen，2000）。

（3）新知识内化阶段。

当联盟企业间真正建立了合作关系，并在合作中创造出属于联盟的合作知识时，那么对于这一新知识的内化过程就成为知识联盟发展的更高目标了。换句话说，也只有很好地完成了这一阶段知识联盟的正常运行，联盟的发展才可能进入一个更高的发展周期。这个阶段的知识联盟，体现出联盟企业的吸收能力，即消化、吸收并应用新知识的能力。这些新知识包括新产品开发、过程改进、技术开发、技术市场化等，如何将这些新知识应用于企业自身的业务和其他合作项目是这个阶段联盟发展的主要任务。按照知识联盟的本质要求，企业间的联盟旨在获得新知识，即实现知识创新，然而，知识联盟的发展绝不仅仅是局限在创新的要求上，而是更倾向于强调如何将创新成果应用于企业联盟外的项目合作上，这既是企业私有利益获取的实现过程，也是企业对知识联盟整体运行的绩效的考核过程。

Samaddar et al.（2006）按照知识转移、知识创造及知识应用这三个过程，把知识联盟区分为三个不同的发展阶段，应该说这样的联盟发展过程体现了知识作为一个核心标的的自然发展历程，具有一定的科学性，然而，在多元构建的知识联盟发展中，又充满了复杂性和不确定因素，这三个阶段并不是严格按照顺序依次进行的，事实上，知识投资与知识创造、知识内化两个阶段往往是同步进行的。

2.6.4　以信任水平变迁为维度的知识联盟演进

上述三种方法对知识联盟演进历程中的三个特点予以了研究，除此之外，联盟成员间信任是联盟形成的必要条件（Dyer & Sihgh，1998），而对于知识联盟这种以知识尤其是隐性知识转移为目的的联盟形式，对信任程度的要求就更高。所以，一定程度上，信任的形成也是联盟发展过程和阶段的核心表现（Garcia-Canal et al.，2002）。而以隐性知识或复杂、高级知识的交流与共享为目的而构建的知识联盟，则更依赖于联盟成员间的信任程度，从这个意义上看，信任程度的发展可以成为知识联盟发展阶段的直接反映。知识联盟发展的不同阶段，企业间的信任水平自然是不一样的。成功的知识联盟往往伴随着较高的企业间信任水平。企业间的信任水平是一个动态变化的心理因素，会受到多方因素的影响，比如，知识联盟合作过程中联盟成员的学习行为、学习动机以及学习模式等。

在联盟发展的不同阶段，信任的表现形式也是不同的，Inkpen & Currall（1998）提出了三种企业间信任类型，心理信任（Psychological Trust）、社会信任（Social Trust）和结构或制度信任（Structural and Institutional Trust）。心理信任是认知和情感层面的信任形式，往往发生在联盟成立之初；而社会信任则是在联盟伙伴之间持续交易的基础上达成的后果，它是每个成员对联盟伙伴前期交易表现评价的基础上形成的。而到了组织层面，信任已经成为企业间关系的典型特征，要不有，要不就是没有。基于此阶段的信任，知识联盟的构建纯粹是建立在企业间以往合作的经验基础上的，跟现在企业由谁领导无关，即伙伴间的信任已经成为内置于彼此组织结构的制度约束，是最高级别的信任，即信任已经制度化。由此，Garcia-Canal et al.（2002）将知识联盟分为三个发展阶段：（1）心理信任阶段。在该阶段里，仅参与知识联盟的经理人之间存在信任，这是因为在该阶段内，成员间进行的项目合作还没有明确的信息反馈，或者成员间进行的知识交易和投资还没有产生明显的正面效果，所以此阶段经理人个人对联盟伙伴的主观评断占据很大成分，信任带有明显的任意变动性，因此，此阶段是知识联盟发展的最低级阶段。（2）社会信任阶段。在此阶段里，因为联盟伙伴间的持续的知识交易和投资得到了有力的证据支持，获得了较明显的正面效果。此时，关系租带来的利益使得企业更愿意维系他们之间的联盟关系。尽管因为依赖以往的交易关系，使得该关系依旧存在变动性，但此时的成员关系得到了参与联盟的企业多数人的认可，因此，此阶段联盟的发展越来越不依赖联盟关键经理人的左右，而逐步步入发展正轨。联盟发展和绩效评价更客观，信任也变得更具有可持续性，而不仅仅是几个关键人物的个人间交往的结果。（3）制度或机构信任阶段。当联盟合作关系已经维持了一段时间，企业已经充分认识到他们之间可以在很多项目上展开合作，即使这些项目并不都是成功的，他们也愿意采取合作行为。在这个阶段，每一成员企业的相关经理人即使没有与联盟伙伴就某个项目合作过，也把他们看成是好伙伴，即他们之间已经形成了组织间信任程度。一旦联盟发展达到这个阶段，信任水平就会一直保持或提高，此时的信任已经成为联盟各企业非常有价值的资产。

关于信任水平还有其他的分法，如 Kale et al.（2000）的友善信任（goodwill trust）和 Khanna et al.（1998）的能力信任（competence trust）两种。前者指企业对伙伴所持有的正面预期，即认为加入联盟的企业都会遵循一定的道德规范，将对方利益放在个人利益之上，而且不会做有悖联盟协议的事情（Barber，1983）[①]，这种信任往往发生在某一个知识联盟构建的初建时期；而后者则是企业技术能力作用绩效方面的预期（Barber 1983），进一步说，联盟伙伴相信：（1）联盟成员能够按照联盟约定彼此相互吸收对方并转移自己的先验知识；（2）彼此有能力胜任合作创造知识；（3）他们能够将新创知识吸收内化并获得收益。这就意味着能力信任是联盟成员相信各方有能力按照约定履行义务，而友善信任则是他们愿意去这样做的问题。

由上所述，我们看到，按照一定的标准，知识联盟总会从低级阶段向高级阶段演进，这种演进进程可以看作是联盟运行绩效的一种表现。那么，哪些因素会影响联盟的顺利演进呢，而相应地，应采取何种管理措施以保证联盟按照递增的演进规律前行呢？本节从理论上对知识联盟的演进从不同的角度予以分析，而国内知识联盟发展目前达到什么发展阶段，其具体运行状况如何，这方面的实证

① Barber，B. 1983. The logic and limit of trust. New Brunswick，NJ：Rutgers University Press.

研究则仍是个亟待研究的课题。此外，按照这些维度划分的知识联盟在演进中依赖于哪些因素，联盟演进过程中会面临哪些风险，如何克服？对这些问题的回答则是将知识联盟演进课题进一步深化的必然要求。

2.7　行业实践案例①

自20世纪70年代末，美国计算机科学家尼古拉·尼葛洛庞蒂第一次提出媒介融合的概念开始，直到90年代中后期，媒介融合的说法才开始被广泛提及。所谓媒介产业融合，格林斯丁（Greenstein）和迦拿（Khanna）将这种融合定义为“为了适应产业增长而发生的边界的模糊或消失”②。一般来讲，媒介产业的融合是在媒介经济高度分工的基础上发展起来的，它是以部门间交易规模庞大且交易量增多为前提条件的，并对在此基础上形成的产业固定化边界进行一定程度调整，从而使原来界定分明的各媒介组织的产业边界划分模糊化，进而逐渐形成难分彼此、专业界限模糊的新形态——融合态媒介组织，这些组织形式是介于企业组织和市场之间的中间性组织形态。其表现方式多种多样，总体可概括为超出了单一媒介形式的集团化媒介组织、在中国各区域大量集聚的媒介组织集群以及与通信技术联盟的联盟性

① 本节内容来自作者任慧于2010年分别发表于《情报理论与实践》以及《中国报业》的文章，部分内容有调整。

② 宋昭勋. 新闻传播学中Convergence一词溯源及内涵［J］. 现代传播：中国传媒大学学报，2006，（1）：51-53。

媒介组织等类型，这些媒介组织的典型特征在于，随高新技术的嵌入，而不断涌现，从而产生多样化的融合态媒介产品。

比如，数字技术彻底改变了媒介信息、知识操作和传递的方式，媒介信息提供业务进一步融合，使语音、视像与数据、文件可以融合，通过同一种终端机和网络传送、显示，从而使语音广播、电话、电视、电影、照片以及印刷出版等信息内容融合为一种新的应用或服务方式①。如今，媒介形态的内涵和外延都有了扩展，无论是传统媒体、网络媒体还是以手机为载体的短信媒介等新媒介形式，都突破了产业分立的限制，形成交叉产品、交叉平台以及收益共享的交叉部门，各种媒体资源和信息技术资源在更大程度上得到了合理配置。媒介技术的融合，比如网络电视、手机电视等技术的革新为跨媒介经营提供了很好的发展空间和机遇，各媒体经营组织也试图通过信息技术以提升其传统服务业务，进而拓展新服务业务。而且这种发展趋势得到越来越多的国家政府的支持，如2008年底美国联邦通讯委员会就出台了一个最新的政策，允许媒体跨行业、跨媒体的经营。各国政府把媒介的融合门槛降得越低，媒介融合的政策变得越宽，从全球范围来讲，这也预示着媒介整合和融合的情况已经愈演愈烈，融合态媒介组织的涌现也就成为不可抵挡的发展趋势。

2.7.1　我国融合态媒介产业构建知识联盟的必要性

在国际范围内，二十世纪前十年陆续出现了一些以获取企业外

---

① 陈艳彩．论媒介产业集群的竞争优势［EB/OL］，飞诺网．http：//www.tt91.com/article/09-06-18/15544280_1.shtml，2009-06-18。

部知识与信息资源为根本目的的知识联盟，它以学习和创造知识为中心目标，通过组织机构结盟的方式共同创建新的知识和进行知识转移的战略联盟。这种观点实际上是将不同的结盟企业看成是不同的知识链，当这些结盟企业相互发生业务往来时，就会使各自拥有的知识链交叉对接，从而构建出了新的知识创新联合体。

多元化媒介形态的出现使得这种知识和科技密集型的产业联合体融合趋势进一步加强。在当前，如何把握各媒介产业的特性并使之在媒介产业融合进程中发挥各自的优势，在发展中以融合产业链为经营路径，提高媒介产业整体竞争力和知识力，成为今后我国媒介产业发展的未来出路之一。对于任何一个组织来说，提高知识力乃至综合竞争力的关键是要使该组织形成一种创造知识的平台。

总体上，目前我国融合态媒介组织在知识共享上存在着以下三个方面的困境：

（1）媒介资源管理系统有待充分利用

传媒业的发展始终离不开技术，特别是通信技术的进步。信息技术实现了跨越地域的同步信息交换，而以科技和知识作为密集投入要素的各媒介产业机构在信息化时代也充分地利用了这种科技带动生产力的手段，比如我国2001年首次采用的媒体资产管理MAM（Media Assets Management）系统，就是一个能更好保存和管理媒介组织资源（产），并使之得到最大利用的全面管理的系统。然而，以高速宽带有线电视网的铺设、高清晰度电视的出现和飞速增长的家用Internet连接数量为标志的数字化时代并没有带来我国内容资产的进一步升级，而仅仅被看作工作便捷、提高效率的工具而已，还没有完全从形式、市场渠道以及重复利用内容资产上有更大的突破，此系统在开发和利用外部内容资产上还存在诸多的壁垒。

（2）多元化的媒介产品形态有待进一步整合利用

传统媒介如出版、广播电视产业，原本都有其各自特定的信息传播讯号、信号接收设备，但在互联网通信技术的推动下，语音与数据开始在不同形式的媒体间自由转换，互换性和互联性得到加强，使得新的媒介服务形态大量出现。众所周知，传统媒介、网络媒介乃至新媒介以及与之相关产业的联合，都是围绕信息产品生产和销售的联合体，它们提供文字、图片、声音、图像等基础性原创素材，借助技术集成产业重新组合，并以数字化产品形式以满足信息消费者的一切需求。不同媒介组织的信息产品以及融合态组织的多元化媒介产品形态如何在基于顾客需求下得到更好的利用和整合，依赖于它们之间共享壁垒的消除。

（3）媒介产业集群有待开发知识创造能力

一般来讲，产业集群会使集群内的企业或组织既相互竞争，又通过非正式交流和相互合作学习，加强了信息交流，有利于技术创新和扩散。目前，我国一些传媒集团集聚了多个知名的电视、报刊栏目品牌，呈现出媒介产业集群的特征。但是，我国媒介集群化发展并不仅仅是市场经济的产物，更是政治的结果。所以存在着严重的集中不集强、规模不经济以及同质媒介过度竞争现象，从而导致整个媒介产业的生态环境严重失衡①。也就是说，我国媒介产业集群

① 百汇论文会员．媒介产业集群研究［EB/OL］，http：//lunwen.kaoshi365.com/jjx/show_184_14899.html，2009-09-14。

在知识创造和信息开发方面的能力还有待进一步提升。

（4）集团化没有体现信息和知识扩散的优势

我国媒体的集团化过程主要是在政府力量的推动下实现的，通过媒介间的并购行为向集团化迈进。虽然集团化运营在多种传播渠道共享信息方面具有显而易见的优势，但这种靠行政手段将传媒组织捆绑在一起的做法，无法产生高效率的集团化效应。而新闻传播媒介做大做强就要实现跨行业经营和跨地区经营，但就目前情况来看，我国媒体集团不管是从组织机构建设，还是从信息和知识传递的绩效来看，都并不乐观。

2.7.2　我国融合态媒介组织构建知识联盟的可能性

（1）产业结构软化——构建知识联盟的内部基础。在信息化的时代，世界经济普遍出现了“经济服务化”“生产要素技术化”等“第四产业”的特征。“第四产业”的说法实际上表现了在原有的产业划分的基准上，出现了介于它们中间的 1.5、2.5、3.5 次产业，而在这些产业分支不断出现的进程中，起到关键作用的是，作为中间催化剂的知识和信息科技。这些软因素使得原本界限分明的产业结构出现了软化的趋势。产业结构软化是指随着高加工化过程和技术集约化过程，在整个产业过程中，对信息、服务、技术和知识等“软要素”的依赖程度加深。不管是传统媒体还是最近发展势头迅猛的新媒体，它们都是围绕知识的生产、分配和使用的媒介形态，主要依赖高复杂程度的脑力劳动和科学技术等软要素投入，其产业性质为典型的知识和技术密集型产业。而随着通信技术、信息技术、网络技术对媒介产业的不断强化介入，以生产内容产品为目标的融合态媒介组织，对知识和技术等软要素的依赖程度会进一步加深，而且这些软要素对媒介体系的软化功能呈现加强的趋势。

（2）媒介集聚化—构建知识联盟的外部网络。在我国，最初集聚在一起的空间聚合体主要是一些加工制造业。然而类似的集聚现象开始在更多的知识型产业领域出现，如在北京、广东等地区都涌现出众多纸媒竞合现象，显露出媒介群落化的趋势。另外建成于2008年，被誉为我国北方的“麦迪逊大街”，北京中国国际新闻中心，将吸纳传媒业上下游的企业及餐饮、物流等配套性机构进驻，成为以智能化、数字化的现代建筑为载体，集新闻传媒、科技传媒、教育传媒、娱乐传媒、通信网络于一体的大型国际传媒产业社区；与之遥相呼应的是早在2003年上海就开始创建，集国际著名4A广告公司，本地实力传媒及诸多产业链上下游的服务企业于一体的“广告湾”。如此规模的媒介产业集群在广州、深圳、苏州以及西安等城市也不乏多见。多元化传媒组织的集群现象实际上是知识和科技的集聚，这不仅意味着，知识和科技这些软要素已经成为媒介产业进一步融合的催化剂，它也为融合态媒介组织提供了构建知识联盟的外部网络。

（3）媒介集团化——构建知识联盟的组织保证。时代华纳、迪尼斯、贝塔斯曼、威卡姆、默多克新闻集团等五大世界级媒介产业集团是媒介集团化经营时代的杰出代表，集团化经营以其范围经济和规模经济，将跨媒介组织的知识和技术的传播和扩散的优势发挥到了极致。考虑到这种优势效应，我国先后组建了若干个大型报业集团、出版集团、发行集团、广电集团、电影集团以及跨地区、多媒体的大型新闻集团。如成立于2000年的湖南广播影视集团聚集了湖南广播电视总台、潇湘电影制片厂、湖南广播电视报社、湖南广播电视产业中心、湖南广电网络公司，兼营影视节目的制作发行、报刊编辑出版、广播电视网络建设管理、商业营销、广告、音像制品经营、会议展览、房地产开发等业务，从而打造了一个较完整的传媒产业价值链条。这些集团在相当程度上实现了管理体制、人力资源以及信息共享等资源的再配置和重组，反映了媒介产业内和产业间的融合。这些异质媒介形态在集团内部的经营使得各媒介原本相异的知识和技术在不同的组织之间流通，而在流转的过程中，又会不断创造出新的知识形态，因为，一旦一种外部新知识被纳入媒介组织或其员工个人知识库中，依赖知识存量间的关联性，就会快速实现知识的形态变化，这对于以处理、更新信息、知识为己任的媒介组织来说至关重要。

2.7.3 我国融合态媒介产业构建知识联盟的构想

毋庸置疑，通过前面内容的陈述，我们可以看出，媒介产业的融合趋势以及其具有的软性结构和组织特征，使得同属知识型企业的各种媒介组织之间的联合能够形成知识联盟。如今在前期并购的前提下，构建新的战略合作模式（如知识联盟）来实现其进一步发展的意图，成为大多世界大型媒介集团的选择。如作为媒介产业重要的技术支撑者，IBM公司在近20年里，通过同百余个在特殊领域里各具专长的公司结成知识联盟，使自己获得了对方所具有的能力，并逐渐由传统的计算机主机（硬件）供应商转化为全球最大的信息技术和业务解决方案公司。知识联盟的建立使媒介集团主要集中于发展其核心业务，而将非核心业务通过服务外包的方式由其他有专业技术优势的公司完成，在合作中互取对方的优势，增强其核心竞争力，做大做强自己，如近年来传媒大亨维亚康姆、索尼和时代华纳等集团都纷纷出售自己的一些非核心业务，把精力放到自己的核心业务上。

那么，如何构建我国媒介产业间的知识联盟，使我国媒介产业间的融合趋势得到进一步加强呢？我们认为，应从以下几个方面构思：

其一，实施知识管理，优化知识链。在知识经济时代，一个产业的战略资源是知识资源，竞争优势将来自对知识资源的有效开发和管理。在媒介产业融合进程中，各媒介专署以及融合态的知识必须作为知识体系去管理，才能促使这些无形的知识资源变为无可替代的无形资产。系统有效的管理会使这些融合在一起的媒介机构对已获取的信息资源，从不同的角度对知识进行缕析，实现知识链收益最大化。所以，对媒介融合产业实施知识管理也是当务之急，如把不同产业类型的小知识地图结合在一起，形成整个联盟的知识地图。而做到这一点需要以媒介融合产业作为基本的管理组织搭建信息（知识）管理系统，将各种媒介间的信息资源进行整合，如中国台湾东森集团的“大编辑台”就是在扩张至电视、广播、报纸及网络等各项产业后，通过技术提升寻找其传统服务业务和拓展新服务业务的机会，试图通过新闻平台分享和流通跨媒体的新闻知识，节省成本，将各媒体所生产的内容相互流用，优化了其知识链。在这个意义上，知识联盟建设就像知识网络建设一样，通过产业内分工和专业化，促进网络内的各个节点实现其专业领域内的知识高效率积累，企业组织能够将自身的知识资源集中于能够体现自身优势的活动中，并将核心能力之外的相关活动交给网络其他节点处理，实现共同发展。

其二，构建融合态媒介产业网络，降低交易成本。媒介融合产业作为媒介产业联合体，其供给的内容产品实际上是通过多环节加工而形成的最终产品形式，它是在复杂的信息供应链上进行的。信息供应链本质就是通过合作减少链上的交易成本，增强整体的效益。融合后的媒介机构依然存在着对知识需求的了解、知识来源的搜寻，以及知识供给者的识别、鉴定，进行知识交易合约的签订和监督执行等一系列的活动，这即是知识交易费用或称知识成本。知识联盟会为信息在媒介产业链间的重复利用搭建低成本的通道。这就意味着，媒介工作人员认识和评价信息的能力越强，信息的重复交易可能性就会越高，它的利用价值也会越大。鉴于联盟内各主体间竞争和合作并存，联盟之间的制度安排往往是不稳定的，为此，建立“战略商业网络而不是战略商业单位”，这样就可以既保证它的创新性，又保证了其协同性。因此，通过为密切合作的参与者提供便利的知识共享（虚拟）空间网络社区，它们之间形成共生伙伴关系而获得双赢乃至多赢的效果。

其三，构建整体运营评价体系，提高经营绩效。媒介融合态产业网络，是知识密集型产业的集群，而其中媒介的形式尽管不同，但它们的一个共性就是以信息或知识的生产、扩散和应用为基础或者借助于知识员工所拥有的信息或知识以及无形资产为主要投入要素的。它实际上是介于市场和科层企业组织之间的一种中间性的组织形式，其绩效评价既不像市场那样完全凭借竞争来体现，也不像单一企业依据科层级别来约束。如前所述，各媒介组织通过某种方式根据专业化分工和协作聚集在一起，形成一个规模较大的企业群体或者融合体。它的出现，把竞争从单个企业之间提升到更大的群体之间，它通过规模经济效应的发挥，实现了群内众多企业资源要素整合，重塑了竞争形态。媒介融合产业作为整体产业链条，必须通过将其目标和活动与其他价值增值环节相整合，才能使整个链条实现价值的最优化。故而在构建绩效评估指标体系时，不仅仅要考虑每一个经营企业的各项财务指标衡量的经营状况，还要将整体运营进行绩效指标的构建，以便对它的运行实施即时系统的监测。

其四，选择合适的伙伴，提高知识联盟的稳定性。媒介所处理的数据、信息和知识均是信息价值链上的具体表现形式，信息一旦经过了个体头脑的处理就将成为个人的“隐性”知识，这种知识经过清楚的表达，并通过文本、计算机输出结果、口头或书面文字或其他形式与他人交流，又将转变成信息或“显性”知识；然后，信息的接受者通过对信息的认知处理并使其内在化，信息和“显性”知识将再一次转化成“隐性”知识，在信息获取、筛选的基础上，以信息技术为基础的知识联盟在信息内化、组合化、外化、社会化再内化（SECI）循环中实现快速更新，实现媒介融合态产业链整体知识的增长。所以，媒介知识创造能力的提升很大程度上来自外部新信息和新知识的嵌入，而知识联盟的特点在于其中心目标是学习和创造知识，而这些知识的获取直接或间接来自其战略伙伴，所以，知识联盟伙伴之间的关系要比其他战略联盟方式更为密切，选择合适的伙伴是知识联盟成功的基础和前提。这就决定了在选择知识联盟伙伴时要谨慎，主要关注对方对知识价值意识的强弱，以及彼此的交叉知识转化为各自企业扩展核心能力的机会与空间的大小。

另外，要对知识联盟进行周期性的检验和核查，以保证联盟的战略稳定性，同时传媒产业作为国家战略敏感产业，关乎文化传播和安全，也是我们在选择媒介产业知识联盟时要考虑的关键因素之一。跨媒介组织是一种知识密集型的产业组织形式，而知识和科技等软要素的嵌入，使得原来传统的媒介组织之间出现了很多新的融合态产业组织类型，传统的媒介组织和新兴的媒介形态组织之间的融合与共存，对获取并创造信息和知识的媒介组织的获取方式提出了新的要求。我们认为，知识联盟是以获取外部知识为目的而构建的一种战略联盟方式，这对于当前出现集团化、集群化、形态多元化发展态势的媒介产业来说，是使其进一步高效融合的一种路径选择。当然，任何联盟模式都存在脆弱性的特征，然而媒介组织只要选择好战略伙伴，并在相互尊重对方知识产权的前提下，就可以做到既能减少传播的不确定性、降低知识传播费用的效果，又可以建立起良好的信任关系，从而使媒介融合进程受到其长期博弈机制的约束。

2.7.4 报业内容联盟实践

近年来，以互联网为代表、数字技术为基础的新兴媒体迅速发展，新的媒体形态，如手机短信、移动电视、网络、桌面视窗、触摸媒体，以及一些基于网络的各种形式媒体形态如论坛、博客、播客（视频分享）、微博、户外媒体终端等层出不穷。这也进一步预示着报纸这种最古老的传统媒体受到前所未有的挑战。新媒体的迅速普及从多方面改变了传统的信息生产和传播方式，这对作为媒体灵魂的内容生产提出了新的要求，也正在深刻地改变着信息传播的内在结构和总体格局，必将带来传播领域的革命性变革，所以新闻大亨默多克几年前曾形容报纸给他带来滚滚利润，像“流满金子的河流”，现在也有“有时候河水也会枯竭”的感叹。而2009年，微博客 Twitter 的创始人 E. Williams 和 Facebook 创始人 M. Zuckerberg 的名字出现在《卫报》“年度100名传媒人物”的名单上，他们财富积累之迅速似乎再一次向传统媒体的百年商道发起挑战。正如美联社社长汤姆·柯里所说，一些媒体花费巨大的人力、财力采集被公众所关注的新闻，而另一些媒体却无偿使用。这种“报业产品比任何时候都更受追捧，报纸行业却陷入困境无法自拔”的处境不能不说是报纸的悲哀。

众所周知，传统媒体的核心竞争力在于其相对权威的内容资源。对于内容概念的理解，国内学者提出了传统媒体的“宏内容（macrocontent）”，而这与雅各布·尼尔森将博客、播客、维客、掘客等个人生产的内容界定为“微内容（microcontent）”相对应。在这一概念下，新旧传播介质不再是对立的，新媒介传播形态代表的“长尾”也可以根据需要，用更有效的传播方式传递传统媒介的“宏内容”，“独善其身”和“交互切换”完全可以根据需求决定。媒体的信息资源主要包括新闻媒介所拥有的新闻渠道及其产品，包括新闻提供者、新闻合作者、新闻稿件、新闻资料以及新闻线索等在内的广泛资源。有别于信息资源，在我们看来，内容资源更强调了新闻信息本身，这包括蔡雯教授所提到的后三者，在数字技术和信息技术的共同作用下，这些信息资源可以转化为可分拆、转化、整合的可重复利用的内容资源。所以，注重将自身内容资源加以经营，使之获得超值利益，应该是传统媒体尤其是纸媒体经营的重中之重。

但是纵观传统媒体存在的诸多危机中，学界和业界大都从发行渠道和广告市场被分割的角度对这一现象予以解读，认为他们的受众群和利润来源正被新媒体攫取。从对内容内涵的界定层面讲，我们认为，传统媒体真正的危机还是源自其内容在逐步失去其原有情境之下的创造活力，即无法找到困境下内容创新的途径，所以其真正的危机在于内容危机。目前从大的方面看，内容危机主要表现在报纸内容知识产权、内容生产模式和内容经营三个方面。

第一，内容资源的版权危机。众所周知，办一份综合性日报，每年需要的采编成本数以千万元计，但是这些优质新闻信息被网络媒体使用时，常常是免费的，或者仅付给报社（报业集团）象征性的区区几万元。与报业内容生产成本的高昂相对应，许多“新媒体”则无需承担昂贵的内容采编及印刷费用，也没有庞大的发行团队和巨额的管理成本，只是简单地在“聚合新闻”；它们往往从报纸上获得新闻来源，却不承担报业资本密集型产业的巨大成本。

第二，内容生产模式危机。在信息化社会里，传统媒体正处于守势。智能手机及移动终端风靡媒体市场。传统的读者、观众、听众群体正从信息的被动接受者转变为信息的制作者、发布者，与网络、移动媒体相比，传统媒体的内容生产是落后的，因此前者传授灵便的介质载体几乎成为传统媒体内容生产的绝对替代物。以报纸内容生产为例，“孤岛”式生产使得报纸内容同质化现象严重。在报业集团内信息系统的孤立，使得数据难以在不同人员、部门和集团各报乃至集团之间进行高效对接，信息数据的利用程度很低。而“厚报”的内容生产模式又恰恰违反了社会分层日益“碎片化”的精准营销模式。

第三，报纸内容商业运营模式危机。经营模式是组织根据其经营宗旨，为实现其所确认的价值定位所采取的某一类方式方法的总称。其中包括企业为实现价值定位所规定的业务范围、企业在产业链的位置，以及在这样的定位下实现价值的方式和方法。由此看出，经营模式是企业对市场作出反应的一种范式。在现有的技术条件下，企业处在产业链中的不同位置，实现价值的方式也不同。新媒体以其丰富的信息内容、便捷的使用方式和灵活的商业模式，吸引着日益增加的受众和广告。面临这样的经营危机，传统媒体的内容经营模式似乎显得落后许多。传统媒体所经营的产品和服务是新闻信息，作为内容产业，它的经营模式就是将其所生产的内容直接加工成有价值的信息产品，像其他商品一样销售。具体使用什么样的方式和方法来经营其产品，是传统媒体内容经营模式创新的必然要求。

早在 2002 年，喻国明就提出，我国的传媒业已经进入了“合竞时代”。而战略联盟是竞合的重要形式，战略联盟往往是介于市场和企业组织之间的一种较为松散的网络组织，其成员从自身的资源禀赋和能力出发，进行包括产品生产在内的多种形式的合作，实现资源共享，使整个价值链环节实现增值，在竞争与合作中，将竞争对手纳入自己的价值网络。在这种背景下，传统媒体内容危机的突破口是选择行业内外结盟的方式。在国际上，这种现象也不乏见，如2007年加拿大汤姆森集团以87亿英镑并购路透集团，2009年11月，新闻集团与微软的内容联盟意向等。而国内传媒市场自1996年开始，新老联盟的更替成为传媒领域的流行现象，而在这些联盟形式中，我们发现，联盟的重点不再仅仅限于产品、价格等传统层面，而是转向了内容价值链等战略层面上。在此，我们将1996年至今的传媒领域的内容联盟做了一个统计整理，这里需要说明一下，在传统媒体中，报纸是最大的内容提供商，所以这次关于内容联盟实践的归纳也是基于报纸的视角整理的。

我们基本可以把它分为报业集团内、报业集团间、报业集团与非报产业的结盟三大类，其结盟情况具体可以看下表2-1。

第一，报业集团内的内容联盟。这种形式的报业联盟主要表现为某一（或多个）区域内的多家报纸归属于同一集团下，实现统一集团内各报（刊）内容资源的互通有无以及新闻共享，实现内容生产上的低成本和资源优势的互补。如1996年到2009年，我国报业集团的个数达到了49家（在此不一一列举），它们在实现我国地域内甚至地域间新闻信息的资源共享上发挥了重要的作用，如属于南方报业传媒集团的《新京报》就在一定程度上实现了北京与广州之间信息的共享。

第二，报业集团间的内容联盟。这种形式的报业联盟主要表现在面对新媒体的咄咄进攻之势，为改变新媒体对传统纸媒内容的低成本甚至免费复制的现状，传统纸媒之间自发组织起来而构建联盟，以维护报业内容知识产权。具体来讲，存在两种模式：传统报业集团之间的内容联盟；报纸网站之间的联盟。

第三，报业与非报产业的内容联盟。这种形式反映了报业寻求外部合作的路径选择，基本上有三类：其一，报业与其他传媒产业的联盟，如 2009 年南方报业集团与凤凰卫视之间建立的全面战略合作伙伴关系。其二，报业与商业网站、内容运营商等的联盟，这类报业内容联盟出现的频率较多，是目前主要的联盟形式。其三，报业与受众间的内容联盟，这是 WEB2.0、WEB3.0 技术下用户生成内容的必然选择。

表 2-1　1996 年—2009 年我国报业内容联盟的情况一览表

联盟成立年限	联盟类别	联盟合作方	联盟名称	联盟的内容
1996	1	报业集团内的各子报（刊）	49 家报业集团	新闻资源共享、成本节约、报业转型等
1999	2	21 家纸媒体	中国新闻界网络媒体公约	都市报借助网络媒体扩大知名度和影响力
2003	2	5 家报业网站	城市新闻网站联盟	业务成果交流、内容信息共享、联合新闻采访、平等链接推广、互相访学培训等方面
2005	3	南广传媒集团与羊城晚报报业集团	建立紧密的战略伙伴关系	打造平面媒体和电子媒体信息互动平台，创新大型国有文化产业集团经营运作模式

续表

联盟成立年限	联盟类别	联盟合作方	联盟名称	联盟的内容
2006	2	39家报业集团	全国报业内容联盟	共同制定向网络媒体提供新闻内容的定价规范，提高网络转载的门槛，捍卫自己的知识产权，让新闻内容回归应有的价值
2006	2	《西江日报》与南方报业传媒集团	合作协议	实现信息资源共享，并且在印务和纸张采购等经营环节的合作
2007	2	17家城市报	中国城市第一媒体联盟	跨区域合作与经营的高端互动平台，资源共享、活动策划、联合营销、整体互动等多方面合作
2007	2	广州日报报业集团与深圳报业集团	广深联盟	新闻资源共用，相互开放版面，编报各取所需，或进行联合采访、联动报道等
2007	2	全国相关领域专业报	全国法制报2007发展论坛；2007中国财经媒体论坛等①	行业报发展策略等多方面合作交流
2007	2	多家报纸与商业网站	报纸与商业网站联盟②	内容开发和品牌推动
2007	2	20个城市报	淮海经济区城市报业联盟	建立信息共享机制，共建、共用淮海经济区城市报业传媒发展的平台
2008	3	搜狐网络与全国15家主流媒体	奥运媒体联盟	发挥新媒体和传统媒体各自的特点和优势，创造价值

续表

联盟成立年限	联盟类别	联盟合作方	联盟名称	联盟的内容
2009	3	凤凰卫视和南方报业传媒集团	全面战略合作伙伴关系	新闻采编、新媒体发展等多方面的全面战略合作
2009	3	羊城晚报报业集团与广东移动	战略合作协议	数字传媒和新媒体合作技术、传输资源等；开展数字报、手机报等业务的合作
90年代末	3	各报业与软件开发商（方正电子、清华紫光等）	技术内容服务外包联盟	为传媒行业开发新技术、新介质、新渠道，让报纸产业向内容产业转变
2006	3	各报业与受众	《焦点网坛》、飞信报料热线、短信互动专栏等	提供与读者信息互动

注：① 虽不算结盟运动，但这些活动将会为他们进一步走向结盟打下良好基础。
② 此类资料可以参考袁志坚的《报纸与商业网站结盟：产业融合的选择》一文。
③ 此表是作者根据在百度搜索引擎中以“报业联盟”为关键词搜集的新闻信息整理而得。
④ 联盟类型中 1、2、3 分别代表三种内容联盟类型。

我国报纸产业内容联盟实践让我们看到了传统媒体在寻求内容创新而试图走出困境做出的一系列努力。这些努力为传统媒体尤其是报纸带来了新的生机和活力，然而这种一窝蜂似的报网融合性的内容经营模式并没有给予报业良好的发展契机，报纸的内容经营依旧是处在“水深火热”之中，具体来说，还存在一些问题，比如：

（1）联盟运作稳定性不够。报业结盟的目标能在多大程度上成为现实，取决于联盟运营的效果。报业内容联盟间利益的协调，是报业联盟过程中最复杂的变量。以什么内容为依托、在怎样的架构下铺陈合作直接决定着联盟的生命。出于快速见效的功利性考虑，报业联盟习惯于将突破口选定在广告等最容易见效的合作层面上，这就容易出现功利主义，从而失去了联盟得以持续和发展的动力。另外，一家报社（报业集团）往往有多个战略合作伙伴，这样就会增加联盟的不稳定性。如深圳报业集团和百度达成战略合作伙伴关系，广州日报报业集团和3G网达成战略合作伙伴关系，如何在新媒体的合作上处理这些关系就是这两个报业集团联盟面对的最大挑战。（2）联盟实际操作程序的缺乏。如前所述，内容联盟类似卡特尔组织，既不是等级森严的金字塔式的企业组织，也不是自由的市场，而是介于二者之间的中间性组织，具有天然的松散型特点，因此，在具体的联盟事务中，很难确定章程，并能起到约束各成员的功效。很多联盟没有固定的运营机构，即便有，赋予执行机构的权限也非常有限，很难有效地平衡成员各方的利益关系，常常顾此失彼。考虑到这些方面，现在操作程序较为齐备的内容联盟，当数以解放日报报业集团为首的全国报业内容联盟，该联盟建立了理事会和秘书处及共同制定向网络媒体提供新闻内容的定价规范，并要求各成员缴纳入盟保证金以及建立了违约给予的相应惩罚机制，从2006年开始，解放日报报业集团已要求集团所属子报子刊不得再向各个网站单独提供新闻稿件，而改由集团统一运作。（3）联盟在内容资源共享的程度上还较为缺乏，联盟的主要目标主要还是围绕在广告和市场份额的争夺上。报业内容联盟应充分释放出资源整合的价值，更加侧重于新闻资讯交流，加强新闻业务的互动合作，实现报刊内容的共享，通过联盟扩大资讯采编来源，拓展成员媒体的信息量，形成某一区域、某一领域、某一层面的“内容库”。如山东半岛报业联盟在内容合作基础上联合创办了区域专刊《今日半岛》，也是比较可行的做法。这与我国报业自成体系、自我封闭的区域化报业市场机制有关，由于集团内部各子报（刊）之间往往是相互竞争的关系，容易被客户争夺、地域垄断等具体问题所干扰，不能切实开展内容合作，无法承担起联盟所应有的使命，致使报业内容联盟内部的采编资源尚难实现共享与互动，各成员之间要实现采编资源的共享与互动难度很大。（4）无法真正持有内容产权。报纸内容以低价甚至是免费被其他媒体使用时，在《洛杉矶时报》（*Los Angeles Times*）任职五年的编辑约翰·卡罗尔（John S. Carroll）说，“谷歌和雅虎不会派记者去街上采访，博客也无力承担”。在这种情况下，各大报业集团在内容产权上开始寻求外援的支持，国内外大型纸质媒体基本上都已经意识到如何高效地使用和经营生产的内容，比如报业集团开始实现报网的融合，或自建网站，办起了手机报（短信与彩信），有的甚至借助于网络新媒体发展了视频、音频传播，在网上也开办了与受众互动的视频和音频频道，或联合内容运营商、其他商业网站等来吸引大众对网络媒体的依赖，如全球最大的纸媒航空母舰新闻集团与微软尝试结盟，微软意向上将以付款方式囊入新闻集团旗下包括美国《华尔街日报》、《纽约邮报》、英国《泰晤士报》等媒体网站内容，并使后者不能再被Google免费链接。如果结盟成功，报纸内容的产权将得到极大程度的维护。

包括报纸在内的传统媒介之间、传统媒介与新媒体以及内容运营商等之间构建的内容联盟，从最初是基于国家行政号召而纷纷落成报业集团，到后来报业业界内部自发的联盟行为，都展现了国内报业集体创新的决心和努力。然而文章也指出这种内容联盟依然存在不少问题。因此在实践中即使是以内容为结盟标的，依然会出现联盟内部成员争夺广告客户以及报业区域条块分割等现象，从而偏离了报业内容联盟经营的轨道。媒介联盟运营绩效整体并不乐观，尽管内容联盟的一个基本前提是构建媒介资源管理系统，然而目前大多数报业集团往往将之看作是便捷工作、提高效率而非内容资产升级的工具；而多元化的媒介产品之间的内容共享壁垒依旧大量存在，同质媒介过度竞争现象严重，集团内信息和知识扩散的优势也没有得到发挥，等等。那么打破这种模式就需要导入一种新的基于学习导向而非资源争夺和利益分割为导向的联盟运营理念。所以，将媒介内容联盟升级为媒介间知识联盟将是一个较好的选择。知识联盟有别于战略联盟在于它更强调合作学习而非战略竞争，从而在合作中提高自身知识创造的能力，而相互的学习和交流，无形中真正增强了内容知识的再利用和更好地运行。

然而也有学者称，“以规制复制行为为核心的版权法无法完全适用新媒体，提倡广泛采用知识共享协议来促进内容产业发展和知识的创新、传播”，但毋庸置疑，合理的知识产权保护制度是产业经济创新发展的必要基础。正是基于知识经济（Knowledge-based Economy）的特殊性，更加需要较高的社会法制维护知识主体，数字内容产业发展必须建构合理的以版权法为基础的基本秩序和监管秩序。报纸内容产业是重要的内容提供商，如何运用版权法建构传媒领域的运行新秩序，将关系到这个产业长远的发展。而报纸内容产业尚处于知识产权保护的边缘，版权保护意识亟待加强。在信息化的网络环境下，数字内容产业遭遇到的问题主要集中在网络环境下网络等新媒体的"内容剥夺"，报纸内容产业应该采取何种举措来促使其内容免遭低成本甚至免费的"复制"呢？依然是加强版权、著作权等知识产权的立法，而在这一过程中，报业集团应该从企业角度加以实施，因为知识产权战略首先是一种企业战略，2009 年新闻集团试图结盟微软来对抗谷歌，2006 年中国 39 家报业集团构建的全国报业内容联盟，都是意图共同制定向网络媒体提供新闻内容的定价规范，提高网络转载的门槛，捍卫自己的知识产权，让新闻内容回归应有的价值。然而，毕竟松散型的联盟以及之间构建的全国竞争局面，最终使这些结盟流产，但是这似乎也向政府和行业组织提出了一个新的课题，报纸内容版权的保护需求已经提上日程了。

《数字化经济》一书的作者塔普斯克特曾经提到，"新经济的主导产业就是新型媒体业，它融合了计算机、通信和传统内容产业……新产业部门的利润移向内容，因为这里正是价值产生之所在"。内容产业的价值实现本是以数字化内容为核心的新型产业链，它的源头是具有自主知识产权的内容创作和知识生产，下游则是为了内容存储、传递、转换和服务的技术开发和硬件、软件的研制生产。报业内容要产业化需要将其作为产业链来运营。每个行业有每个行业的商业模式，作为文化产业的一种，报纸内容产业的商业模式应当反映其特性。报纸内容要实现其在各种传输网络的流通，最终为内容的消费者所接收，必须通过市场化运营，建立起报纸内容传播与销售的价值网络，为创造资源扩展和提供产品或服务而建立合资和联盟的合作系统，从而将从事报纸内容运营的企业与分销商、供应商、服务商等连接成一个完整的网链结构，实现报纸内容产品价值的增值与转移。因此，报纸的内容运营需要建立合理的商业模式，与各相关产业形成合适的联盟合作网络，运用各种营销模式将其潜在价值和实用价值，通过某种适宜渠道销售或有偿让渡给内容的消费者，实现运营价值与报纸内容产品价值的合理均衡分布，促进整条价值链的生态发展。在数字时代，报社的角色为"数字内容提供者"，其内容产品可以通过多种媒介和渠道（如传统媒体、新媒体、电信运营商等）进行传播及销售，在与通讯社、网站、报社、出版、手机等结盟中，实现对其的循环开发与利用，即对报纸内容进行N次传播和N次售卖。

第三章　企业知识联盟相关理论基础

3.1　组织学习理论

3.1.1　单一企业学习理论

组织学习是获得新知识或新洞察、引导个体改变自身行为和做法的过程，而学习又建立在记忆基础上，这里的记忆，既包括个人记忆，也包括组织记忆。Garvin（1993）认为，学习型组织就是擅长创造、获取和转移知识，并在已获取的新知识和洞察力下，改变其行为的组织。学习型组织主要有五种活动能力：系统解决问题的能力；利用新方法试验的能力；从既往经验中学习的能力；其他组织的经验和最佳实践中学习的能力以及在组织内部快速有效转移知识的能力。这意味着，学习和持续改善的组织行为之间密切相关，即学习是组织智力的获取途径。

Nonaka & Konno（1998）和 Nonaka（1994）提出了隐性知识和显性知识在组织和个人层面相互转化的 SECI 过程，知识在不同介质层的转化程度与沟通机制、信息传输技术、个人技能等决定了组织学习效率。组织学习在知识获取的过程中占据重要的地位，组织学习包含两类基本的活动，其一是获得诀窍并在现有的假设下解决特定问题，其二是建立新的假设（范式、心智模型、愿景）以突破现有的假设。这与之前由 Bateson 在 1972 年提出的“一阶段学习”和“二阶段学习”以及 Argyris 在 1978 年提出的“单环学习”“双环学习”的概念类似。尽管这两种学习模式主要是针对个人学习的，但与个人相似，企业也会在内外环境的影响下不断改变其学习方式，即存在单环和双环学习模式。与此相应的是，鉴于大多数组织在学习能力上的缺失，1990 年，Senge 提出了“学习型组织”的概念，并进一步提出学习型组织既要有“创造性学习”（积极的学习），也要有适应性学习（消极性学习）。总之，每一个组织自己的学习模式既来自组织历史传统的积淀，也会随着其问题解决的有效或无效方式而不断地演化发展。

随时间推移，单一企业的学习模式会形成企业特有的心智模式（Mental Model），心智模式由苏格兰心理学家肯尼思·克雷克（Kenneth Craik）于 1943 年首次提出，从本质上看，它是人们在大脑中构建起来的认知外部现实世界的“模型”，它会影响人们的观察、思考以及行动。彼得·圣吉又将其定义为“根深蒂固存在于人们心中，影响人们如何理解这个世界（包括我们自己、他人、组织和整个世界），以及如何采取行动的诸多假设、成见、逻辑、规则，甚至图像、印象等”。Kofman（1992）提出了个体学习的 O（Observe）A（Assess）D（Design）I（Implement）循环，个体从特定经历中取得素材，通过观察、感觉、知觉等，并对得到的素材进行解释、评估、理解、总结，形成抽象的概念、理论或模式，最终指导个体的行为。由此看，个体的心智模式会通过三种途径影响个体的观察、思考和行动，心智模式会通过认知框架“过滤”个体的感官认知，还会通过合理的假设、想象，按照特定规则或逻辑进行推论，这种“推论的阶梯”（ladder of inference）表明，心智模式会影响个体形成自己的判断和决策。此外，心智模式会促使个体形成对世界的概括性的看法，即价值观和世界观，这会影响人们的判断和行为。

对已经形成的固定的思维和判断模式质疑的能力是组织学习的结果，对于什么因素会决定性地改变一个企业的心智模式，现有文献还没有更深入系统的研究，有学者甚至认为企业心智模式的改变是随机的（Snyder & Cummings，1998）。Bahar Aşcı et al.（2016）则指出，组织内要素如组织行为、抽象跳跃、质疑与抗辩平衡与交互质疑及对这些要素之间关系的深入学习有助于形成企业新的心智模式。心智模式也常被用来分析学习型企业战略思维模式是如何形成的，即在面临关键决策时，组织学习对企业形成特定的心智模式起到了非常重要的作用。

3.1.2 企业间协同学习理论

当单个组织学习出现“思维定式”时，组织间相互学习模型为之提供了一个新的学习框架，Phan & Peridis（2000）认为，通过构建联盟，企业可以改变原有的思维和心智范式（Paradigm-shifting）。具体来讲，企业一旦加入某一联盟关系中，就会获得有益于自己的信息和知识，这些信息和知识会促使企业不断改变自己的思维方式和行为以适应外部和内部环境的变迁，这必然会有助于组织绩效即企业私有利益的获得。反过来，这些成功的解决方案又会通过正式或非正式的知识转移反馈给联盟伙伴，这实际上进一步巩固了它们之间合作解决问题的既定模式，也为将来合作打下了良好的基础，这种联盟内企业间的学习迭代过程提升了企业解决问题的综合考虑的能力。Hamel 用“学习轨迹”（the trace to learn）来界定企业加入联盟的能力提升路径，他把企业间联盟看成了获取知识和技能的“介入伙伴的机制”。

在单一企业基本价值理念下，既有目标通过实践行为达到一定的实践结果，再到价值理念的强化，在单环学习的封闭环境中，企业的价值理念和心智模式容易被固化。从图 3-1 可以看出，企业内部存在的反馈控制机制是典型的单环联盟学习模式。而在企业融入联盟的过程中，联盟本身也存在反馈环，即“共同目标—共同实践—共同结果—共同目标”的自动反馈控制机制。在这种自动反馈控制机制的作用下，企业 1 和企业 2 之间的价值张力促使联盟企业在认知模式、行为范式上的求同存异，形成联盟的价值理念。而在单环学习机制作用下，这种联盟共享价值理念又起到优化与升级企业自身价值理念的作用。

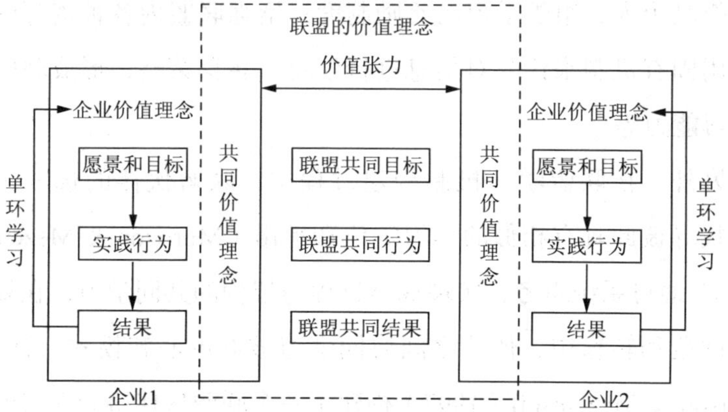

图 3-1　联盟企业协同学习模式

资料来源：根据 Phan & Peridis（2000）整理而得。

通过加入联盟关系网络，企业除了可以获得规模经济、范围经济，降低成本和分担风险之外，还希望获取一种学习的机会，从而能够接近合作伙伴的稀缺资源如知识和技能，以弥补自己知识资源缺口。Crossan & Inkpen（1995）认为，通过联盟使企业获得一种汲取知识和技能的能力是企业从联盟中获取利益的首选诉求，因为它是获得专业知识的快速而有效的方法之一。通过联盟合作方式形成的知识联盟是以“共享学习”目标而建立起来的，就会有利于形成彼此的信任和承诺，而信任和承诺对构建企业间有效学习机制至关重要。如果联盟的目的在于改善其潜在学习，就需要一个有益的环境/组织文化，这种文化的培育使得联盟伙伴都能将一次错误被看作是学习的机会，并且烘托诚实与信任的文化氛围。

加强组织学习有必要关注个人和团队技能，设置持续学习的支撑架构，形成组织整体学习的态度。这个学习机制包括开发共同学习的组织架构/战略/过程以支持联盟内的学习过程，具体来说，如设置鼓励个人、组织学习的奖励制度；增强联盟内各种资源的可获性；用固有机制来代替对信息进行汇总、转移策略，形成联盟特有的学习能力等。

另外，在联盟学习机制构建过程中，联盟伙伴的选取，应该注意找寻彼此具有相似的学习定位和承诺（Morrison & Mezentseff, 1997）。通过系统思考，实现战略过程与架构的共同学习，在知识获取、创造和转移中，伙伴之间协同学习彼此的心智模式。针对此，Morrison & Mezentseff（1997）构建了一个联盟伙伴协同学习的概念框架，具体图示如下：

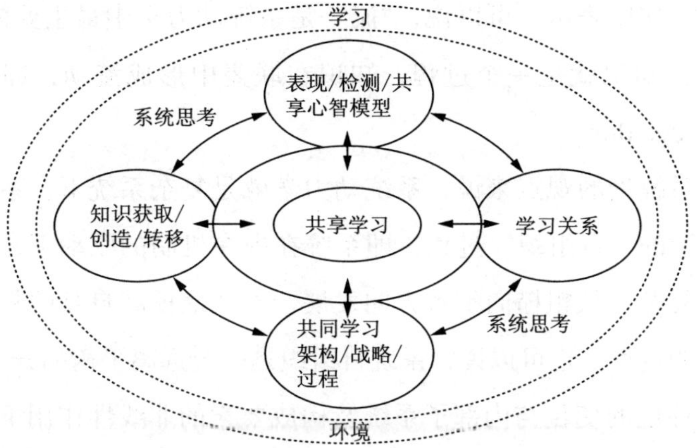

图 3-2　战略联盟伙伴协同学习概念图

注：此图引用并整理自：*Morrison M. and Mezentseff，L.，Learning alliances-a new dimension of strategic alliances，Management Decision 35/5，1997：354*。

3.2　知识动力学

3.2.1　知识的自组织

系统动力学是一门分析研究信息反馈系统的学科，也是一门认识系统问题和解决系统问题的交叉综合学科。系统动力学对问题的理解，是基于系统行为与内在机制间的相互紧密的依赖关系，逐步发掘出产生变化形态的因果关系。系统动力学称这种因果关系为结构，这种结构是指一组环环相扣的行动或决策规则所构成的网络，这一组结构决定了组织行为的特性。构成系统动力学模式结构的主要元件包含下列几项，“流”（flow）、“积量”（level）、“率量”（rate）、“辅助变量”（auxiliary）。系统动力学将组织中的运作，以“流”加以表示，可以说，“流”是系统动力学中最主要的变量。在这里，知识就是一个过程，知识在联盟中形成流动，即知识流（knowledge flow）。

从系统论的观点来说，系统动力学就是复杂系统下，系统内各种“流”的“自组织”过程，即系统在内在机制的驱动下，自行从简单向复杂、从粗糙向细致方向发展，不断地提高自身的复杂度和精细度的过程。也可以说，系统自组织是一个远离平衡的开放系统，在外界环境的变化与内部子系统及构成要素的非线性作用下，系统不断地层次化、结构化，自发由无序状态走向有序状态或由有序状态走向更为有序状态。一个系统自组织功能愈强，其保持和产生新功能的能力也就愈强。正是基于这个原因，Harri（2006）将复杂理论引入到知识转移和流动中来，依据复杂理论，知识流动是知识的自组织过程，网络经济世界的运行并不都是你死我活的斗争，而是像生态系统那样，企业与其他组织之间存在“共同进化”关系。在企业的商业生态系统中，为了企业的生存和发展，系统中的个体彼此间应该合作，努力营造与维护一个共生的商业生态系统，这实际上意味着，系统注重嵌入其中的不同参与者和过程的动态张力及其相互关系。复杂理论的产生源自市场环境的动态变化以及对复杂性本身的理解不断增强（Kauffman，1993；Holland，1995），它为知识在不同企业间的流动和转移中的因素变动的动态性分析提供全新的视角和工具。

一个组织既是一个开放的系统，同时也是一个封闭的复杂系统，这是因为，一个组织内部及其外部各机构之间构建的网络一直持续创造并交换知识。如前所述，不管是传统意义上的知识联盟，还是知识联盟新发展的组织形式，都属于复杂系统，而在这种复杂系统中，最关键的流就是知识流，Holland（1995）提出了知识流自组织的七个基本特征，Harri（2006）将这些特征应用于对知识流的分析，具体见表 3-1。

表 3-1 知识流的自组织特征

自组织特征	对知识流的应用启示
聚集	系统各单元间知识相互流动和作用会带来大规模的组织和聚合活动
非线性	系统内各单元间或不同系统间的知识流动会在系统层面产生复杂的交互作用，形成非叠加效应
流	通过知识流动和共享会促使知识高效利用，它是知识密集型部门价值创造的主要来源
多样化	不同知识背景的人会出新观点，知识流动产生的多元知识也会增进创造新业务的可能性
甄别（机制）	用来疏导知识流向谁以及知识流动的组织边界
内部模型	知识流和共享会促使组织内部模型变动到新的状态，相当于组织记忆
构建模块	通过反馈机制，知识流和共享形成组织记忆模块（如最佳实践），并将之应用于实际情境

由此，知识流被看作自组织个体之间相互交流经验和信息的关系和沟通，它本身可能成为自组织过程的发起者。知识系统强调企业进退系统的选择自由，企业的初始条件直接关系到系统能否稳定和发展，也影响到其在系统中的位置和收益。蔺楠、覃正、汪应洛（2005）从现代人工智能领域的 Agent 视角解读，引入了基于 Agent 的动力学机制，构造了知识 Agent 和学习 Agent，知识 Agent 是系

统有机体创造知识的催化剂，连接着现在的知识和未来的知识。学习 Agent 则扮演人与知识生态系统间的桥梁角色。其基本功能：（1）在辅助学习者学习过程中捕捉学习者的知识和学习模式（认知偏好、知识结构、学习模式）；（2）接受知识 Agent 传递的系统知识。该动力学机制的提出，实际上为知识联盟内知识流动提供了一个学理上的解释。

3.2.2　知识势差论

Griliches（1984）提出了类似能量动力的"知识势差"概念，他认为，所有的技术知识都有技术距离，这种距离来自企业为达到某种产出而追求特定技术能力的结果。这种技术知识距离对于已获知识的利用和新知识的融合都很关键，它决定着技术主体通过合作方式提升技术能力成功的可能性。国内学者魏江（2003）在这一概念的基础上，用"技术能力势差"的概念分析产业集群中企业技术能力分布的非均衡现象，并指出集群中对外部新知识的学习主要由技术高位势企业承担。杜静、魏江（2004）进一步将这一理念应用于企业之中，提出了"知识位势"的概念，即不同的知识主体所拥有的知识的量和质都是不同的，有的知识主体掌握着此方面前沿的、高端的、广泛的知识；而有的知识主体则拥有相对落后的、已被普及和格式化的、狭隘的知识，因此知识主体之间存在着位势差。陈武（2010）引入"知识势能"的概念，即某一时期或时点相对于某一参照个体、组织或区域，某一个体或区域或组织所具有的知识能级的状态，即知识存量的高低。因为知识资源在不同系统之间的分布是非均衡的，这种非均衡状态造成个体或组织间的知识势差，知识势差的存在又使得知识的传播、扩散与转移成为可能和必然。

知识势差论是基于知识存量这个概念的理论分支，从知识势差视角看，一个组织的知识存量是对知识主体所拥有全部知识的总括，它涵盖了知识的广度，即知识面的多样化和知识的深度，即在知识演化链上单一知识面所处的相对位置，知识存量服从于由知识的深度和广度所共同决定的函数。正是基于不同知识主体所拥有的知识的质和量都不同，也即知识存量不同，从而使得不同企业个体的知识分布是非均衡的，也因此产生了知识主体向其他知识主体进行学习的动力和压力，不同的知识主体就某一技术 / 知识领域来说，它所拥有的知识存量是不同的，在知识区位中就有着高低位势的差别。不同的知识主体具有不同的知识学习能力和知识整合能力，其在某个领域中可能拥有相对较高的知识位势，知识联盟通过将在不同领域中具有高位势的知识主体集合起来，利用其在各自领域中的强势来完成共同的目标，就是一种非常高效的合作方式。在知识主体结成联盟完成共同目标的过程中，伴随学习行为和整合行为的发生，其不同领域的知识存量也会实现相应的增长。

不管基于纵向还是横向的知识联盟形式，知识联盟的各知识主体在其每个知识领域是相互关联的，而在一个领域中既有位势点得到的转移而来的知识，也可能会引起它在另外一个领域的知识位势的提升。因此，各主体的知识位差是可以随着他们的学习过程实现在各个领域内的位势移动的。各主体在知识区位中处在高低不同的位势上，即不同知识主体之间存在知识的势差，形成了知识从高位势知识主体向低位势转移的可能性。知识势差的存在形成了知识流动的动力，导致了知识必然在不同位势的主体间进行转移和吸收。从这个意义上看，知识联盟内的知识势能具有进阶性特征。知识势能的进阶性依赖于形态的模糊性，即企业可以灵活地选择知识节点并结网，当某一节点的知识势能不再对企业有帮助时，企业通过寻找更高阶知识势能的节点，学习、消化和吸收，提高自身的知识势能，并进入新一轮更高阶知识源的结网过程，如此不断地进化，能够不断提高企业的创新能力，同时也提高了知识联盟网络的整体知识势能，使企业长期保持竞争优势。而企业不断向外寻求知识源，与具有高知识势能的知识机构和技术机构结网的过程则是构建知识联盟的过程，因此，该理论的提出为我们分析企业为什么选择实施知识联盟战略，以及如何选择高势能以及差异化势能的合作伙伴提供了理论分析的新视野。

3.3 知识传播与交易理论

3.3.1 知识传播论

从传播学角度来看，拉斯维尔、卢因、霍夫兰和拉扎斯菲尔德这四位传播理论的奠基人研究了信息传播过程和传播效果。而同时代，著名学者香农等人，提出了香农信息论，并提出了数字通信的“一般传播系统”模式，即香农模型（见图 3-3）。香农的信息论使信息与人的行为发生了密切的联系，他通过纯粹数学的方式诠释了信息发生、传播中的一些基本方式和原理，从而将社会领域的信息和知识传播与自然科学领域的信息论联系在一起。人们将这两种方式相融合，掌握信息传播中的基本规律和原理。

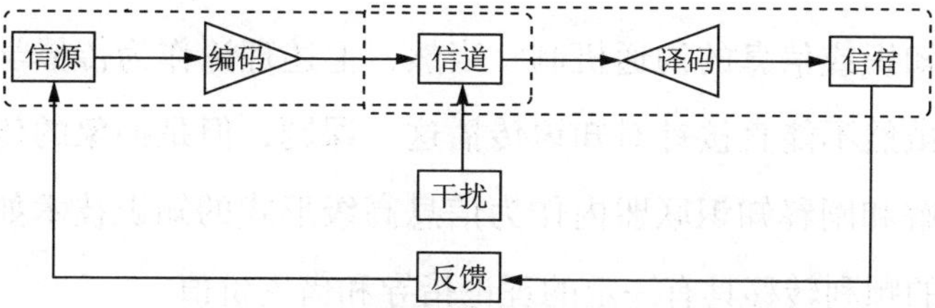

图 3-3 香农信息传输的一般模式图

香农的信息传输模型与我们考虑的知识在联盟内转移过程是非常类似的，与此同时，学者们从不同角度总结出来多种信息传播模式，比如 Sehrnuna（1955）的编码与解码模式，Neweomb（1953）的 A—B—X 对称模式，Westley & MacLena（1957）的反馈渐进模式以及 MeGuire（1968）的信息处理理论等。在此基础上，我们构建图 3-4 说明知识联盟内知识 / 技术是如何在知识主体之间进行传递的。

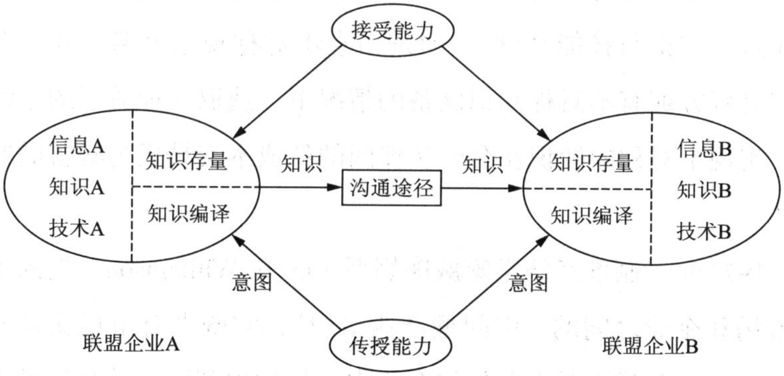

图 3-4 知识联盟内知识传播模式

从图 3-4 看出，联盟企业的意图、知识存量以及依据意图而形成的知识编码能力都对联盟企业间知识传输起到至关重要的作用。而与香农模型相对应的信号通道，在知识联盟理论中，可以理解为联盟内知识或信息的沟通机制。当然，上述理论作为传播学的理论基石，虽然不能直接针对知识传播这一课题，但是抽象的传播模式对于理解和阐释知识联盟内作为信息高级形式的知识技术如何实现组织间的顺利转移具有一定的理论指导和借鉴价值。

3.3.2 知识交易论

对企业来说，知识是最重要的战略资源，与"一般资源"截然不同，知识是遵循边际收益递增的稀缺资源。以科斯为代表的制度经济学派推翻了传统经济学关于知识是均匀分布的假定，即否定了企业可以免费获取所需要的交易信息、生产知识和技术，进而提出了基于信息不对称及其引发的机会主义行为的交易成本理论，从而在有关知识的问题上，承认了一个人能否对接收到的"信息"做出正确理解和反应，要依赖于接受者是否具备与发出者相同或相近"知识与技能基础"。但是信息不对称现象普遍存在，在知识交易双方拥有不对称知识储备的情况下，选取一种适当的组织形式，实现不对称的知识在合作伙伴间的低成本交易成为必备的制度条件。

1973 年，制度经济学家威廉姆斯（O. E. Williamson）提到了介于市场和企业之间的"中间型产业组织"，它既没有市场交易的自由性，也没有等级严格划分的企业内交易的内部性，其交易是由介于二者之间的中间性组织内企业间的关系网络来完成的。知识联盟是由两家以上企业构建起来的或松散或紧密、或虚拟或实体的中间性组织，知识联盟内的交易不再是纯市场交易，在一定意义上，知识联盟成为类似企业特征的组织形式。其市场主体已经超越了自己的“本分”，超越了产权边界和市场关系，与相关企业不仅在市场界面上交流，而且在一定程度上介入了与之相关联的企业内部生产过程，发挥原来只有在科层企业中才存在的指挥、协调和干预作用。

知识联盟中的企业往往拥有风险与共的集体信仰、评价体系、惯例和语言，容易形成具有信任关系的网络。Michael Porter（1990）在科斯交易费用概念的基础上，从知识管理角度论述了区位集中有利于企业间知识的传播和积累，并能大大降低企业的信息获取成本。相对于完全市场而言，知识在中间性组织中的传递成本较小，因为网络允许节点之间的各层次人员进行面对面的交互式的学习和交流，通过“干中学”实现大量隐性知识的交流和转移。信息的无成本交流为建立企业间强烈的、重复的交互作用架起了桥梁，有利于企业间知识的获得，能提高企业认识和评价来自区内其他同类企业知识的能力。在交易费用理论中，机会主义被作为人性的一个基本假设。而组织间网络化契约关系构建模式被认为是防范机会主义行为的有效形式。网络组织作为介于市场和科层组织之间的一种中间层组织，有其特殊的契约关系，而这种契约关系因其特殊的内容及自我履约机制而具有防范机会主义的功能（喻卫斌，2007）。

尽管如此，网络型组织依然无法完全克服知识转移交易中的机会主义行为。这是因为，知识联盟网络虽然提供了降低信息和知识传播成本的空间，但企业间学习和知识共享依然存在着知识交易费用或称知识成本。按照新制度经济学的观点，人是有限理性的，他不可能对复杂和不确定的环境一览无余，不可能获得关于环境现在和将来变化的所有信息，因此，从机会主义角度来看，即使不存在信息不对称，即双方都具有理解相关信息的知识基础和背景知识，但是一旦交易一方为了一己私利而对另一方隐瞒一部分对自己有利的信息，机会主义行为就容易产生。冯长利、王勇等（2007）在界定了知识联盟系统特性的基础上，提出了两企业 A 和 B 间基于期望收益符合斯坦科尔伯格（Stackelberg）均衡的完美信息动态博弈过程的合作前博弈模型，该模型从经济博弈的视角对联盟主体的利益分配和知识投入等方面进行了较为详尽的分析，然而这四个关键要素却都是双方参盟者入盟前的预期参数，是概率估计，而主观概率又受到多种主观和客观环境因素的影响，很难做到具体的量化衡量，基于非理性、非对称信息的策略性行为也为研究知识联盟内知识交易活动以及企业间的博弈行为提供了新的研究视角。

3.4 知识演进论

3.4.1 知识是可衍生的生物形式

达尔文的生物进化论首次从内在机制上、从一个自组织的发展过程来解释物种的起源和生物的进化。在科学理论永远不能证实，只能证伪的知识进化模式的基础上，哲学家波普尔（1987）进一步演化出“知识的发展同生物的进化有惊人的相似”的观点。作为波普尔论点的深化与拓展，国内学者刘植惠（1986）提出了知识基因理论，认为所有发达演化系统的发育必定遵守与生物遗传基因控制作用本质上相同的机制，并指出，从广义进化论的观点探索当代科学内部基础结构（知识基因、知识DNA、知识细胞等）及其层次关系是研究知识基因论的基础，并在后续的十几年的时间里，进一步深化了对知识的基因的特性的理解。和金生（2002）提出了知识发酵的概念，揭示知识演进和转化为生产力的内在含义与规律，进而从组织的融知——发酵原理演化出知识的有机性、外生性、惯性、变异性以及逻辑谐和性等特点，进一步构建了知识发展的类生物模型，这也是从知识基因片段的对接看待知识的衍生和进化。

知识的生物特性为知识联盟内新知识的创造等方面研究的展开铺垫了核心机理理论。从生物学视角看待，知识联盟就如同一个知识生态系统（Knowledge Ecosystem，KE），在这个生态系统中，各有机体之间彼此相互作用并与其生存环境相互影响，通过个体自生、协作共生和竞争促进该知识生态系统不断进化、演化。在这个系统中，知识被看作是一种有机体，具有自生的特征，也会遵循优胜劣汰适者生存的普遍规律。在知识的进化过程中，各有机体之间是“物物相关”的相互依存与相互制约关系以及“相生相克”的协调关系，而其依存关系的强弱直接关系着该生态系统的稳定性。但正如生物进化要遵循优胜劣汰的规律一样，知识生态系统中拥有差异性知识体的个体和企业，也必然存在竞争关系，持续的竞争结果导致生态位的分异，而分异又会导致共生，共生促进系统的稳定发展。为了防止知识惯性的出现，个体和企业必须进行持续地学习和实践，才可能使知识像生物体一样向更高层次、更多样性的方向发展演化。知识联盟为个体提供了可以供该系统自生活力、实现持续发展必不可少的自生、协作共生和竞争三个动态机制。因此从这个意义上讲，知识联盟不仅为知识提供了形态演进的制度空间，同时其自身也是一个生物系统，可以在主体互动中不断演化发展。

3.4.2　知识是可以被认知的过程

在 Hayek 的知识理论研究基础上，Rizzello 将博弈论（尤其是重复博弈）和理性预期理论引入到学习理论上。一般认为，“学习”和“洞察”常被用来指形成预期的微观过程，因为微观个体预期的形成是基于对既有信息、数据以及先期经验的洞察。认知方面的文献强调学习经历两个过程：第一，学习怎么做（learning how），在这一阶段存在多种学习机制，而其中最主要的就是模仿，即隐性学习，这一阶段的学习可以告诉人们有些事情为什么以某种方式出现；第二，理解某些事为什么发生（learning why），即回答我们为什么可以采取一定行为措施，这一阶段可以采取语言沟通的显性学习模式。

Hayek（1952：41—42）指出，直觉是建立在经验基础上的，每一个个体都会存储不同的经验，这些经验来自个体及其同类，正是这些经验会把特定刺激与个人独特的解释视角相关联，从而使得面对同一种现象，不同的人却形成不同的诠释结果（图 3-5）。

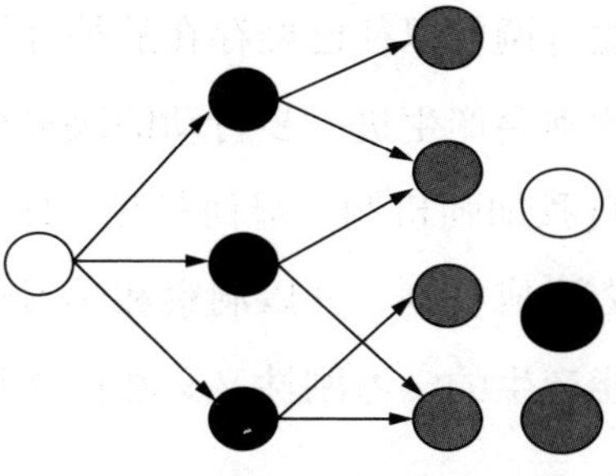

图 3-5　哈耶克知识建构图解

同时，知识是一种永久性行动，旨在调整已观察到但又与以往经验不符的信息，即意味着对观测到的与已有知识不一致的情形加以调整。以数据形式展现的外部信息通过外生过程变成知识，不同个体的个人知识构建过程不同，而路径依赖过程是其构建的基本路径（Rizzello，1999）。任何知识的形成都是基于个体已经获取以及一直持续的历史的、遗传的、顿悟的经验而形成的。外部信息的获取依赖于个体的主观特征，而反过来主观特征又依赖于个体既有的解释路径。所以路径依赖实际上是复杂动力系统的综合特征，它意味着每一个连续的决策行为，不管是个人的还是组织的，都依赖于先前的路径，内生经验，具有自我加强的过程机制。但是，这种认知观过于依赖过去而易忽视经济个体现有的创造过程，企业家可以被看作能打破自我加强的思维定式，其决策过程既有创造，又兼顾过去经验知识，从而能偏离无效现状，创造新的路径作用机制（Rizzello，2004）。也就是说，企业家有可能采取措施改变既有认知被“锁定”的情形。从 Hayek 的创新理论来看，创造力来自大脑突触神经的持续再组织过程。这些过程使每个人以一种不同的方式观察世界，从而构建自己的个人知识，并利用这些知识进行决策。对外部信息的识别和获取是通过调整以往已经存在的神经结构来实现的，对外部信息的重新解读则会产生进一步行动的决策依据。如果成功，则路径依赖会产生自我加强机制。显而易见，Hayek 从生物神经的维度分析这一创造力形成机制，并以洞察和学习过程以及随机事件加以解释，由此可能产生的学习刚性又必然使之导入陷阱状态和自我加强机制。

Rizzello（2004）构建一个简单学习模型，对 Hayek（1963）基于路径依赖的自我加强机制的洞察和学习过程以及 Arther（1989）的“锁定”“解锁”理论予以概括，解释了如何通过学习机制提高创造力（Creativity）：

假定 i 为一单位的待被多种方式解析的信息，如上所述，对信息的解读是基于每个个体与生俱来的特征、生物神经结构、经验和先前解释的。设定 I 为对 i 的各种可能解读集，

$$I = \{i_1,\ i_2,\ \cdots,\ i_n\} \tag{1}$$

设定 A 为针对 i 的不同解读而可能采取的不同行动集，

$$A = \{a_1,\ a_2,\ \cdots,\ a_m\} \tag{2}$$

那么，可得到两个映射：

$$F: I \rightarrow A \tag{3}$$

$$g: A \rightarrow (0,\ 1) \tag{4}$$

g 代表行动方案 A 所包含的具体行动的布尔特征，表现为满意（赋值 1）或不满意（赋值 0）。

由此，可以写出

$$I_t = i_j,\ j = 1,\ 2,\ \cdots,\ n \tag{5}$$

t 表示主观解读的初始阶段

$$f(i_j) = a_j \tag{6}$$

$$g(a_j) = 1 \Rightarrow It + 1 = i_j \tag{7}$$

$$g(a_j) = 0 \Rightarrow I_t + 1 = i_k \quad k = 1,\ 2,\ \cdots,\ n \text{ 且 } i \neq k \tag{8}$$

这意味着，如果首次解释带来一个令人满意的行动方案，自我加强机制启动，并使今后同样或相似的外部刺激将被以相同的方式解读。如果不是这样的结果，相同的刺激在将来会以不同的方式解读。将这一过程表述如下：

$$f(i_k) = g(a_k) \tag{9}$$

$$g(a_k) = I \Rightarrow I_{t+2} = i_k \tag{10}$$

或者，

$$g(a_k) = 0 \Rightarrow I_{t+2} = i_l \tag{11}$$

在此 $l = 1,\ 2,\ \cdots,\ n$ 并且 $l \neq k \neq j$

从知识创新的路径依赖理论来看待知识的进化过程，能够帮助我们理解创造力产生的微观基础，也是对现有信息进行再构造并创造新知识的源泉的透视（Rizzello，2004）。可以说，个体的认知路径是创新过程发生的基础，这意味着，每个人在其不同的认知阶段都遵从路径依赖的过程机制，先行者就具有先发竞争优势，而后行者如果要超越先行者，就必须事先设定在一个路径依赖的创新轨道上来。这同时意味着，偏离原有轨道是一个渐进的过程，因为原有认知是建立在先前获取的智慧和经验之上的。从知识认知论来看，路径依赖和知识创新不是对立的，这也从另一侧面折射出企业加入知识联盟，不管是从主观意愿还是客观认知规律，都会改变企业决策者与参与者的认知路径，从而使创新成为可能。

3.5　社会网络理论

从社会学视野考察知识转移与扩散机理是社会网络理论的重要应用之一。在以知识为基础的行业里，那些不能与其他企业建立起必要联结的企业，将遭受“未联结之负债”的困扰，即一些企业不能与其他行动者建立起基于信任的强联结关系，从而造成组织的危机，以使其学习和创新能力大大减弱，从而使其持续成长受阻（奇达夫，蔡文彬，2006：9）。与此相对，有些网络极具开放性，如硅谷产业区，在该区域内，由互动的个体所形成的动态的社会网络可能跨越整个地理区域，以至于威胁到组织边界的传统权威性。因为（在硅谷），“人们对自己职业的忠诚远远超过了对其所服务公司的忠诚……公司只不过是一个让你能够开展工作的场所而已”（奇达夫，蔡文彬，2006：31）。可以看出，企业内或企业间业务交易的模式往往和纯粹经济学视角所期望的模式不相一致，某些拥有较多强信任关系的企业往往处在知识传递网络中的核心地位上。所以，有学者断言：知识转移事实上是嵌入到关系中的，遵循社会关系逻辑，而非遵循纯粹经济学逻辑。由此，社会网络理论在企业关系网络的分析中占据了越来越多的话语权。目前关于社会网络理论的研究主要集中在关联强度、网络结构、社会根植性、信任、战略联盟等方面。我们从两个方面来分析社会网络理论在知识联盟构建研究中的应用。

3.5.1　社会资本获取与合作关系构建

依据资源基础论，社会资本作为企业竞争优势来源的重要形式，是企业竞相争取的资源。很多学者从不同层面对社会资本加以论说，社会资本与其他资本形式最大的本质区别在于其非正式性，社会资本的权利和责任是隐性的，从而使它不由法律 / 法令等正式机制授权。所以，通过正式途径获取外部资源的，并不算是社会资本，只有那些通过非正式关系获取利益的情况才是社会资本。从这个角度看，企业间合作可以通过构建非正式的社会关系获取一种无形的社会资本，它是企业无可替代的无形资产。Peter（2007）把社会关系分为正式社会关系和非正式社会关系，表 3-2 是两类社会关系的具体分类维度和特征，由表 3-2 来看，非正式社会关系更适于对编码为隐性性质的信息和知识进行解码，而且这类型关系是松散的，且关系构建的各方地位相对对等，从而能大致保持水平型的紧密关系，而且这种紧密地基于信任的紧密非正式社会关系是由这种特殊的合作类型内生的。一般来讲，垂直的、不对等的社会关系（比如企业与政府官员的关联关系）则可能因为其与权力、控制以及贿赂等行为的连带效应而最终夭折，相反，那些水平型社会关系资本（同行）则因为是基于信任、承诺能够长久。

表 3-2　社会关系特征

维　度	正式社会关系	非正式社会关系
编　码	显性的	隐性的
形　成	外生的	内生的
执　行	紧密的	松散的
权　力	垂直控制	水平控制
人际关系	松散	紧密

资料来源：根据 Peter（2007）整理而得。

企业间的社会关系构建与个人间社会关系的构建有类似的模式，一般来讲，要经历两个阶段（Li，1998；Graen & Uhl-Bien，1995）：（1）弱关联构建阶段，即熟悉那些之前没有任何关联的陌生人（合作企业），并与之形成弱关联关系；（2）强关联构建阶段，即从熟悉向朋友的强关联关系转变。鉴于关联度强较之关联度弱的社会资本更具有强密度、互惠、长期和不确定的人际关系网，因此，对于通过构建知识联盟以达到合作开发（Co-exploration）和合作利用（Co-exploitation）的企业来说，建立较强的非正式社会关联以及高度的信任程度是其资源获取的最关键的影响要素。

3.5.2　社会网络结构与合作运行绩效

虽然对于通过构建网络化合作关系，进而获取一种特属于关系嵌入的社会网络中的社会资本，需要依托什么样的社会网络结构的问题，学界还没有共识，但至少从社会网络理论视角看，合作运行绩效就表现在通过社会网络关系的构建，合作机构间在社会资本获取上的效果如何。很多学者认为，结网密度高的当地强关联是社会资本最好的网络结构（Bian，1997；Coleman，1990），一些学者则强调开放的松散型的网络结构才是最优的（Granovetter，1983），而另一些学者认为网络位置和地位才是最关键的（Burt，2002）。而要解决这个问题，还要看社会网络结构之于社会资本的结构的影响可以由个人意见在网络中的地位以及范围规模来衡量（Burt，2001），第一，意见的范围规模指的是社会资本的范围，这一范围既包括广度或宽度，甚至还包括自我关系链的多样性和非对等性，包括外部自我结构洞，即除了以自我为中心的关系网络，没有或缺乏其他直接关系网来获取本网络之外的可获资源。因此，自我关系链多样性的缺失就会产生对新的自我关系网的构建需要。关系转换密度，即在变换中直接关系的宽度或广度，包括内部转换洞，即通过直接途径获取自我关系网络内的所需资源所必要的转换关系也存在缺失，这也意味着转换关系的缺失需要在自我关系网络内部构建新的转换关系（alter ties）。第二，意见的地位指的是社会资本的集中度以及对等性如何。比如，在政府官员和企业家的社会网络中是保护者与客户之间的关系，二者在网络中的地位往往是不对等的。总之，范围密度和集中度对等性能够很好地衡量基于自我中心型的网络层次上的社会资本的结构特征。

因此，Peter（2007）提出较强的社会资本是综合密度、集中度、对等度和多样性等特征的组合选择。在他看来，这里的选择已经突破了传统意义上的实际选择的内涵，而是被看作在网络层面上涉及新的投资、技术和市场，面临多样性选择时，不是依据正式的义务而是通过某种专有途径做出的选择。因此，选择具有典型的非正式特性。进一步看来，多样性的选择旨在从旧有的多种关系中寻求互补能力，并且伴随新的多样社会关系带来的创新机制，最终引致选择主体获得一种动态能力。因此，从社会网络理论的视角看，对于构建知识联盟合作的企业来说，有什么样的社会网络结构，就应该有什么样的知识联盟运行绩效。

3.6 本章小结

从本章来看，知识联盟构建可以从多种理论视野去看待，其一，知识联盟构建可以从管理学自身的组织学习理论分析企业组织自身学习与协同学习这一行为现象；也可以从管理学中的战略管理分析企业知识联盟战略对企业学习能力以及学习效果这一现象。其二，知识和信息在本质上属于同一性质的存在，因此，有关信息论方面的理论也常应用于知识联盟中知识形成与累积这一抽象现象，比如，我们既可以从复杂系统论看待知识流的自组织过程，也可以从信息传播论看待知识在知识联盟组织中的传播过程以及伴随传播现象而出现的信息交易成本、信息交易机会主义行为、信息传播噪音的消除与防范等问题研究。其三，知识在本质上如同一个生物体，有其衍生、成长、旧灭亡、再生……不断循环往复的生命周期，而有关这方面理论研究主要从两个理论分支展开，一方面从生物科学这一理论视角展开，将知识看作是生物基因片段，知识联盟中不同企业的知识基因的多维度、多方式对接，往往会产生新的知识形态；另一方面从知识认知论来看，知识联盟中任何一方如同一个人脑，其知识的形成存在一定的微观基础和路径依赖路径，知识联盟组织正是一种容易打破企业脑中“锁定”的思维定式，从而形成一种新的知识创新和能力创新模式。其四，企业新知识的形成离不开人际交往所形成的社会网络以及由社会网络而构建起来的知识网络的形成。社会网络理论中关于社会资本、关系网络、社会网络分析方法等常被用来分析知识联盟组织中企业间搭建的知识网络的结构、密度、集中度、结构洞强度以及弱连接和强连接程度等。本章从这些理论视野阐释企业如何通过知识联盟战略实现知识演化和创新差异等问题。

第四章　战略联盟合作关系运行绩效评价维度与影响因素分析

4.1　战略联盟合作关系运行绩效评价维度分析

在对联盟合作关系展开研究的领域里，一直以来最难也是最重要的研究热点就是联盟合作绩效的衡量和测度。学者们考量联盟绩效主要通过主观评价维度、客观评价维度、过程评价维度以及利益诉求评价维度等评价。而且早期对这方面的研究主要是围绕跨国经营的国际合资 / 合作企业（IJVs）的合作绩效而展开（Killing，1983；Kogut，1989；Chowdhury & Chowdhury，2001），如 Killing（1983）对 37 个国际合资企业进行研究，发现 36% 的跨国联盟绩效不理想。Kogut（1989）对美国 92 家国际联盟追踪 6 年，发现 50% 以上地终结了他们之间的联盟关系。Mckinsey 则对全球 200 多家联盟进行了研究，发现这些 IJVs 平均寿命在 7 年左右，而且 80% 的联盟最终以一方将股权出售给另一方而宣布结束，可以说，国际战略联盟成立的概率很高，而其衰败的概率也高（Chowdhury，et al.，2001）。而导致联盟高失败率的原因是多方面的，其中联盟运行绩效的评价维度存在多元化的特点，显然，评价维度不同，评价的结果自然不同；而另外一个主要原因则是很多企业并没有实施联盟绩效评价计划。曲波、田传浩（2005）实证研究发现，实施联盟绩效评价计划的企业仅为31%的比例。而且传统的联盟绩效评价多侧重于结果评价（后评价），这样即便知道了联盟运行效果也很难及时采取措施改善联盟原有情况（王雪原，2009）。

有别于单一组织，任何一种联盟都涉及至少两个主体，每个主体的联盟目标和绩效评价标准都会不同，所以在测度联盟绩效上，向来是存在纷争的。我们通过纵观国内外大量文献，发现这种争论主要体现在联盟运行绩效测度的维度或视角上，即采用什么标准评判联盟运行的绩效问题。不同的评判标准、角度问题就会出现不同的评价结果来（苏中锋等，2007），所以关于评价标准和维度的问题显得格外重要。从20世纪80年代的探索性研究，到如今的实质性研究，它的进展尽管一直较为缓慢，但也取得了较为丰厚的研究成果。本节将对关于联盟合作关系运行绩效的维度即评价标准的文献，从主客观评价维度、过程评价维度以及利益诉求评价维度等三个方面展开述评，这对进一步加强理论与实证研究具有很强的指导意义。

4.1.1 评价维度一：主客观评价维度

在关于联盟合作关系的绩效研究中，其评价指标体系主要有客观评价指标和主观评价指标两类。早期关于国际联盟合作运行绩效的实证研究，多采用客观评价指标体系，主要围绕财务和一些非财务指标来测度的。所谓客观评价主要是研究者通过对企业在联盟过程中实际发生的客观数据衡量企业联盟的运行绩效，而不是通过设计问卷搜集被调查者主观判断的数据来评价企业联盟的运行绩效的绩效评价方法。而主观评价法则是反其道而行之，主要依据问卷调查等方式获得与联盟活动直接相关的主观评判的指标数据并对之进行分析。

（1）联盟运行绩效的客观评价维度

绩效评价体系是一个复杂的系统，涉及方方面面的问题，所以单一一种甚至多种评价指标即使都用，也难免存在缺陷。比如我们看一下客观评价指标体系，客观数据尽管满足了客观、科学的标准，然而这些误差较小的客观指标并不能很好地反映联盟运行的实际情况。

表 4-1　联盟合作运行绩效的主客观评价指标汇总表

主观评价法		客观评价法	
指　标	文献出处	指　标	文献出处
企业对联盟合作过程满意度	Glaister & Buckley（1998）	利润率	Tomlinson（1970）
企业对联盟成果的满意度	苏中锋等（2007）	销售额	Lecraw（1984）
联盟对企业绩效的促进程度	Nielsen（2007）	市场占有率变化	Baker & Sinkula（1999）
联盟目标完成程度	Arino（2003） Parkhe（1993）	经营成本变化	Morrison & Roth（1992）
企业目标完成程度	Beamish（1985）	企业股指变化	Merchant（2000）
财务绩效（主观判断）	Lunnan & Haugland（2008）	联盟存活率	叶飞等（2000）
伙伴关系融洽度	Arino（2003）	联盟所有权变化	Killing（1983） Geringer（1990）
伙伴关系平衡度	Geringer & Herbert（1991）	联盟存续期限	Kogut（1998） Harrigan（1986）

续表

主观评价法		客观评价法	
指　标	文献出处	指　标	文献出处
产品创新度	Mohr（2006）	联盟合约变化	Gomes-Casseres（1987）
企业能力提升度	李伟等（2009）	联盟营运能力	Blodgett（1992）
知识转移效率	Nielsen（2002）	资金周转率	宿伟玲（2004）
组织学习程度等	Mowery et al.（1996）	资产负债率等	陈菲琼（2003）

注：作者自行整理而得。

从表 4-1 的客观评价指标体系里，我们可以看到两类指标，其一即传统的财务指标如利润率、销售额、市场份额、经营成本以及加入联盟后企业的股指变化等，其二就是诸如联盟存活率、联盟稳定性、联盟所有权变更、联盟存续期限长短以及联盟合约内容是否变化等非财务指标。假定财务指标是企业加入联盟的唯一目的，那么规避其所预期到的风险和不确定性，提升其财务收益就是必然的。这也意味着，加入联盟合作往往是在企业对今后投资财务损益（pay-off）情况的理性预期条件下的决策，从而使传统联盟绩效衡量所用的财务评价指标体系成为联盟前的企业预期。故而，单纯以财务指标衡量，往往会出现企业已经达到甚至超过了预期目标，而联盟整体绩效水平却很低的悖论。

然而，联盟成立并不仅仅是为了实现财务方面表现等客观尺度，还有一些其他动机如提高母公司学习能力和战略地位等。正如 Geringer & Hebert（1991）认为的那样，摒弃拙劣的财务表现、不稳定等因素，国际战略联盟的运行超出至少达到了一个甚至是所有联盟企业的联盟目标，而相反，一个财务表现良好的联盟，或者是存续时间很长的联盟可能被认为是不成功的。另外，学界针对一些财务方面的绩效表现的研究主要针对 IJVs 这种联盟形式的，并且主要围绕母公司在联盟成立之后财务绩效的各种表现而展开的，这种测度方法有两个缺陷，其一，这种测量强调联盟的短期绩效，而忽视了联盟的长期绩效考虑；其二，这些方法主要是为母公司运行绩效的衡量而设定的，并没有综合考虑子公司以及其他合作伙伴自身的特点（Anderson，1990）。

除此之外，企业间的合作，除了增加合作带来的直接市场绩效外，还有很多收获是财务绩效无法衡量的，比如，当出现以获取知识、知识创造、知识创新等为目的的知识联盟时，显然，这种评价方法就不足以解决其绩效评价问题。Van Buren（1999）就认为，知识绩效可以通过两个途径来衡量，其一是财务绩效，然而通过 ROI 等财务指标衡量知识绩效比较困难，而且它不是也不能直接测量学习的效果。学习措施包括参与实践社区的人数、受训员工人数以及利用知识影响顾客消费行为等等。其二是非财务绩效，非财务措施是企业核心能力的直接体现。比如，在知识价值链模型中，知识链包括知识获取、知识整合、知识创新、知识保护以及知识扩散与传播 5 个基本活动。知识价值的增值过程中，对知识加强保护是组织一项非常重要的工作。在法律体系里，对知识保护可以理解为对知识产权（IPR）的保护，在信息技术系统高度发达的今天，可以通过文件名、用户名以及密码设置等保护自有知识。然而，对于这种绩效评价标准的有效性如何认知还是未知数，因为完全有可能出现即使财务状况因为加入联盟而变得更好，但是一个或者多个联盟伙伴依然认为联盟不成功，对联盟运行的效果不满意的状况。

（2）主观评价维度

客观评价法在早期研究中应用得较多，而随着一些统计理论和方法的不断更新，以及一些统计分析软件的升级换代，学者们越来越倾向于通过问卷设计的方式收集数据，即主观分析方法逐渐占据了联盟运行绩效分析方法的主流地位。按照严格的正式的财务绩效评价指标衡量联盟运行效果，往往会导致联盟还未达到目标就夭折的风险（Nielsen，2002），由此，为解决这些问题，一些主观测度指标就出现了。当然，出于不同的研究目的，主观评价指标的设计也各不相同，这些主观评价指标主要包括联盟的满意程度、联盟目标的完成程度、对企业绩效的促进程度等（见上表 4-1）。此类指标对联盟绩效的描述指标往往向那些有过财务管理以及联盟管理经验的专业从业人员提问，研究人员就可以通过设计更全面的指标体系衡量联盟运行绩效，所以这种评价维度越来越受到学界的关注，使用的频率逐步提高。比如国内学者苏中锋等（2007）在衡量联盟绩效时，就是将“行为”和“结果”两类指标相结合，对联盟绩效进行综合评判。他们设置的四个题项：①我们对联盟的合作成果感到很满意；②我们与合作伙伴的合作关系非常愉快；③通过合作我们扩大了我方的市场份额；④通过合作强化了企业的竞争优势。该量表是从联盟的合作过程、合作结果的满意度和对企业绩效的促进程度两个方面，对调查对象的主观评判予以解读，可以说，他们的联盟绩效评价标准就采用纯主观评价方法。

Nielsen（2007）构建了包括关系平等、财务绩效、组织学习和目标达成四个指标的联盟运行绩效（Operationalizing Performance）评价模型，即：①关系平衡度（Relational Equity），即衡量被测企业与顾客、伙伴、供应商以及投资者间的关系；②财务绩效（Financial Performance）；③组织学习，测度的是联盟后知识转移和知识发展情况；④联盟后企业运行效率，测度的是联盟成立后企业是否有了更有效的业务流程及低成本的运作。他的评价体系明显特征是将原本客观的评价指标主观化，使用的方法主要是来自被采访对象的主观评价，比如他对①—③项指标的题项设置均采用“比预期的差”“和预期的一样”“比预期的好”三个题项。而对于联盟成立后，企业是否有了更有效的业务流程及低成本的操作等效率层面的绩效时，他采用两个主观性题项加以表现，用从“非常赞成”到“非常不赞成”的 7 点李克特量表来测度。

如同任何一种事物均有不完美之处一样，主观评价指标体系也存在诸多的弊端，它会因为容易受到评价人员主观情绪的影响而对联盟绩效衡量效果产生较大的波动而丧失客观性，比如战略目标（包括私有和公有目标以及初始目标和后期目标等）的实现程度的测度就是如此，战略目标的实现程度基本都是基于联盟管理的相关人员的主观感受，尽管这方面的绩效测度是基于多指标构建基础上的，但过重依赖主观的绩效评价也不免有失客观性。为此，Glaister & Buckley（1998）的联盟绩效评价综合采用了成员企业对联盟总体绩效的满意程度；联盟的收益是否超过联盟成本；联盟稳定性和维持时间等主客观指标相结合的评价标准，这样既避免了客观标准容易出现的不能反映联盟实际运行绩效的情况，也可以避免过度主观带来的较大波动性变迁的问题，从而较好地反映联盟运行的综合效果。

4.1.2　评价维度二：过程评价维度

在主客观指标评价体系的基础上，尽管根据不同的研究目的和动机，学者们可以分别从不同的维度考量联盟合作的运行绩效，但是完整的评价方法必须是随联盟发展而不断变迁的多维度、多指标的复杂指标体系，比如有些联盟在创始之初运行良好，而有些联盟在起初运行差，而在后期却产生丰富的联盟合作成果。这给企业联盟绩效的衡量带来一个现实的问题：绩效表现仅是联盟结果的反映，还是应该侧重合作的过程。不同学者针对联盟绩效的侧重点不同，具体的测度维度也不尽相同。与从联盟合作的结果看联盟运行绩效不同，有些学者则侧重从联盟的过程看联盟绩效的表现（Olk，2002；Ariño，2003），在他们来看，联盟合作关系是一个阶段性演进的过程，按照这种观点，联盟合作的运行绩效可以按照联盟目标、联盟过程以及联盟结果划分，这意味着他们将联盟的运行绩效看作动态变化的过程，不同阶段的联盟，其绩效表现的结果和测度方式都应该不同。正如王雪原（2009）在研究 R&D 联盟管理效果评价时，就指出对于此类联盟绩效的评价应该注意：①事前、事中与事后评价相结合，避免一味从事后评价入手的评价惯例；②就是强调要根据阶段目标设计评价指标，联盟合作尤其是 R&D 联盟在不同阶段有着不同的目标，如果对所有演进阶段都设计统一的指标体系，很可能会因为评价失真而导致联盟解散。所以，在考察联盟运行绩效时，融入动态因素就成为必然的选择，比如一些学者提出了基于联盟时间维度的测度方法，即把联盟的运行时间分为三个阶段表述和研究（Lunnan et al.，2008）：①突然终结，表示联盟实际运行并没有按照原定合作期限执行，而突然宣告结束的情况，该种方法是操作（operational）方面的绩效表现；②短期绩效；③长期绩效都是从联盟运行效率测度的，主要集中于联盟伙伴私有目标的实现程度。

为了测量效率绩效，他们使用多个指标，如从联盟获得净收益、联盟促成单个成员企业的增长、市场份额增长、新产品、新能力以及进入新市场的渠道等。在他们的测度量表里，短期绩效是企业加入联盟后的初期阶段利益获取情况的反映，而长期绩效则是企业在联盟成立后企业间合作过程中实现高效率的程度。具体地说，Lunnan 和 Haugland（2008）对 100 个契约式联盟跟踪 5 年之久，将联盟突然终止定义为"联盟在 5 年（1993—1998）内是否终止"。而 1993 年和 1998 年两轮收集的问卷数据则分别反映了被调查联盟在短期和长期的运行绩效的表现。

需要指出的是，Lunnan 和 Haugland（2008）分阶段测量联盟绩效的研究代表了该领域较为权威的成果，其方法首次突破了主观评价的"一锤定音"策略，而是分两次分别从短期和长期来度量所调研的 100 个契约式联盟。然而我们也看到，他们的方法也存在一些缺陷，其一，尽管相距 5 年的先后两轮调查方法能够在联盟运行绩效的衡量上加入动态因素，但是前后两次的测量指标相同，这种题项设置必须建立在联盟成员 5 年内不变更的假定前提下的，然而，随着时间的推移，外部的环境不断变化的前提下，企业联盟的目标是不断变化的，这不免使得测量的结果仍不能尽善尽美。其二，从测度的绩效指标来看，他们的指标主要集中在新产品开发、新能力形成以及一般的市场表现上，而从衡量尺度上看，则主要是从“满意度”视角看待联盟运行绩效的表现的，忽视了联盟运行绩效指标体系中其他的维度，如“稳定性”维度等。另外，他们仅从企业私有利益（目标）视角看待联盟运行绩效的表现，而忽视了联盟共有目标实现的程度如何等问题。

与 Lunnan et al.（2008）的研究相类似，有不少学者都将联盟合作看作是一种“生命形式”，存在周期性发展的特点，其生命历程如产品一般有四阶段（王雪原，2009）和五阶段（Poulymenakou & Prasopoulou，2004）划分：①联盟组建阶段，依据互补性原则，将不同成员的知识资源简单地叠加，此阶段的重点内容就是保障组建的联盟能够在创新资源数量、种类和质量上满足联盟研发与创新的需要。②初始成长阶段，此阶段各成员的知识资源出现交叉匹配进程，工作的重点在于通过交流、沟通促进成员从更深层次资源重组和配合，属于从显性知识与技能的学习转向隐性知识与技能学习的过程。③快速成长阶段，此时各成员的知识资源由交叉匹配阶段转化资源融合阶段，在合作磨合中，将各自独特的管理模式和工作理念加以汇融，异质知识 / 技术体的融合，为创新的实现提供了“吧”（Ba）环境，此阶段联盟技术 / 知识进展飞速。④联盟成熟阶段，根据联盟的性质与特色，各成员对创新资源进行了改造，形成了联盟特有创新资源与核心能力，在这些资源与能力的催生下，技术或新产品等创新成果应运而生。此时联盟成为一个成熟独立的个体，有其自身的核心能力和对外功能。在不同阶段，联盟绩效考察的重点是不同的，为此他提出了四阶段分重点评价指标体系，具体汇总如表 4-2。

表 4-2 联盟阶段绩效评估指标体系及评估重点汇总

阶段名称	指标名称
联盟组建阶段（侧重伙伴评估）	人力资源、信息资源、技术资源、文化资源、财力资源、物力资源以及组织资源满足度等
联盟初期成长阶段（侧重各方资源交叉匹配评估）	（1）成员间的信任度（2）沟通频率和方式（3）知识 / 信息传播效率（4）联盟内社会网络关系密度
联盟快速成长阶段（侧重联盟工作效率评估）	（1）新概念形成量（2）知识创造质与量（3）技术创新进度（4）联盟内研发团队满意度等
联盟成熟阶段（侧重联盟成果评估）	（1）专利数量（2）商誉与社会网络关系广度（3）各种资源利用率（4）创新知识 / 技术市场效益等

注：作者根据王雪原（2009），Poulymenakou et al.（2004）整理而得。

4.1.3 评价维度三：利益诉求评价维度

企业加入联盟的动机和利益诉求往往是多元化的，所以从利益诉求视角考察联盟合作的运行绩效也成为一些学者的选择。多元化的利益诉求如果一一罗列不免落入无效的分析，为此，我们从两个较大的方面考量此维度的研究成果。按照企业加入联盟的利益诉求分类，从大的方面看基本有两类，一类是合作项目本身的绩效（Project Performance），这是测度合作对联盟企业的经济效益方面的指标维度，主要考量项目合作成果质量、项目的获利预期、项目合作进度等方面，此类评价主要是从企业具体的微观经营上测度联盟绩效的；另一类是战略绩效（Strategic Performance），它是从合作关系对企业长期战略的意义角度分析联盟运行绩效的指标维度，其考量的具体包括企业对联盟战略的重视度、企业联盟战略目标实现程度以及企业联盟的战略决策是否明智等方面（Sarkar et al.，2002），这种分析方法则是从企业宏观的长远战略规划视角评价联盟合作的绩效表现。

由此可以看出，Sarkar 等人（2002）尽管依旧从单一企业视角看待联盟的绩效，然而，他们的评价维度至少给后来的研究者提供了一个新的视角，即联盟绩效的评价可以多维度构建，既可以包含企业私有利益的实现程度，还可以将联盟战略进一步提升到更高的层次上去。如果项目绩效是企业参与合作的小范围绩效体现的话，那么通过联盟合作获取更高的战略目标则是企业更大范围内的利益诉求。

Khanna et al.（1998）从利益诉求视角评价联盟运行绩效，并在此方面做出了突出贡献。他们界定了联盟私有利益（Private Benefit，PB）和公共利益（Common Benefit，CB）的内涵，指出前者是联盟企业在市场行为中获得的利益，这部分利益的获取与联盟无关，而后者是所有联盟成员均可获取的利益，这部分利益的获取是基于联盟的集体监管下企业在市场上行为的结果。在此基础上，他们指出较高的私人利益与公共利益的比率（PB/CB）会导致联盟企业偏离合作行为而倾向于竞争的重要结论，从而丧失了联盟作为合作组织形式的意义，联盟存在的意义和绩效趋向衰退。Khanna et al.（1998）

主要是从理论上解读了联盟运行绩效在联盟企业间利益诉求与利益获取的权衡中不断变化的倾向。在联盟中，每个企业的私有利益与公共利益比率的高低则取决于进入联盟共同领域 2 的程度。

具体来说，我们假设 A、B 两家企业结成产品联盟，A 是拥有先进技术的企业，其业务范围在市场 1 和市场 2 上，而 B 是发展中国家的企业，其业务范围在市场 2 和市场 3 上，其目的在于在本国市场上推广 A 企业的产品，并向 A 企业学习其先进的技术。显而易见，A、B 企业的公共市场领域是市场 2，所以企业 A 和企业 B 的相对领域分别为：

PB_{a1} = A 企业从市场 1 获得的营业额或资产

CB_{a2} = A 企业从市场 2 获得的营业额或资产

PB_{b3} = B 企业从市场 3 获得的营业额或资产

CB_{b2} = B 企业从市场 2 获得的营业额或资产

而针对企业所获取的共有利益则来自企业与联盟其他成员利益的博弈程度。如图 4-1 所示，中间区域 2 作为联盟业务领域，它是 A、B 合作的共同领域，也意味着该领域内的利益是由 A、B 企业共享的，但可供分享的收益同时又是既定的，二者之间都有分享此部分收益的机会。假定图中黑色标注的公共利益分割界面是联盟成立时，A、B 双方对公共领域（市场）的分割局面，但是随着联盟后企业吸收能力以及转化能力的差异，这种对公共利益的分割结果也会偏离最初的状态，如图 4-1 中箭头所指方向，逐步形成一种新的均衡。

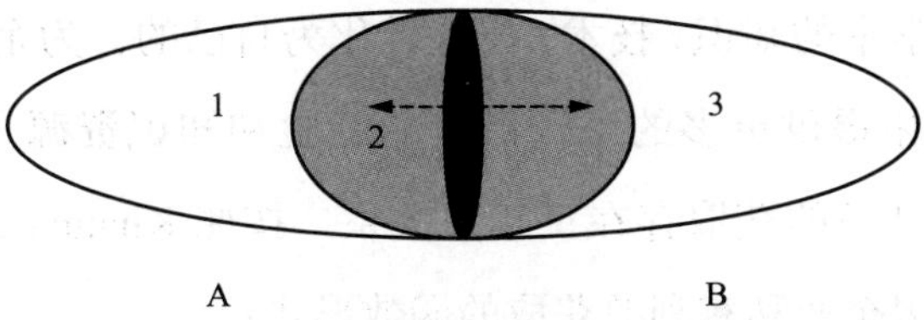

图 4-1 两企业联盟利益分配图解

注：黑色阴影表示企业 A、B 利益在公共领域的分割界面；此图是作者根据自己理解自行绘制。

这一结论的得出是借助“相关领域”（Relative Scope，RS）和“转化能力因子”（τ）两个概念分析的。相关领域是企业与联盟有关的市场业务占企业所有业务活动的比率，RS_{ij} 表示第 i 个企业参与到联盟 J 业务中的比率，其值处在 0，1 之间，越是接近 0 表示企业在联盟所属领域越小，反之，当接近 1 时，表示企业几乎所有的业务领域都涵盖在联盟范围之内。企业与联盟业务的相关程度很大程度上影响到私有利益和公有利益的分配大小的程度，具体到上例，企业 A 与 B 在第 J 个联盟中的相关业务领域分别为：

RS_{aj} ＝市场 2 的营业额或资产 /（市场 1 ＋市场 2）的总营业额或资产

RS_{bj} ＝市场 2 的营业额或资产 /（市场 2 ＋市场 3）的总营业额或资产

另外一个影响因素“转化能力因子”即为 τ_{ij}，它是企业将从联盟学习而得的知识 / 技术 / 技能等应用到自身业务的能力转化参数，它反映的是联盟企业的知识吸收能力和知识转化能力，或者称为建构（architectural）能力和组件（component）能力（Henderson & Cockburn，1994）。企业能力是其保持竞争力的重要资源，而能力本身也会在联盟合作学习过程中不断累积的，这种转化能力越强，则企业越能将学来的知识 / 技术 / 技能转化为自己的，为企业在其他业务领域的开拓提供更多的可资借鉴的经验和知识资源。很明显，τ_{ij} 与企业私有利益的获取存在正相关关系。按照 Khanna et al.（1998）的解释，联盟企业私有利益获取的函数形式：

$$PB_{ij}=f(RS_{ij},\ \tau_{ij})$$

此函数是一个递增的函数，即私有利益的获取与这两个自变量呈现正相关关系。众所周知，企业随着联盟经验的增多，其转化能力因子会随之提升，根据理解，我们将 PB_{ij}、RS_{ij}、τ_{ij} 三者间的关系表述如图 4-2 所示。

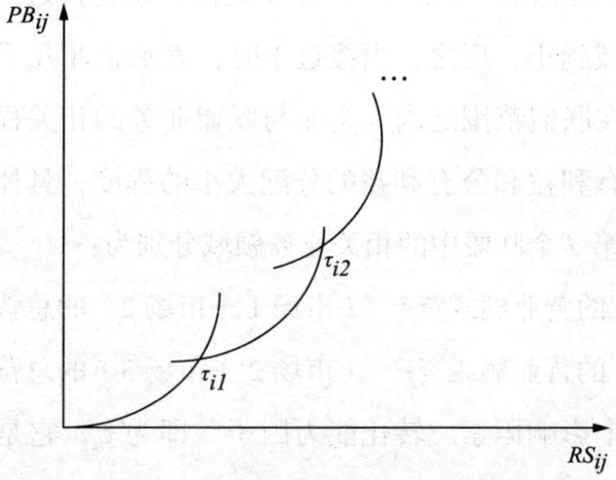

图 4-2　知识联盟内私有知识、相关领域与知识转化能力间的关系图

注：作者自行绘制。

联盟运营绩效取决于企业加入联盟后私有利益与共有利益获取的比率的高低（Khanna et al.，1998），这一比率越高，越容易出现学习竞赛的局面，联盟运行越不稳定，反之，联盟运行越稳定。这一表述从另一理论视角分析了联盟绩效评价的维度。陈菲琼（2003）则用实证研究的方法求证了企业加入联盟后的私有利益和共有利益的指标数值，但是正如上面相关评述一样，这种测度方法未必是合理的，其一，比如私有利益获取越多，单个企业越觉得联盟绩效高，但是一旦学习能力差异状况加重，这种基于“学习竞赛”的联盟形式就越容易瓦解；其二，这种测度维度和标准是必须计算出企业私有利益与共有利益的比率，量化核算起来比较困难，而且该比率大与小的核定标准也存在主观性，从而使得这种测度模式很难真正发挥评价的作用，甚至很难准确得出明确的结果。

4.2　战略联盟合作关系运行绩效影响因素分析

从20世纪80年代开始，大量研究联盟合作的文献基本围绕着两个方面的问题展开。其一，找寻促进联盟成立的潜在因素和条件，即挖掘联盟成立的动机以及这些联盟所使用的监管结构（Hennart，1988；Williamson，1991）；其二，围绕联盟实施结果以及联盟合作关系对联盟企业的作用绩效等展开（Blodgett，1992；Dussauge & Garrette，1995；Doz，1996）。而Nielsen（2002）则将这两个研究分支联合在一起加以研究，找到影响国际战略联盟运行绩效的决定因素。作为一种复杂体，联盟运行绩效受多种因素影响是必然的，比如，它受到行业本质、制度环境以及联盟管理的质量和承诺等的影响，而且，联盟合作本身是路径依赖和持续变化的，因此，按照联盟的阶段发展特征，Neilson（2002）将影响联盟合作关系运行绩效的因素分为两类，即联盟成立前的因素（pre-alliance formation factors）和联盟成立后的因素（post-alliance formation factors），前者是指联盟成立之前有关的变量，如与其他企业联盟的经验、联盟伙伴的信誉以及可察觉到的学习动机，而后者则是联盟在成立之后，随着其具体的运行，所呈现出来的因素，如合作诀窍（collaborative know-how），伙伴间的信任、伙伴自身的保护行为、文化差异等对于联盟的具体运行起到关键的作用。我们列举相关影响因素如下：

4.2.1 影响因素一：投入资源的性质

依据资源的性质不同，资源基础理论学说基本有两种观点，一种是静态资源基础论，它强调只要企业拥有稀缺的、不可模仿的、有价值的以及不可替代的资源，企业的竞争优势就可以持续，静态资源基础论强调静态资源储备；另一种是动态资源基础论，它认为，外部环境变化加剧会降低企业大多数资源产生经济租的能力，它强调资源的流动性以及在资源流动中能力的动态累积过程（Barney, 1991）。当然，不管是动态还是静态的资源（能力）观，拥有差异化资源抑或是互补性资源都对企业竞争优势的构建与延伸至关重要。那么，在合作中，对合作企业所提供的资源有什么要求呢？各联盟伙伴提供的资源应该是差异性更多还是应该互补程度更多一些呢？资源互补性都常被看作是合作成功的关键要素（Dierickx & Karel, 1989），因为合作企业的资源优势一旦互补，就可以实现两个效果，即能满足战略目标实现所需要的独特性（Uniqueness）和合作的对称性（Symmetry）。企业独特而有价值的资源相结合，满足了联盟发展所需的柔性变化特性，同时，资源互补意味着联盟形成中各成员间资源供给的对称性，从而增加了他们之间的相互依赖性。合作伙伴资源存在互补性的联盟运行效果有可能更好，联盟成员的互补性资源投入对彼此的学习产生正面影响（Bleeke & David，1991）。还有些学者发现联盟成员如果是竞争关系的，其失败的可能性就很高（Mowery et al.，1996）。Park et al.（1996）还提出将互补性资源和能力融合起来，基于独特能力的资源互补型企业的合作会产生两个方面的好处，其一，他们可以发起并出色完成任何单个企业无法完成的项目；其二，联合就会创造彼此相互学习的机会，这有助于企业提升能力，并且专有技能也可能随着知识基础的多样化、异质化、精益化而得到极大地扩充。

另外，Lunnan et al.（2008）还指出，伙伴企业向联盟所做出的特殊资源投资一定程度上决定了联盟的长期运行绩效。这是因为，企业特定资源投资或企业特殊资产可以被看作是“支持某一项特定交易活动而进行的可持续性投资”（Willianmson，1985），它的价值是锁定在该特定情境中的，在该交易或情境之外，它的价值远远低于在该情境之内。当投入的资产专有性太高时，一旦联盟终止，该企业将承受很高的经济损失。一般来讲，企业不会冒此危险做出如此高风险的投资决策，除非它愿意保持长期的战略合作关系。因此，可以认为，较高的专有性资产投入会提高联盟延续绩效，参与成员具有互补性资源投入的联盟不会轻易解体，而且不管是从长期还是短期来看，这种资源投入关系都会有益于联盟的发展（Lunnan et al.，2008）。

4.2.2 影响因素二：合作伙伴的选择

尽管各种类型的知识联盟形式在全球范围内涌现，然而据西方学者研究统计，战略联盟失败率有 70%，而在失败的原因之中，联盟伙伴的关系因素又占 70%。联盟合作具有如此高的失败率，联盟合作伙伴选择不当是一个不可忽视的重要原因。所以，在联盟合作关系的研究领域，有不少学者单纯从企业特征研究联盟运行的影响因素，或者把企业间的关系资本看作联盟运行的重要因素。总之，在考虑哪些因素会影响联盟绩效时，选择合适的联盟伙伴至关重要。甚至有些学者还认为，考虑联盟伙伴的匹配性，正确的伙伴选择是联盟取得成功的第一步（蒋国平，2001；李健、金占明，2007）。为此，将选择伙伴时考虑的因素作为联盟成功运行必需的因素，换句话说，只有权衡好联盟伙伴间的异质性与相似度关系是联盟绩效增加的前提。

随着中国经济的不断发展，中国企业的规模和质量在不断地壮大提升，涌现出像华为、格力、吉利、美的等一批有实力的大型企业，它们在选择合作伙伴的时候，更具主动性，对知识创新的追求也更明显。在联盟内部集中于知识和技术的创新，并在设计、制造等方面获得与共享新的技术，但在其他方面，又与跨国公司保持竞争对手的关系。对于逐步走向国际市场并主动参与技术合作的国内企业来说，如何选择以及如何与合作伙伴开展合作研发，已成为当前经济态势下的战略性命题。融入全球创新体系、以提升自身技术创新能力为前提，又以进一步增进核心技术能力为落脚点，提升我国在国际分工体系的地位更显得尤为迫切。

对于如何选取合适的联盟合作伙伴，卢丽娟等（2003）认为依据企业战略资源分类，对显性资源类联盟，利用“影子价格”理论选择联盟合作伙伴，即从企业实际利用显性资源的具体情况入手，根据不同资源在企业中“影子价格”的不同，深入研究了企业联盟伙伴选择和“影子价格”之间的内在关系。而对于隐性资源类联盟，他们又提出了利用实物期权理论进行联盟合作伙伴选择的方法体系。将实物期权定价理论应用于联盟合作领域，通过确定联盟体系所依附的标的（underlying）变量，建立了一个对隐性资源进行定价的理论框架和测算方法，从而确定企业间的联盟关系以及联盟程度。叶林良等（2006）提出，潜在合作伙伴的选择应当满足三个基本条件：（1）有创新能力，这是动态联盟选择潜在合作伙伴的基础，创新是动态联盟提供必要的弹性和敏捷性的关键因素，同时也是大量不同企业间核心能力、资源和信息等方面的联合形成创造力的源泉；（2）能产生协同效应，伙伴之间是否构建合作关系，关键看它们之间是否具有互补性资产，能否形成战略配合、文化配合，企业最好根据互补优势尽量选择那些愿意全力贡献资源，愿意分享信息者为合作伙伴；（3）有发展潜力，通常这些发展潜力好的企业通过企业间互补，提高合作伙伴的资源利用率，对市场需求做出快速反应，取得利润最大化。按照这些特点制定评价原则，他们提出了 AHP-Fuzzy 评价法。相对于传统的评价方法，AHP-Fuzzy 评价法保留和利用了更多的信息，从而提高了评价结果的精度和准确性，便于从整体上把握动态联盟潜在合作伙伴潜在能力的情况，有利于促进动态联盟合作伙伴间的持续合作与发展。

对于选择伙伴企业应该考虑什么因素方面，Nielsen（2002）指出，伙伴的声誉（reputation）是至关重要的，声誉是企业先前关系行为积累的直接体现（Granovetter，1985）。Kogut et al.（1993）称，大多数的企业都是根植于之前联盟所构建的社会网络中，从而使这些企业间或直接或间接地关联在一起。在强关联网络中，伙伴声誉对构建联盟显得尤其重要，甚至一家企业的声誉能影响其他企业对整个行业的洞察，比如 IBM，作为一个声誉良好的企业，IBM 不管进入哪个业务领域，即使进入得较晚，依旧可以占据领先地位。假设 IBM 进入生命科学领域，不仅表明生命科学研究的重要性，同时也就预示着该领域将出现重大的创新成果。所以，一家生命科学研究企业如果要找寻一家提供 IT 基础设施的企业合作的话，IBM 当然会成为其追求的合作目标；而反过来，IBM 在选择伙伴时，也会考虑对方提供的产品 / 服务的质量和标准要符合 IBM 的要求，比如必须具备财务稳定、团队牢固、声誉良好等条件。

4.2.3 影响因素三：关系资本的质量

有不少研究已经表明，企业间的合作会增进其竞争优势，而这种效果只有在他们形成了长期关系时才能实现（Uzzi，1996）。所以，根植于社会心理层面的关系资本会影响联盟运行的效果和质量。当联盟合作方之间比较透明和公开时，联盟合作方更容易相互学习。但是合作方相互之间对对方可能进行机会主义行为的猜疑阻碍了开放性和透明性，从而使得合作方彼此不愿意共享信息和专业技能。基于信任的关系资本会降低合作方之间的机会主义行为，从而使得联盟方之间变得更加开放和透明，增加了信息和专业技能的交换和流动。事实上，Sarkar et al.（2001）从信任度和承诺水平界定关系资本的内涵：

（1）相互信任度，企业间信任一直是联盟得以维持的关键要素，也是经济交易的心理基础。在经济交易中，信任是各成员信奉承诺的前提，它会使成员在交易中保持诚实，这会大大降低机会主义行为出现概率。所以，维系伙伴间较强的信任关系是联盟顺利运行的一个基本条件。Nielsen（2002）认为联盟企业间的信任由两个主要部分组成，其一是认知部分（cognitive component），它来自对联盟伙伴的可信赖程度的认可；其二是行为部分（behavioral component），它来自对联盟伙伴的意图、动机、诚信及友善等行为因素的信心。

（2）互惠承诺（Reciprocal Commitment），承诺可以看作“合作伙伴彼此相信，他们之间的合作关系很重要以至于保证付出最大的努力来维系这种关系……并确信它们之间的关系将一直保持下去”（Kale et al.，2000）。它实际上体现的是各成员长期维系这种合作关系的信念和愿望，联盟成员间的互惠承诺有利于联盟伙伴避免逐利的短期行为。另一方面，只有都希望维系长期的合作关系，他们才愿意对合作进行投资，联盟才更具竞争力。

按照这种联盟关系的属性来看，信任能使合作方放弃采取机会主义行为，或者利用对方的弱点来获利的企图。参与联盟合作的企业之间的信任程度越高，将有助于伙伴企业之间关系的稳定性。高水平的信任水平会提高承诺水平，而高水平的承诺为联盟的参与方提供了可以同时实现个体目标和共同目标，而又不会增加机会主义行为的背景条件，有助于联盟获得成功。

4.2.4 影响因素四：联盟战略的认同度

联盟伙伴间的认同度关系到伙伴能够实现联盟综合潜力的程度。联盟的成立首先是联盟企业对合作可能带来的潜在利益达成共识的结果，在此基础上，Sarkar et al.（2001）又把这种共识具体分为两类，一类是文化共融（cultural compatibility），即组织间价值观、战略目标和理念等方面的一致性。组织间较高水平的文化共融性会降低合作组织间的协调成本，它本身也是企业行为控制的约束因素和手段。一旦文化或者社会认同出现偏离，联盟伙伴间就容易产生不和谐的工作关系，即合作中带有怀疑和对峙的因素就会增加，联盟的不稳定性自然增强。第二类是运营共融（operational compatibility），它指的是组织在完成合作项目时，运营程序和运营能力的一致性程度，它体现的是联盟伙伴在工作关系中实际的合作能力和潜力。

此外，伙伴成员完成联盟战略目标被各自企业所重视的程度，也是合作认同程度的重要表现形式。企业目标的实现可以通过多种手段和方法，而联盟战略作为其中的一种，在企业目标实现中被不同企业重视的程度不一样，有的企业将联盟看作是战略性的，而有些企业则将之看作非战略性的辅助措施（Hamel & Prahalad，1989）。如果在构建联盟关系时，各方在实施联盟目标设定上一致，其联盟张力（tension）以及不稳定因素会大大增加（Das & Bing-Sheng，

1998)。将资源通过跨企业边界再组合，可以提升企业间的相互依赖，尤其当其中的一个企业视伙伴的资源为自身价值增值和竞争优势提升必不可少的重要资源时，这种依赖关系会进一步增强。如果一个企业从战略意义上愿意依赖其他企业的特定资源，我们可以推断，它将愿意维持一个长久的联盟关系。

4.2.5　影响因素五：合作学习的动机

联盟形成的动机与联盟绩效结合起来是很多学者都极为关注的学术领域。联盟形成的动机有很多，比如通过构建联盟关系促使企业技术创新，提高企业财务表现，或者向伙伴学习以提高学习能力和战略地位等。然而，Doz（1996）也指出，学习尤其是组织间的学习绝非容易的事情，组织间文化、习惯和运营等方面的差异，再加上联盟项目设定上的不完善以及不恰当的交流往往会导致不同的学习效果。另外，联盟企业还必须权衡快速学习与因快速学习而导致的联盟机会主义行为之间的悖论，处理不当就难以维持联盟学习过程的持续性。Porter & Fuller（1986：329）指出，联盟存续时间依赖于其形成的动机，“当企业旨在借信息不对称下机会主义行为获取对方知识或能力时联盟容易解散，因为随着其中一些伙伴企业已经获得了这种知识 / 能力，当联盟也需要它付出相应内部技能时，它们会选择退出。但当合作各方完成一项目旨在获得规模经济或协同学习效应的联盟就会持久”。

将具有独特技能和能力的企业联合起来，联盟可以为企业创造学习机会。然而如果不能对学习过程进行积极有效的管理，或者不能很好地理解联盟知识的本质，那么联盟学习就会成为空谈（Nielsen，2002）。获取其他组织的新知识越来越成为战略管理上优先选择的目标，而且随着全球经济竞争的激烈以及知识经济的快速发展，旨在获取知识的学习目的日益占据重要地位。新知识为组织更新提供基础，所以在很多文献中，知识获取往往与组织任务完成绩效相关联（Doz，1996）。联盟企业各自的技能不同，知识基础不同，联盟成立为各方提供了学习的组织保障。在这一过程中，能否将关键管理人物独占的具有个人的、隐性特征的知识，内化成组织层面的显性知识，很大程度上彰显企业学习效果的优劣，隐性知识显性化可以避免这些宝贵的先验知识因为某一关键人物的离开而导致永久丧失的可能性，还可以通过学习内化将先验知识在企业内以口头或书面文字等多种方式流通，而当关键人在讨论或反思先前联盟经验时，这一流通过程本身又可以促进事后行动决策。

4.2.6 影响因素六：以往的联盟经验

有些学者认为，当企业参与到重复交易的合作关系时，也就是说企业间合作的业务领域不断增加的情况下，经济和信息交易越来越根植于伙伴间的社会关系里，而这些对于构建他们之间的信任以及消除或至少减低机会主义行为发生的可能性具有极其重要的意义（Tgriffith & sawyer，2006）。一般来讲，企业愿意投资于与某一个或几个伙伴构建长期的合作关系，往往是以它与该伙伴有过先期合作经验以及合作所产生的正面或负面效应的程度为基础的。企业的联盟经验起到验证联盟后是否会采取冒险投资的预决策功能。在此情况下，一个企业理性而自然的反应就是与那些一直以来表现出诚实可信的伙伴构建合作关系，因为联盟经验还可以让彼此更了解对方哪些资源和能力是他们特别需要而愿意联合的（Granovetter，1985）。另外，先前合作关系也表明伙伴间有过重复交易的历史，这可能带来构建稳定关系的优势。所以从博弈论视角看，前一轮合作会给后一轮合作提供信号，即核心企业起到长期“重复博弈”的作用（Saxton，1997）。与此同时，先前合作关系还可以构建一种专门的关系资产（relationship-specific assets）以及对对方经理和相关行政职员熟悉的关系资本等。在多元联盟合作关系中，成员间较高的文化差异和不熟悉程度是其失败的重要原因。因此，事先了解到合作伙伴的组织和文化特征可以为联盟成立节约大量时间，也能避免差异带来的各种矛盾。所以，先前联盟或合作经验对于联盟绩效具有良好的促进作用。一个企业参与特定活动和实践的经验可以帮助企业发现和纠正错误，并且有助于通过更好的知识和理解能力来改进未来的行动，累积的合作经验对于进入联盟的企业的价值具有重要的影响。

一旦联盟成立，以往的合作经验对于管理复杂多元化的联合关系（collaborative ties），以及合作中互相依赖所引起的能力累积都是必不可少的。很多联盟失败原因在于它们的主体缺乏合作经验和互相理解。因此合作能力或称为联盟能力就成为联盟运行成功的关键要素之一。这种合作技能来源于企业过去的联盟经验带来的收益（Simonin，1997）。这种专有的合作技能会对加入联盟合作关系的企业能力施加影响，会在以后的联盟活动中更好地理解和适应恰当的程序和机制，以促进知识累积、转移、诠释以及企业内部扩散等。丰田开发了包括大量的组织流程与组织惯例等软性基础设施，以促进知识在母公司及其子公司内部的转移和扩散，丰田的成功很大程度上得益于其与合作伙伴协同学习机制，这种学习活动主要被两个主要机构所协调，一个是购买部门，另一个是过程管理咨询机构（OMCD）。它们通过现场咨询（on-site consulting）、供应商学习团队、问题解决团队以及员工轮岗、绩效反馈与过程监管等制度实现组织内及组织间协同学习。所以，这些基于之前合作经历的合作程序积累帮助丰田提高了其合作绩效，既促进知识转移，又避免了合作中出现的不确定性以及“噪音”。Grant（1996）还提出组织通过积累知识并将之应用于任务解决，就会提高组织管理任务的能力。企业通过将过去业务或活动的有效做法与将来可能采取的做法进行比较，学习和积累与任务相关的知识。

4.2.7 影响因素七：联盟能力的发展

企业能力可分为企业管理能力、获利能力以及研发能力等几种，而作为企业管理能力的一种，企业联盟能力越来越受到学者和业界的关注。一般来讲，它有三个特征：（1）能力包括企业对资源的配置，能力不同就会产生不同的租金收益；（2）能力是不断演进的，它是被动的“干中学”模式与积极投资于学习和组织结构和制度改进努力的结果；（3）能力很难模仿或轻易被获取，正是这种企业资产的专属性特征造就了企业，使不同等级的租金产生。为此，如何加强自身联盟能力的累积与发展自然成为企业联盟绩效的决定性因素。

Ethiraj et al.（2005）通过深度访谈并结合量化分析相结合的方法，对印度一家企业追踪调查了 6 年，搜集了其项目层面的微观数据，从项目资源投入、项目特征、能力特征以及企业盈利等深入分析了能力与联盟合作项目合作绩效间的关联效应。

闫立罡等（2006）提出一个联盟绩效影响因素的 RRA 分析框架，认为关系资本（Relational Capital）和联盟能力（Alliance Capability）是影响联盟绩效（Alliance Performance）的重要因素。他们认为联盟能力是公司核心竞争力在联盟应用中的转移和发挥，在推动联盟绩效提高中起到关键作用，并将联盟能力可以分为四个维度：（1）接受能力，即企业实际从合作方吸收知识和技巧的能力，这种能力强调激励组织成员主动去向合作方学习和吸收所需的知识和技巧，在接受能力中，激励组织和个人进行学习的因素更加重要；（2）吸收能力，即企业从外部识别、吸收和获取信息或知识的能力；（3）整合能力，即企业将已有的知识深深积累在组织内部的能力与新知识进行合并的能力；（4）创新能力，这种能力层次最高，也是最难以达到的能力形式，主要是对企业内外知识有效吸收、掌握和改进现有技术的技巧以及创造新知识的能力，四个维度构成了一个能力积累的过程。在他们看来，企业的知识是其遗传物质，会在“干中学”的过程中不断累积。除此之外，组织的动态能力也常指企业能够随内外部环境的变迁，及时创造、扩展、调整其资源和技能的能力（Zollo，2002），这与 Kale & Singh（2007）提出的“联盟学习过程”（Alliance Learning Process）的概念相似，它是一种更高级的联盟能力。作为演进理论的核心理念，“惯例”（Routine）表示企业反复行为的模式，这种企业专属的常规行为模式需要物质和人力投资加以维持和发展，也正是从这个意义上看，企业行为“惯例”是区分不同企业的一个标准。按照演化经济学的观点，企业被看作是“历史存在”，其知识是内生的“干中学”过程的作用结果。

与此观点相对应的是，企业拥有异质能力，这种能力是企业不同行为“惯例”和搜寻过程（Search Process）合力的结果。这些能力扎根于企业技能和惯例，是组织记忆的重要组成部分，而组织记忆保证了企业按照一定的规则行事，恰是这些技能和惯例体现出企业处理所涉业务的知识和能力（Ethiraj et al.，2005）。除了上述两个方面的结果和表现外，企业能力还是组织结构和制度变迁持续投资的结果，因为，对这些基础设施的投资会改善组织惯例和组织行为。在企业行事流程改进中，企业从自身或他方经验与教训中不断学习，并将所学应用于其他业务过程，从而形成一个良性循环过程。从企业层面上看，各个企业在选择投资时间、投入数量与努力程度、支持能力积累过程的组织思维定式等方面存在诸多的差异，这些方面的差异也造就了企业能力的异质特征。

4.2.8 影响因素八：其他因素

当然，除了企业特征外，还有一些其他要素，联盟控制方式（苏中锋，谢恩等，2007；Liu，Xiang et al.，2010）、联盟沟通/学习机制（Phan & Peridis，2000）、联盟网络结构（李江，2008 等）、联盟时间（Nielson，2002；Lunnan et al.，2008）以及联盟项目合作项目特征等（Ethiraj et al.，2005 等）都可以作为联盟运行的重要因素。另外，按照 Nielsen（2002）的说法，伙伴间的文化距离，不管是国家间、产业间还是组织层面的差异，都会影响知识转移和学习过程。

鉴于知识联盟与联盟合作关系在组织形式上都是不同组织（机构）间的合作关系，所以本质上并不存在根本性的区别，为此，我们借鉴这些基本因素分析影响知识联盟运行绩效的作用机制。

4.3　本章小结

本章主要从两大方面对目前针对联盟合作关系研究予以总结，其一是从哪些维度和方面去评价联盟运行绩效，我们研究文献发现，大多数的西方文献都是围绕国际合资企业（IJVs）运行绩效的提升而展开理论与实证研究的。所以，他们所提出的绩效衡量体系大多是从跨国公司（MNEs）角度来制定的，往往假定母公司和其他分支机构的战略目标是完全一致的。但事实上，合作双方在联盟中获得收益和绩效表现往往是不对称的：一家公司达到了自己的目标，而另外一家公司可能却未必如此。例如，很多案例表明，一个联盟参与者学到了另一个合作伙伴的技能，而其合作伙伴却没有实现自己的目标，所以就很难确定该联盟的绩效是否高。同时，不同的企业对他们所参与的企业合作的绩效评价尺度和标准存在差异，不同的企业心目中理想合作绩效不尽相同。因此，考虑所有参与者的绩效评价标准逐渐受到学者们的关注（Zeira，et al.，2004）。如果他们评价标准差异很大，就会对联盟合作产生较强的负面影响，因为，如果一个企业认为自己从联盟中获得的利益少于其他伙伴所获得收益，那么它就会努力对合作需求施加控制，以弥补其低效状态（Mohr, 2006）。如果他们希望合作能够延续，那么每一个企业都必须对其他伙伴的评价标准有所了解，毕竟合作的成功最终依赖于每一个合作伙伴的合作结果是否是令他们满意的。然而，较为遗憾的是，目前的绩效评价指标体系的设计并没有考虑到这一点。

其二我们列举的八个因素同样也会不同程度地影响知识联盟的运行绩效。然而，从当前的这些分析来看，这些因素是分散的。与此同时，联盟合作的组织形式在不断演变，比如，随着知识经济的快速发展，战略研究联盟（PRAs）也随之大量出现，这种以学习为导向的研发联盟（知识联盟），其成员伙伴离开联合机构的几率和倾向更大，而这样的联盟合作方式的终结，往往代表了合作目标已经完成，所以一定意义上说，这样的合作越早结束，则代表项目完成的效率越高，联盟运行的效率越高，这不应该与传统意义上战略联盟的稳定性绩效有着相同的评价标准。因为有些时候，某些联盟的建立仅仅是因为一个合作项目的需要，当合作目的达到之后，联盟会自然消亡。此时，若将联盟的结束一味地理解为是因效率低下是不科学的。相反，并非所有正在运作中的联盟都是成功的联盟，或许企业之所以不退出联盟仅仅是因为退出成本太高而已。因此，我们只能根据联盟的不同情况去进行辩证的分析判断（严建援等，2003）。基于此，需要从一些新的维度和视角构建一套新的绩效评价指标体系以适应新的联盟运行绩效的评价。那么，组织形式与管理经营越来越灵活的新型联盟合作关系的绩效评价指标体系应该如何对待呢？这个问题的解决有待我们进一步探索研究，以便适应联盟合作关系发展新形势的需要。本书在接下来的章节将构建这些因素之间的关联，进一步凝练出知识联盟运行绩效衡量的概念模型，并在调查研究的基础上，对我国现存的松散型知识联盟的运行现状及影响因素进行实证研究。

第五章　知识联盟运行绩效评价指标体系构建

在多学科的研究背景下，学者们构建了大量的理论和概念模型，使得知识联盟的相关研究过于理论化，从而忽视了对联盟运行的实证研究。即使存在一些实证研究，这些实证研究也往往受到前期理论和概念框架下断言和新观点等因素的阻碍（Simonin，2004）。正如研究联盟学习的国外著名学者 Inkpen（2002）所称，“因为有一套比较牢固的前期研究基础，下一步就是要开展理论和实证研究工作，这些工作就是整合多元化视角，从而在这些多元化的变量间建立某种因果关系”（Inkpen，2002）。为此本研究尝试开发和验证一个“整合”模型。

知识联盟与战略联盟有异同，因此，知识联盟运行绩效的评价维度自然与传统的战略联盟在动态演化以及利益诉求两方面上具有某种相似之处，也在企业自愿获取倾向、联盟合作动机以及联盟控制模式侧重点等方面存在相异点。知识联盟的概念是在 20 世纪 80 年代末期提出来的，它是战略联盟新的衍生形式，对知识联盟的研究，国内外学者起步较晚，实质性研究更是微乎其微，即使有一些，也大多受限于对知识联盟概念解读、理论分析（Bronder，Christoph & Pritz，1992；符正平，1999）。而对一些知识联盟如动态联盟、技术联盟、研发联盟、产学研联盟等的运行状况的分析，也基本是单维度局部实证分析（陈菲琼，2001；陈菲琼，2002）。早期关于知识联盟的国内外文献，对知识联盟基本的假定都是将跨国公司作为知识源，把发展中国家的后起企业作为知识接受体的，此时的知识联盟基本也等同于垂直型的国际战略联盟。所以针对知识联盟运行绩效的评价也基本围绕着战略联盟的评价维度而展开。

然而，经济、技术的迅猛变化，使组织面临一个复杂多变的外部环境，组织新形态不断涌现，从而导致企业与合作伙伴间的战略合作关系也发生了巨大的变化，它们不再是仅就财务绩效而合作，而是增加了一些其他动机，如提高自身学习能力和战略地位等。与此同时，保持较长的合作时间即为联盟绩效高的长短并不一定是评价的最重要的维度。比如，当出现以获取知识、知识创造、知识创新等为目的的知识联盟时，显然，这种评价方法还不够完善。而针对这种变化，我们又应该按照何种维度对其运行绩效进行评价呢？Khanna 等关于联盟企业的利益分为私有利益和公共利益的理论观点新颖而富有启发性（Khanna，Gulati & Nohria，1998），为我们研究知识联盟提供了很好的研究视角。国内学者陈菲琼还将 Khanna 等人的理论观点深化为实证研究，提出了联盟绩效评价的 PC 评价系统，并将这种评价系统应用于跨国公司与我国企业的知识联盟运行绩效的具体测度上，然而，她仅将知识联盟放在一个较为狭窄的应用领域，并没有对知识联盟做系统分析和解读，而且其利用 PC 评价系统时，采用的评价标准依然是和战略联盟没有分别，从而很长时间，国内基本都把知识联盟等同于战略联盟加以研究。为此，我们有必要对这一细分概念重新审视。

5.1 知识联盟与战略联盟的比较

5.1.1 两类联盟中的企业资源获取倾向不同

按照产业价值链理论，每一个企业都处在某一产业的特定价值环节上。而拥有不同资源的企业也决定了其在产业价值链上的位置是在高端还是在低端。处在产业链高端的企业就在产业发展中占绝对优势地位，从而获得更高的利益。所以，资源存量及从外部获取战略资源的多少已经成为当代企业竞争的主要诉求点。王凤彬、刘松博（2005）将企业参与联盟的资源分为资产资源、组织资源、知识资源三大类。而在这些战略资源中，知识资源处于价值的高端，它是企业中的人员或群体以特定的方式，沿着特定的路径而积累起来的特有的知识。我们认为，低端价值供应链联盟多属于一般战略联盟，而高端价值供应链应该属于知识联盟。所以从资源获取的动机上划分，当一个或多个企业旨在建立获取知识 / 技术 / 技能等软资源的联盟关系时，它们间战略联盟已经转化为知识联盟了。而对于他们之间的关系是以互补性资源还是以竞争性资源为基础，则看主导企业与加盟企业的目标定位和实现手段。

5.1.2 企业加入两类联盟的动机不同

关于企业间战略联盟的传统分析认为，企业进入联盟的根本目的是降低成本与分担风险，并实现市场绩效的提升。如今，许多企业通过合作伙伴的帮助实现生产或扩大生产、销售或扩大销售，旨在将现有技术进行应用和推广，以便最终提高企业的经济绩效。所以传统的战略联盟关系主要表现为主导企业与加盟企业间的垂直供应关系，通过合作伙伴的帮助开发新的产品、工艺和服务，并最终提高企业的经济绩效。然而，随着产品和服务变得越来越知识密集化，企业联盟的动机也逐渐开始依赖于能否有效地从联盟伙伴处学习新的知识、技术和能力，并不断创造新知识（苏中锋、谢恩等，2007）。张明等（2008）还进一步将这些知识定义为“创造新知识的动机、新的经营思想、新的工作方式、与新产品相关的技术、新制造工艺、新市场营销技能等”。可以说，知识联盟的动机就是向联盟伙伴学习并形成获取新知识的能力，所以，这类联盟的知识、技术专业化程度高，各联盟成员可以根据各自的知识、技术优势，向联盟投入特定的知识资源，并在资源整合和联盟学习过程中，形成专属联盟的知识和技能以及专属企业的知识、技能和能力。

5.1.3　两类联盟的控制模式侧重点有所不同

战略联盟具体的组织形式既可以是股权联盟，也可以是基于契约关系的非股权联盟。基于契约关系的非股权联盟就与知识、技术、管理、能源、土地等资源相关联，合作的企业之间具有十分明显的资源依赖倾向。苏中锋等（2007）将战略联盟控制分为基于契约的正式控制和基于信任的非正式性社会控制两类。相对于强调交易经济属性的战略联盟正式控制模式，以非正式关系契约和心理契约模式为核心的社会控制更适合内容较为复杂或知识隐性程度高、难度大的联盟交易，而此类交易的完成，信任成为联盟控制的基础，合作水平会影响信任水平，而信任水平又决定了联盟合作绩效的高低。结合以上两点的分析，我们发现，其一，知识联盟更倾向于使用基于信任的社会控制，而战略联盟更倾向于使用正式的契约模式。其二，正是两类联盟控制模式的差异性，战略联盟更倾向于构建长期稳定的合作形式，而知识联盟更倾向于灵活多变的合作形式，比如在技术研发知识联盟中，联盟成立仅仅是为了某一项合作项目而形成的，当该项目合作终了，联盟自然解体，这是联盟运行高效的体现。

5.1.4　两类联盟动态演化路径相似

Poulymenakou et al.（2004）将战略联盟看作一个生命周期，有①发起阶段；②定型（configuration）阶段；③实施阶段；④稳定阶段；⑤转型阶段（transformation）五个阶段，不同阶段的联盟工作和考评的侧重点也有所不同。国内学者王雪原（2009）则从联盟合作资源的整合过程角度，将联盟演化划分为四阶段：①联盟组建阶段，②初始成长阶段，③快速成长阶段，④联盟成熟阶段，而在每一阶段，联盟资源整合的着力点和联盟工作的侧重点也不同，比如在初建阶段，重点内容就是保障组建的联盟能够在创新资源数量、种类和质量上满足联盟研发与创新的需要等，而在初始成长阶段，联盟成员就开始了知识资源出现交叉匹配进程，在快速成长阶段，各成员应开始展开资源融合阶段，从显性知识与技能的学习转向隐性知识与技能学习的过程，而到了成熟阶段，形成了联盟特有创新资源与核心能力是联盟发展的重心。可以看出，Poulymenakou et al.（2004）和王雪原（2009）的分类方法和考虑维度都非常相似，就是将联盟看作融汇各成员资源，并最终形成特定企业和特定联盟能力的过程。知识联盟（国外学者称之为学习型联盟）与传统的战略联盟相似之处，在于两类联盟发展都存在延续性和循序渐进性（step-to-step approach），前者即所有联盟成员的行动决策都具有延续性，成员间能够相互认可，从而使联盟按照规定的目标持续发展；后者则是指联盟发展的每一步，都依赖于成员对该过渡阶段的洞察力，即合作内容、对象和方式的调整，这也恰恰反映了两类联盟演化的动态性过程特征。成功的学习型联盟（knowledge alliances）会沿着“学习—再评价—再调整”的路径循环演化，而每一次循环的起点都是在原来循环再调整的基础上得到新的提升，进而使联盟由低级向高级阶段发展。因此，二者动态演化的路径与发展理念非常相似。

5.1.5　两类联盟的利益诉求相似

Khanna et al.（1998）曾提出关于联盟合作的利益诉求问题，比如他们界定了联盟内私有利益（Private Benefit）和公有利益（Common Benefit）的内涵，指出前者是指企业把在联盟中学到的有价值的知识运用于同联盟无关的领域而单方面取得的收益。而公共利益则是所有联盟成员均可获取的利益，这部分利益是合作企业在联盟集体监管的市场上所获得的。这两种利益又被称为两种经济租，一种是所提到的联盟公共利益带来的公共租或共享租，这种租是联盟直接带来的，另一种是合作方将从该联盟其他伙伴那里获取到的特殊收益。与战略联盟这种利益诉求分离相类似，知识联盟的目的是获取知识资源，在这里，企业的利益就体现为知识、技术、管理技能等软要素的获取。同样按照利益诉求的分离原理，知识联盟合作企业在联盟中一方面会获得由合作本身带来的双方都可获益的公共知识，也可以按照双方吸收能力和学习能力等而引致的差异化私有知识。

具体来看，我们将上述五个方面的分析结果汇总如下：

表 5-1　知识联盟与战略联盟的异同点汇总 ①

<table>
<tr><th></th><th>比较维度</th><th>知识联盟</th><th>战略联盟</th></tr>
<tr><td rowspan="3">相异点</td><td>资源获取倾向</td><td>知识／技术／技能等价值链高端的知识（软）资源</td><td>价值链低端的资产资源和组织资源</td></tr>
<tr><td>企业联盟动机</td><td>吸收并创造新知识（技术），提高企业</td><td>降低成本、分担风险提高企业的经济绩效</td></tr>
<tr><td>联盟控制模式</td><td>基于信任的非正式关系契约和心理契约模式，形式灵活</td><td>股权合作或者非股权的正式协议，形式相对固定</td></tr>
<tr><td rowspan="2">相同点</td><td>联盟演化特征</td><td>循环螺旋上升的演进路径</td><td>按照生命周期演进</td></tr>
<tr><td>联盟企业利益诉求</td><td>公共和私有的技术与技能等知识</td><td>公共和私有的市场份额、财务收益等可测度的利益</td></tr>
</table>

知识联盟看作是企业诸形式联盟的高级形式，它是若干个企业（或组织）基于 Internet 为标志的网络通信技术将各自核心知识进行有机集成，通过知识传递、知识分享和知识集成等多维互动过程学习和掌握合作伙伴的知识，技能和能力，且与合作伙伴共同创造新知识的动态联盟过程。总而言之，知识联盟是一种战略联盟，然而战略联盟并不一定是知识联盟。

---

① 本表内容作者自行整理。

5.2 知识联盟运行绩效评价维度的提出

5.2.1 评价维度提出的依据分析

如上所述，知识联盟与传统战略联盟存在两个基本的相似点，所以在知识联盟运行绩效评价指标的实际测度上，也存在很多的相似点，一方面，我们可以考虑从知识联盟的构建动机上的利益诉求界定知识联盟的PC评价体系，建立知识联盟，就是为了实现以弥补知识势差为目的的知识转移过程，其结果是造成企业在知识存量上的增长和知识结构上的优化，即提升了企业的知识水平，因此，联盟绩效表现为企业知识水平的变化，而对知识联盟绩效的评估应当从对企业知识水平提升程度的角度来考虑。另一方面，知识联盟又与战略联盟同样具有动态演化的过程特征，因此，我们在考量知识联盟的运行绩效时，也融入了过程评价的度量维度，而且，在知识联盟的运行中，同样很重要的一点就是知识联盟企业在联盟过程中是否满意，所以在过程评价的指标设计中，我们依旧部分沿用了传统战略联盟关于联盟企业对联盟合作的满意度指标。

然而，知识联盟与传统战略联盟又存在诸多的不同点，为此我们构建的知识联盟运行绩效评价体系必须有别于传统战略联盟的绩效指标的设计。比如，在知识发展的PC评价上，就与传统战略联盟的财务以及一些非财务客观指标相区别，我们试图采取从私有知识和公共知识获取的二维视角将二者区别开来，而在过程评价指标设计上，我们也突破了传统战略联盟关于联盟稳定性的考量，而将这种稳定性体现在联盟运行的延续性上，即联盟的终止不代表联盟运行的失败，而相反它可能是知识联盟运行高效的一种体现；另一方面，我们也加入了联盟企业联盟后知识/技术地位变迁的评价指标测度知识联盟的运行绩效，这实际上增进了知识联盟企业在知识转移和联盟学习后知识或技术地位的变化，这也恰恰体现了它区别于传统战略联盟的主要特点。

5.2.2 知识创造结果评价维度

联盟学习在最基本的层面上是指通过企业间的相互作用、交流、阐释和理解来获取、使用和扩散有价值知识的过程。在知识联盟的过程中，对于企业来说，企业的私有知识基础如果能够得到提高，则企业知识联盟的战略目标就能较好地实现，知识联盟的绩效就高，反之，则运行绩效就低。企业的知识基础代表知识存量，知识存量是对知识主体所拥有全部知识的总括：它一方面涵盖了知识的广度，即知识面的多样化，另一方面又涵盖了知识的深度，即在知识演化链上单一知识面所处的相对位置，企业的知识存量服从于由知识的深度和广度所共同决定的函数。一般来讲，知识联盟经历会使企业获取外部知识资源，并在能力提升中增加自有知识基础，反过来，知识基础越强的企业，对知识资源的需求势必也就越大，也更倾向于与其他企业结成知识联盟，从而实现知识存量优势累积递增。

在企业知识存量不断累积的过程中，从知识联盟中获得知识增量可以用本期联盟经历带来的知识增量和企业内外除联盟因素导致的企业知识基础或存量的提升 ε 来诠释。因此，t 期知识存量的变化可以表示如下：

$$\Delta ks = \Delta k_{at} + \varepsilon$$

Δks 表示知识基础增量，Δk_{at} 表示第 t 期联盟给企业带来的知识流量变化，ε 则表示除联盟因素外，企业其他创新活动引起的知识增量。进一步地说，依据私有利益和公共利益的概念，我们认为通过知识联盟经历，企业可以获得公共知识（Common Knowledge）和私有知识（Private Knowledge）。共有知识与前述的共有利益概念相关，它是双方成立合作关系即可享有的“联盟知识”，双方可以共享；私有知识是与私有利益相关的概念，是联盟各方在各自知识基础、学习能力、吸收能力、联盟能力以及学习方式等方面因素的基础上，从合作中获得的差异化知识形态。双方各自独占此类知识，不必主动分享给对方。

5.2.3　联盟合作过程评价维度

知识联盟也和战略联盟相似，具有动态演化的特征，它会沿着一定的路径发展演化。针对这种特征，我们考虑援引战略联盟合作各方对于合作满意度的评价维度，同时考虑知识联盟延续性与战略联盟相异之处，又设定合作关系动态延续性维度以及联盟企业知识/技术地位变迁等三个维度予以考评。

1. **关系满意度维度**。主要评价加入知识合作关系的企业和机构对知识联盟这种组织形式运行效果的满意程度，如合作关系融洽程度、合作目标达成程度等。关于这一点，和战略联盟运行满意度评价类似，在此不再赘述。

2. **合作关系的延续性维度**。传统的战略联盟稳定性往往用联盟所有权变更、联盟存续期限长短以及联盟合约内容是否变化等非财务指标表示，主要体现在联盟形式的延续性，即联盟形式一旦变更，联盟就是不稳定的，因此，联盟的运行绩效就差；反之，如果联盟运行绩效就好。然而，正如上节对知识联盟与战略联盟的相异点分析指出的，知识联盟更侧重短期时效性较强的项目合作，并以项目合作作为联盟关系纽带，组织形式更自由，更松散。这意味着，知识联盟的形态具有模糊性，它的形态可表现为松散、紧密、线性、星态、网络等多种状态，基于重组的知识网络形态具有灵活性，不区分某种形态的优劣。因此，这种模糊型组织形态拥有更强的协调能力，既可以低成本维持某种相对稳定的网络关系，也可以在适当的时机断开原有节点，寻找更具竞争力的知识节点，形态模糊性使得企业不一定长期维持与原有节点的网络关系，可能在某一阶段断开（李江，2008）。所以，从这个角度讲，知识联盟中合作关系的延续性表现在合作再构建的倾向程度。

3. **合作各方技术地位变迁维度**。Khanna et al.（1998）和 Hamel（1991）提出了战略联盟中企业“学习竞赛”的概念，表明以知识创造和组织学习为目的而构建起来的知识联盟中，合作伙伴间的关系是竞合的，这种关系发展导致的必然结果就是合作各方在联盟中技术和知识提升速率的不对称、不均衡发展局面。那么，从联盟的演化角度看，随着学习进程的逐渐深入，联盟中合作伙伴的相对地位与相对议价能力也会产生改变，这种地位的改变是否会导致原本的合作博弈最终转化为不可能达成具有约束力的协议的非合作博弈呢？而非合作博弈的合作各方为保障自己的收益最大，在何种界限上变更是否留在知识联盟的策略选择。为了考虑这种学习效果，我们试图从两个方面加以分析，一种是针对知识联盟内合作方的技术地位变迁，另一种则是针对联盟后，企业在联盟外的行业中的技术地位变迁。

按照传统战略联盟的理论研究结果，企业间战略联盟过程具有类似产品生命周期演化规律的发展过程，所以，更应该考虑根据阶段目标设计的评价维度。然而，知识联盟有别于战略联盟，就在于它的组织形式更为松散和自由，从成立到结束，往往可能仅存留短短的几个月，甚至几天，而像知识/技术密集型的产业集群类知识联盟，存续时间以集群的创立与终结为起讫，很难测度此维度上的绩效表现，所以，我们在指标设计上没有考虑联盟的阶段目标的问题。

考虑到知识联盟的目的和企业动机，我们将评价的重点放在了联盟后，企业知识增量变化以及联盟过程中，企业间的满意度、合作关系的延展性以及合作带给企业的技术与知识地位的变迁等这些知识联盟的重要环节上。传统战略联盟往往是产品导向的正式合作，更侧重用财务以及一些非财务客观指标加以衡量。鉴于知识联盟构建的学习动机和知识创新目的的特性，我们采取以各方从合作项目中所获取的知识基础增量变迁加以考虑。知识联盟运行绩效的评价维度的构建是在理论综述和知识联盟内涵界定基础上做出的初步设计，具体见表5-2。

表 5-2　知识联盟运行绩效评价指标体系

	一级指标	二　级　指　标
知识联盟运行绩效评价	共有知识基础	联合开发出的新技术（知识）的质
		联合开发出的新技术（知识）的量
		管理合作能力提升程度
		获取对方技术（知识）的程度
	私有知识基础	将对方合作范围内的技术（知识）应用于自身其他项目
		运用旧技术（知识）的能力提升程度
		获取外部新技术（知识）的能力提升程度
		开发合作范围之外新技术（知识）的能力
	满意度	合作过程愉快程度
		合作管理过程满意程度
		合作目标完成程度
		合作成果满意程度
		伙伴关系满意程度
	延续性	合作往来频率
		优先再选择原来合作伙伴的倾向
		以往经验指导后续合作的程度
		退出合作的倾向
	地位变迁	自有技术（知识）在合作中的控制地位
		选择合作与否的优先权
		在本行业中的竞争力提升程度
		跨行业合作的机会增多程度

5.3　确定知识联盟运行绩效评价指标体系的实证分析

5.3.1　知识联盟运行绩效评价指标特性

知识联盟实际运行中，其运行绩效应该用什么方式来考评，则是一个值得思考和探讨的问题。如上研究，考虑到知识联盟与战略联盟的异同性，在实际的绩效评价中，我们具体应选取什么指标用来衡量呢？各指标在总体运行较小提升中所占的比重是多少等问题，本节将在专家调查与实证分析的基础上对这些给予解读。

在本研究中，知识联盟运行绩效的评价与测度是一个复杂的系统工程，因为知识联盟具有多阶段性、多样性以及层次性的特点，这些特点决定了其绩效评价指标体系的多角度性。对于它的度量，一般不能采用单一的指标，因为单一指标往往只能反映绩效表现的某一方面，而应该采用多指标从多个角度和层面来反映知识联盟运行绩效更加科学。

5.3.2　知识联盟运行绩效评价指标的筛选

1. 知识联盟知识创造结果绩效评价指标的筛选

在上述分析的基础上，为了测度企业知识联盟知识增量以及联盟过程的运行效果，我们在 Glaister & Buckley（1998），Simonin（1997），Khanna et al.（1998），冷民（2007），Tylor（2005），苏中锋等（2007）相关量表研究的基础上，采用主观评价法构建有效的知识联盟运行绩效测评体系，而舍弃诸如企业财务绩效、市场绩效等客观评价指标。

为了测度和提取有效指标，我们设计了25个题项，分为两部分，第一部分是涉及知识基础提升方面的题项，第二部分涉及知识联盟过程绩效评价方面的题项。

在表5-2初步指标体系构建的基础上，我们选取215个负责学习导向合作项目的管理者作为调研对象，本调查持续2个月，实际收回有效问卷161份，在此基础上，通过用SPSS17.0软件分析，采用主轴法中的主成分因素分析法来萃取各子准则层指标在准则层指标上的载荷程度，保留因素负荷量大于0.6以上之测量题项。通过因子分析，提取知识联盟运行绩效评价的子准则层指标。鉴于知识联盟合作的两个功能，知识创造绩效与运行过程绩效在表述上存在重要差异，统计结果差异性较大的考虑，我们尝试按照我们对知识联盟运行绩效的评价指标体系的分类标准，将知识创造绩效与运行过程绩效分离开来进行因子提取，其分析结果可见表5-3。

从表5-3中企业知识联盟知识创造的因子提取分析结果显示，量表中的变量可以归为二个因子。P5（我们开发出了项目合作范围之外的新知识）、P6（我们运用旧知识的能力提高了）、P7（我们获取其他伙伴新知识的能力提升了）、P9（我们将对方合作范围内的技术知识应用于自身其他项目的能力提升了）等4个因素在第一个因子上载荷较大，因为这些因素都是企业对项目合作之外所得到的额外知识，并不能与合作伙伴共享的，因此，可以将它们所组成的因子1，命名为TP1，即企业私有知识创造；而企业在合作过程中，双

表 5-3　知识联盟知识创造结果绩效的因子提取情况

因子	题项	旋转后的因子载荷		特征值	因子命名
		TP1	TP2		
TP1	P7	**.804**	.081	3.458	私有知识创造
	P9	**.812**	.025		
	P5	**.814**	–.031		
	P6	**.784**	.103		
	P8（删除）	.496	.441		
	P10（删除）	.325	.231		
TP2	P4（删除）	.413	.059	2.036	共有知识创造
	P2	.027	**.854**		
	P1	.142	**.869**		
	P3	–.022	**.783**		

因子提取方法：主成分分析法，旋转方法：Kaiser 最大方差法，18 次迭代旋转后的结果。

方共同享有的收益则在第二个因子上有较高的载荷，变量 P1（我们联合开发出了新技术 / 知识）、P2（我们管理合作关系的能力提升了）以及 P3（彼此获取对方知识 / 技术的能力提升了）则反映了合作中合作各方的共同所得，因此，可以将它们所组成的因子 2 命名为企业共有知识创造。从表 5-4 中的统计结果看，这两个因子累计解释了总体方差的比例均较高，因子提取结果可以接受。而题项 P4、P8 和 P10 则在两个因子的载荷都较小，不足取，因此可以考虑剔除。

2. 知识联盟过程绩效评价指标的筛选

知识经济以及企业扁平化的柔性组织特性使企业规模趋向小而精，小而美，企业的组织结构更富弹性和活力。与此相应地，企业间的联盟关系更趋向于基于社会网络信任机制的非正式契约型联盟形式（龚毅、谢恩，2005）。因此，在知识联盟运行的过程绩效评价中，我们应突破传统战略联盟对合作稳定性的过程考核，而应考虑较为灵活的测度方式，为此，我们将收集到的161份问卷中关于知识联盟过程绩效考评的15个题项进行因子分析。

表 5-4 旋转后的知识联盟过程绩效评价的因子提取表

因子命名	题　　项	提取的因子			
		1	2	3	4
合作延续性倾向	P15（我们合作频率高）	**.874**	.160	–.031	.219
	P17（优先选择原合作伙伴）	**.834**	.111	–.033	.196
	P19（以往经验能指导今后合作）	**.838**	.328	.105	.116
	P13（我们不会退出目前合作）	**.781**	.350	.171	.100
	P14（删除项）	.220	.702	–.023	.386
满意度	P12（合作过程很愉快）	.086	**.893**	.048	–.208
	P18（合作管理过程很满足）	.543	**.898**	.055	.193
	P11（合作目标能够完成）	.527	**.798**	.017	.161
	P16（对合作成果很满意）	.342	**.893**	–.007	.426
	P25（与合作伙伴关系很融洽）	.202	**.898**	.194	.164

续表

因子命名	题　项	提取的因子			
		1	2	3	4
技术地位变迁	P20（我们的技术在合作中能保持控制地位）	.012	.044	**.748**	−.103
	P21（我们有优先选择合作与否的权利）	.038	.176	**.802**	.135
	P24（我们在本行业中的竞争力提升了）	.050	−.072	**.848**	.195
	P22（跨行业合作的机会增多了）	.043	.096	**.644**	.250
	P23（删除项）	.171	.439	.256	.257

因子提取方法：主成分分析法，旋转方法：Kaiser 最大方差法，23 次迭代旋转后的结果。

企业构建知识联盟既是一个合作的过程，也是竞争的过程，既是主动学习对方的过程，也是被对方学习的过程。因此，我们不可避免要考虑在合作中合作方对这一运营过程的综合评价，从表 5-4 的分析结果来看，P15（我们和合作伙伴合作频率高）、P17（我们会优先选择原合作伙伴）、P19（以往经验能指导今后合作）以及 P13（我们不会退出目前合作）等均反映了合作关系的后续性，即表现出合作方后续构建知识联盟的倾向程度，如一次合作后，一方是否有退出合作关系的倾向；一方一旦有新知识 / 新技术方面的需求，是否还会首先选择与原来伙伴合作的倾向，以及管理和监控联盟合作关系的方法和手段等，我们将该因子命名为“合作延续性倾向”指标；P12、P11、P18、P16 以及 P25 则均反映了合作方对合作本身的满意程度，为此我们命名第二个因子为“满意度”指标；而P21、P20、P22、P24则主要围绕着企业知识联盟后，企业技术地位的变化，我们将反映这一特征的因子命名为“技术地位变迁”。这种地位的变化不仅仅针对联盟伙伴，还针对一些同行业非联盟企业。因为，在合作中展开“学习竞赛”（Khanna et al.，1998）的结果可能导致各个企业在市场中的地位发生改变。而且随着学习进程的逐渐深入和竞赛结果逐渐明朗，联盟中合作伙伴的相对地位与相对讨价还价的能力可能产生改变，成功的一方在联盟中取得领先优势和联盟的控制权，会创造有利于自身的学习条件，而相对失败的一方则可能形成对成功一方的依赖。而题项P14和P24则在这些因子上的载荷小于0.6，不足取，因此考虑剔除。

在上述统计结果的基础上，我们汇总了知识联盟运行绩效的评价指标体系5个因子的载荷统计结果如表5-5所示。

表5-5　知识联盟运行绩效评价指标体系因子载荷统计表

目标层	准则层	子准则层	Cronbach's Alpha	KMO	载荷值	累积方差（%）
知识联盟运行绩效评价	共有知识基础	联合开发的技术（知识）成果	0.765	0.683	.854	69.913
		管理合作关系的能力			.869	
		获取对方技术（知识）的程度			.783	

续表

目标层	准则层	子准则层	Cronbach's Alpha	KMO	载荷值	累积方差（%）
知识联盟运行绩效评价	私有知识基础	将对方合作范围内的技术（知识）应用于自身其他项目	0.809	0.769	.804	64.169
		运用旧技术（知识）的能力提升程度			.812	
		获取外部新技术（知识）的能力提升程度			.814	
		开发合作范围之外新技术（知识）的能力			.784	
	满意度	合作过程愉快程度	0.832	0.795	.893	76.951
		合作管理过程满意程度			.898	
		合作目标完成程度			.798	
		合作成果满意程度			.893	
		伙伴关系满意程度			.898	
	延续性	合作往来频率	0.851	0.789	.874	69.291
		优先再选择原来合作伙伴的倾向			.834	
		以往经验指导后续合作的程度			.838	
		退出合作的倾向			.781	
	地位变迁	自有技术（知识）在合作中的控制地位	0.789	0.730	.748	58.532
		选择合作与否的优先权			.802	
		在本行业中的竞争力提升程度			.848	
		跨行业合作的机会增多程度			.644	

5.3.3　知识联盟运行绩效评价指标体系的 AHP 构建

通过对初步指标体系进行筛选和修正，我们建立如表 5-6 所示的知识联盟运行绩效评价指标体系表，鉴于子准则层项目较多，采用问卷调查的方法不利于数据的最后整理。因此，考虑使用 AHP（Analytic Hierarchy Process）方法进一步计算反映每一层次元素的相对重要性次序的权重，并通过所有层次之间的总排序计算所有元素的相对权重并进行排序。层次分析法是对定性问题进行定量分析的一种多准则决策方法，它根据对一定客观现实的主观判断结构把专家意见和分析者的客观判断结果直接而有效地结合起来，将一层次元素两两比较的重要性进行定量描述。

为此，我们在小范围内与 80 名从事联盟合作经历超过五年的研发项目经理就“评价指标与知识联盟运行绩效相关程度相关调查”深入访谈，获取了业界从事知识联盟合作事宜的项目负责人对于如何评价知识联盟运行的有效性而采用的标准和倾向，引导他们对准则层 C、P、S、F、T 以及各子准则层评价指标的相对重要性的因素分别两两比较，构造判断矩阵，计算判断矩阵的最大特征值及正交化特征向量，并对其进行一致性检验，综合分析可得准则层和子准则层各因素对目标层的综合权重，最后计算得出五个准则层指标的综合权重分别为：0.232、0.491、0.046、0.092 以及 0.138。在每一准则层下，我们引导被访者对其子准则层各因素进行同样的计算，并得出下表各子准则层（项目）相对于准则层的相对权重与其相对于目标层的综合权重，核算结果见表 5-6。

表 5-6 基于 AHP 的知识联盟运行绩效评价指标体系

目标层	准则层	综合权重		子准则层（项目）	相对准则的权重
知识联盟运行绩效提高	共有知识创造 C	0.232	0.148	联合开发的技术（知识）成果（C1）	0.637
			0.024	管理合作关系的能力（C1）	0.105
			0.060	获取对方技术（知识）的程度（C3）	0.258
	私有知识创造 P	0.491	0.277	企业获得的新技术（知识）应用于自身其他项目程度（P1）	0.564
			0.126	运用旧技术（知识）的能力提升程度（P2）	0.256
			0.027	获取外部新技术（知识）的能力提升程度（P3）	0.055
			0.058	开发合作范围之外新技术（知识）的能力（P4）	0.118
	满意度 S	0.046	0.003	合作过程愉快程度（S1）	0.076
			0.009	合作管理过程满意程度（S2）	0.206
			0.020	合作目标完成程度（S3）	0.435
			0.011	合作成果满意程度（S4）	0.237
			0.002	企业财务改善程度（S5）	0.046
	合作延续性 F	0.092	0.012	合作往来频率（F1）	0.126
			0.051	优先再选择原来合作伙伴的倾向（F2）	0.557
			0.022	以往经验指导后续合作的程度（F3）	0.242
			0.007	维持目前合作的倾向（F4）	0.075
	技术地位变迁 T	0.138	0.079	自有技术（知识）在合作中的控制地位改变程度（L1）	0.576
			0.013	选择合作与否的优先权改变程度（L2）	0.094
			0.036	在本行业中的竞争力提升程度（L3）	0.261
			0.009	跨行业合作的机会增多程度（L4）	0.068

通过专家访谈和经验调查，就如何看待知识联盟运行绩效总体提升问题，我们发现存在如下基本特征：

1. 准则层的五项指标在大多数项目经理的心中所占的比重，差距比较大。明显占据最重要地位的是私有知识基础提升这一指标，其所占比重几乎达到了一半的比重，再加上共有知识基础提升的0.232 的权重，这两项占据了总指标的 70% 以上，这也充分显示了知识联盟是以企业自身学习为主要目的一种合作形式。

2. 我们也发现除了关注学习的效果之外，企业注意力更多地放在了如何通过知识联盟来改变企业在合作中的技术控制地位的变迁以及在行业中竞争地位的变迁等。这也说明知识联盟合作的直接目的是学习，而其间接的目的则在于提升企业在行业内外的技术地位。

3. 合作延续性以及合作满意度程度在综合评价中占据了较小的比重（约 13.8%），这也说明项目经理在项目合作中，往往忽视如何处理好与合作伙伴的关系，弱化了项目经营的管理过程，从而使得项目合作的延续性不能很好地实现。

为了更好地衡量知识联盟运行绩效，我们提出了以下几个基本策略：

首先，进一步优化具体指标：①提升管理项目合作人员的学历和实践经验门槛；②合作各方展开经常性的非正式交流渠道；③合作各方协议投入合作过程的奖惩机制建设；④建立合作成果的知识产权保护机制等四方面的策略，并通过对 80 名项目管理经理的访谈，利用 AHP 软件得出这四种方案权重如下，提升管理项目合作人员的学历和实践经验门槛（C1）获得的综合权重最高，为 0.452，而合作各方展开经常性的非正式交流渠道（C2）、合作各方协议投入合作过程的奖惩机制建设（C3）则分别为0.208和0.230，建立合作成果的知识产权保护机制则排在当前企业决策的最后，其权重仅占0.110，表明这种方案目前并不被企业所看重。

其次，目前学习型项目合作还存在较为不规范的企业学习行为。应该从以下几个方面加以管理：

（1）充分尊重知识联盟的形态，但不意味着对合作行为的放纵。

知识联盟的形态具有模糊性，它的形态可表现为松散、紧密、线性、星态、网络等多种状态，基于重组的知识网络形态具有灵活性，不区分某种形态的优劣。因此，这种模糊型形态拥有更强的协调能力，既可以低成本维持某种相对稳定的网络关系，也可以在适当的时机断开原有节点，寻找更具竞争力的知识节点，形态模糊性使得企业不一定长期维持与原有节点的网络关系，可能在某一阶段断开。所以，放纵合作中的学习行为，必然会导致合作后续性的断裂以及学习的机会主义行为的出现，最终无法真正实现学习型合作关系的确立。

（2）企业应更注重知识网络的整体性构建。知识具有有机性、外生性、惯性、变异性以及逻辑谐和性等特点（和金生、李江，2008），从生物学视角看，知识就是一个个待连接的基因片段，以知识嫁接为主的知识联盟具有整体记忆性，这使得企业与原有知识节点成功整合知识的经验能够被双方所记忆，这种记忆能使双方的下一次结网过程更加顺利地进行。当达到企业的知识需求时，企业可以重新与该知识节点结网，双方的经验记忆能够降低结网的成本，提高再次结网的成功性。而一旦失去网络构建的延续性，则可能需要付出巨大的结网和新知识搜寻成本。

（3）进一步加强学习导向型项目的知识管理力度。知识管理中的知识的创造、收集、提炼和发挥作用是企业知识管理的重要步骤。从一个合作项目中获得知识的多少以及其带来的后续效果的大小，都恰恰反映了一个项目团队能否成功应用其所拥有的知识的表现。在学习导向型项目中，一个项目的独特经验也正是一个企业不可多得的知识。对以项目为主的企业来讲，知识管理力度的高低也必将是其竞争优势的必然走向。

5.4　知识联盟运行绩效评价指标体系的设计特征

5.4.1　侧重知识存量发展的 PC 评价

企业的知识基础代表知识存量，知识存量是对知识主体所拥有全部知识的总括。它一方面涵盖了知识的广度，即知识面的多样化，另一方面又涵盖了知识的深度，即在知识演化链上单一知识面所处的相对位置，服从于由知识的深度和广度所共同决定的函数（杜静、魏江，2004）。因此，我们定义 t 期企业的知识基础为：

$$KS_t = f(ks_{t-1},\ ka_t) \qquad t \in [0,\ n],\ n \text{ 为整数}$$

KS 表示知识基础（存量），下标 t 和 $t-1$ 分别代表 t 期及其前一期，ka_t 则代表企业第 t 期知识联盟经历。其中 t 按照联盟次数划分，所以，它是从 0 到 n 的整数。一般来讲，知识联盟经历会使企业获取外部知识资源，并在能力提升中增加自有知识基础，由此，可以看出，企业知识基础是 *ka*（knowledge alliance）的增函数；反过来，知识基础越强企业，对知识资源的需求势也就越大，对知识资源的消耗就越大，于是更倾向于吸收外部知识资源，即更有倾向于与其他企业结成知识联盟，进而知识资源的拥有量不断增加，从而形成知识存量优势累积递增的"马太效应"。进一步地说，依据 Khanna et al.（1998）关于私有利益和公共利益的概念，我们认为通过知识联盟经历，企业可以获得两类知识：

1. 共有知识。企业同其他企业合作形成的可以供各方共享的知识定义为公共知识（Common Knowledge），Inkpen（1998）将这种合作伙伴所特有的、对企业有着重要的战略价值的、不通过与该合作伙伴组建企业联盟就无从学到的知识称为"联盟知识"（alliance knowledge），这部分知识是只属联盟合作项目本身的知识，一旦项目完成，双方都可以完全吸收。

2. 私有知识。私有知识是企业通过联盟形式，逐渐构建起来的私有知识 / 技术 / 能力（Private Knowledge），关于这部分知识的获取，鉴于联盟各方的收获鉴于各自知识基础、学习能力、吸收能力、联盟能力以及学习方式等方面的因素，其知识形态及知识存量、知识质量都会不同。除此之外，这部分知识是企业除联盟合作项目之外企业独立形成的专有技能，项目一旦完成，联盟各方各自独占，各方不会直接分享给本次联盟伙伴。

5.4.2 侧重合作延续性评价

鉴于合作控制方式的差异，传统战略联盟往往采取股权联盟和基于契约关系的非股权联盟两种最基本的组织形式。不管是采取股权联盟还是采取基于契约关系的非股权联盟形式，联盟企业都是以正式的契约关系而合作的。随着知识经济以及企业扁平化的柔性组织的发展，企业的规模趋小化，企业组织结构也越发变得灵活而具有弹性。与此相应的是，企业间的联盟关系越来越倾向于非正式化，它更趋向于基于社会网络信任机制的非正式契约型联盟形式。因此，在知识联盟运行的过程绩效评价中，我们也突破了传统战略联盟对于联盟稳定性的考量，而将这种稳定性放在联盟运行的延续性上，即联盟终止不代表联盟运行的失败，而相反它可能是知识联盟运行高效的一种体现。

5.4.3 侧重合作主体知识 / 技术地位变迁评价

企业与其他机构构建知识创新体，直接的目的在于在合作中获得对方知识，并在面对面以及项目合作的基础上，获得合约之外的一些复杂的、不可言传的隐性知识。然而，间接的目的实际上是获得知识 / 技术创新能力以及地位的变迁。为此，在考量知识联盟评价指标体系时，我们也加入了这一指标，这实际上增进了知识联盟企业在知识转移和联盟学习后知识或技术地位的变化。另外，与传统的战略联盟一样，知识联盟合作关系的确立同样面临着合作各方日常交往活动以及合作目标达成程度等现实的问题，为此，构建满意度指标也是进行知识联盟运行绩效评价的不可缺少的一个组成部分。

5.5　本章小结

本章阐述了知识联盟区别于传统战略联盟的特征，并洞察出两类联盟的基本相似点，即动态过程特征及联盟企业知识诉诸的PC特征，借助已开发出的战略联盟运行绩效评价维度和指标，首次自主开发出来一套评价指标体系，弥补了国内本领域研究的空白，这对今后国内外学者就知识联盟（学习型联盟）的进一步实证研究，提供了可供借鉴的量表具有一定的理论和实践意义。在此，我们对绩效指标体系进一步做一些补充说明。

其一，尽管我们也已经意识到知识联盟的运行绩效考评应该按照事前、事中与事后评价相结合的原则设计题项（王雪原，2009），然而考虑到庞大的指标体系以及测度的难度，我们摒弃了传统战略联盟的主要是从事后评价入手的传统，而将重点放在了联盟过程的评价上。为了避免过于偏离结果评价的轨道，我们在过程评价中也融入了对合作结果的考察，比如“我们与联盟伙伴的合作目标可以按进度完成”就是过程+结果的评价题项。考虑到知识联盟不以合作关系快速终结作为评价绩效的重要指标，我们也没有在指标体系中加入事前，即知识联盟前的绩效评价，而是在我们今后的研究中，将事前因素作为联盟过程绩效的一个重要影响因素。

其二，按照传统战略联盟的理论研究结果，战略联盟具有类似产品生命周期的演化发展过程，而这主要体现在联盟组织结构的变迁上。这是因为大多数早期关于战略联盟的研究都围绕着跨国合资/合作经营公司而展开的，这些联盟形式大多采取了基于股权合作或非股权的正式契约关系的，往往有正式的联盟监管机构，所以联盟运行绩效的具体表现往往由联盟各个阶段的具体特点所决定。所以，更应该考虑根据阶段目标设计评价指标。然而，知识联盟有别于战略联盟，就在于它的组织形式更为松散和自由，从成立到结束，往往可能仅存留短短的几个月，甚至几天，而像知识/技术密集型的产业集群类知识联盟，存续时间则是每时每刻的，所以，我们在指标设计上没有考虑联盟的阶段目标的问题。

其三，考虑到知识联盟的目的和企业动机，我们将评价的重点放在了联盟后，企业知识增量变化以及联盟过程中，企业间的满意度、合作关系的延展性以及合作带给企业的技术与知识地位的变迁等这些知识联盟属性的重要演变环节上，而没去考虑诸如企业财务绩效、市场绩效等客观指标的评价。

第六章　知识联盟运行绩效影响效应的实证研究

6.1　问卷设计与数据收集

6.1.1　问卷设计

问卷是管理学科调查收集数据的最重要工具之一。问卷法是通过书面形式，以严格设计的心理测量项目或问题向研究对象收集研究资料和数据的一种方法。问卷设计的最高层次是问卷的构思与目的，不同目的和理论依据决定了问卷项目的总体安排、内容和量表的构成。研究者需要依据研究的目标确定收集哪些数据，从而确定需要设置哪些问题。

本书在实证研究部分主要采用问卷调查的方法，收集研究所需的数据。本研究中问卷设计主要围绕着各要素如何影响知识联盟运行绩效如何的问题而展开。问卷共分为两部分，第一部分为被调查企业基本信息表，主要衡量被调查企业的基本情况，也是本研究实证部分控制变量包括个别自变量的主要信息提供部分，在这一部分中，我们设计了 8 个问题；第二部分主要衡量各变量指标，在这一部分中，我们设计了74个问题，围绕这些部分的研究目的和研究内容，所设计的调研问卷包括如下几个方面的基本内容（详见附录1）：

① 问卷介绍与填写说明；

② 问卷第一部分，主要是问卷填写者和企业的基本信息；

③ 问卷的第二部分，主要是针对各变量指标的测度而设计的问题，是问卷的主体部分。

本问卷是在阅读大量研究文献的基础上，参考国内外一些较为成功的调查问卷及量表，在原有表述的基础上整理而得。通过对企业的深度访谈和预测试，反复征询被访谈者和被调查者的意见并进行了修正，同时考虑了问题表述的明确性、客观性、易于理解性而逐步设计而成的。首先征求专家和学术团队的意见，问卷征询了作者所在的学术团队，同时征询了近百名高科技产业园区管委会资深管理人员，认真了解企业的发展现状和特点，根据建议对初始调查问卷进行了修改。

其次，对修改后的调查问卷进行预测试，以验证调查问卷中指标设置和问卷表述的合理性。预测试的范围主要选择江西省、天津市高新技术产业园大约20家企业进行，调查对象为企业内的中高层领导以及联盟管理工作部门负责人。根据被测试者的反馈和建议，对一些指标测度题项的表述方式和语言进行了修改，比如，替换掉了原问卷中的“联盟”字眼，因为目前的知识创新很大程度上不是基于股权式的投资合作方式，而大多采取了基于项目合作协议的方式构建的合作关系，面对“联盟”字眼，很多受访者感觉不切实际，因此改换成“合作”，得到较好的效果。另外，题项表述方面，也尽力表现出问句的通俗性，因为并不是所有的企业高级管理人员或者从事合作创新工作的人员都是知识管理方面的专家，比如，我们把原来的“我们会把联盟学习交流的经验整理存档以供以后参考”调整为“我们会把合作中产生的问题和解决方案整理存档以供以后参考”，以及“我们彼此都把对方看作学习的竞赛者，唯恐投入到合作中的知识多于合作中获得的收益”这些相对拗口、不简明的问项更改为“我们彼此都把对方看作竞争对象，唯恐比对方学到的知识少”，这样一般的受访者就都可以接受。另外针对一些受访者认为，“好多的商业其实大多做的都是服务”这样的观点，我们认为，实际上知识创新表现在多方面，管理技能创新、服务理念创新、技术创新、管理流程创新等都属于企业知识联盟的学习倾向，因此，在设计企业合作学习倾向指标时，我们调整了原题项表达，去掉了“过程诀窍”之类较高的专业性词汇，从而增加了问卷的可读性，方便受访者理解。在此基础上形成了最终的调查问卷。

我们所设计的问卷要求能为研究内容提供所需要的有效数据，运用描述性统计分析以及相关分析、因子分析、结构方程模型对这些数据进行统计分析。

（1）调研对象：采用多阶段分层的抽样调研的方法在全国范围内有重点的选取部分联盟形式，这包括全国不同城市的不同行业乃至行业间的联盟形式。我们发放 5000 份问卷，走访专家以及实地调研等多种方式对调研对象的运营绩效进行调研。

（2）调研内容：将就下列问题进行调研，知识联盟类型、知识联盟企业的学习动机、学习行为、学习能力以及学习模式等进行调研；知识联盟控制方式、知识联盟网络结构以及知识联盟内企业间的信任程度和文化差异程度等联盟方面的特征。

6.1.2　数据收集

数据的收集来自我们所设计的调研问卷中获得第一手数据资料，本研究主要对知识联盟管理人员的意见和经验的收集，这是因为，主要是他们负责联盟正常运转而接受一些操作环节，所以在联盟如何成功及如何促使联盟成功的因素分析中，他们最具发言权。问卷的填写人主要是针对那些有过较长联盟操作经验的联盟主管人员或者参与到联盟管理的企业相关工作人员。这样的问卷调查工作注定是艰难的，找到这样的高层管理人员并得到企业的配合，是比较困难的。为了解决这个问题，我们的数据收集工作采取以下几种方式：

（1）以电子邮件方式向国内大型企业大范围投放问卷

为了增加这种电子邮件投放问卷回收的有效性，我们首先通过电话与预调查企业的相关技术研发部门和项目合作部门确立联系，再将问卷发放给被调查企业的相关人员，并由某一个联络人统一联络收集。

（2）调查问卷的发放

本次调研在高新技术比较密集的经济开放区发放大量问卷，并与技术合作项目经理们有正面的接触，从而增加了对问题的深入理解。另外，借助这些社会网络关系，我们还可以对技术研发和知识创新活动频发的医药化工行业展开系统的调研，问卷的发放以朋友为据点，集中收集的方式，收到较好的回收效果。

所有这些问卷，我们都向被调查者保证机密性并承诺研究一旦完成，如需要将送给他们有关研究发现的集合报告。在问卷发出后，研究者选择恰当的时间与被调查者进行电话、QQ 以及电子邮件或通过社会关系进行联系，以提高回答问卷的积极性。

这次调查共发放问卷 5000 份，回收问卷 1021 份，严格审核，剔除掉前后矛盾的、关键题项未填写的等无效问卷，我们共收集上来有效问卷 264 份，回收和有效问卷分别为 20.42% 和 25.86%。

6.2　解释变量指标测度量表的设计

变量设计主要分为三部分，第一部分为解释变量，包括知识联盟自身特征以及知识联盟企业学习特征共 9 个指标；第二部分为一个中介变量，即转移知识的属性特征；最后一部分是被解释变量，已在第五章数据分析以及专家访谈的基础上进行了筛选，并形成了最终的知识联盟运行绩效评价指标体系。

为了方便问卷的填写和数据收集，本研究所有变量均采用 5 级李克特（Likert-type）打分法进行衡量，从非常不符合到非常符合，1 表示“非常不符合”，2 表示“不符合”，3 表示“不一定”，4 表示“符合”，5 表示“非常符合”。

6.2.1 联盟网络关系特征变量的测度

1. 网络控制的测度

在苏中锋、谢恩等（2007）以及冯进路（2007）等学者研究成果的基础上，对于知识联盟的控制机制，我们选取如下7个题项加以测度：

（1）我方对于合作者的行为按照合同规定进行了监督；

（2）只有当合同规定了所有的合作细节后，双方才可以顺利地合作；

（3）合作方履行合作责任基本不需要彼此相互检查和监督；

（4）双方倾向于在合同中详细地说明合作所涉及的全部细节；

（5）我们经常通过各种指标（财务指标或市场份额/占有率等）来检查合作的发展情况；

（6）我们和伙伴的合作内容和方式根据需要灵活变动；

（7）在合作过程中，我们鼓励双方可以在内容的基础上进一步拓展合作的范围。

2. 网络结构的测度

基于Burt（2002）、Granovetter（2002）以及李江（2008）等关于社会网络与知识网络的分析，我们认为，对知识联盟网络结构的测度主要应该从关系网络多元化程度、密度、规模、集中性、开放度等几个方面加以考虑，由此，我们尝试用如下几个题项衡量知识联盟网络结构的特征：

（1）我们除了与合作伙伴合作过之外，还和其他机构进行过类似项目合作；

（2）我们与合作机构合作次数很多；

（3）现在的合作是通过之前与我们合作的机构介绍而实现的；

（4）我们与行业内外交流的机会很多；

（5）我们不断尝试寻求新的合作的机会。

3. 信任程度的测度

依据 Inkpen & Currall（1998）和 Garcia-Canal et al.（2002）关于心理信任（Psychological Trust）、社会信任（Social Trust）和结构或制度信任（Structural & Institutional Trust）以及 Kale et al.（2000）的友善信任（Goodwill Trust）和 Khanna et al.（1998）的能力信任的内涵界定，本研究在 Cummings & Bromiley's（1996）和 Nielson（2002）关于信任水平的衡量量表，我们设计下列题项，测度企业知识联盟内的信任水平：

（1）我们之间的合作依赖于双方项目负责人的关系；

（2）我们相信为合作投入的知识能带来好收益；

（3）我们相信合作伙伴具备履行合作义务的能力；

（4）我们相信伙伴不会背弃我们；

（5）不管负责人是否变更，都不会影响到我们之间今后的进一步合作。

4. 文化距离的测度

在联盟的合作伙伴之间，各方的文化差异（距离）如果足够合适，那么就会很大程度上避免联盟伙伴之间的道德风险和摩擦；反之，如果知识联盟的合作伙伴之间对企业文化方面的理解相互抵触，而在文化认知力上的分歧会对联盟成员间的学习交流以及联合知识创造产生巨大的冲击，进而影响知识联盟运行绩效。为此，在 Sarkar et al.（2001）量表基础上，我们从以下四个题项测度知识联盟伙伴间的文化距离：

（1）我们与合作伙伴的组织文化不相同；

（2）各合作方的项目负责人处理业务的方法差异很大；

（3）各方合作学习的动机差异很大；

（4）合作方主营业务领域差异比较大。

6.2.2 学习特征的测度

1. 机会主义和保护主义学习行为测度

通常来讲，知识联盟中企业的学习行为可以分为按约定的计划学习，即开放学习行为和未按照约定的非计划学习，即隐蔽学习行为两类。鉴于两者是对偶关系，所以在本书中，我们仅对后者予以测度。联盟学习中的保护行为体现出企业对自身知识流出的黏滞程度（the degree of stickiness）（Szulanski，1996）以及伙伴企业限制受访企业进入其知识 / 能力（尤其是受访企业自认为的核心知识 / 能力）的程度。而机会主义学习行为同样具有学习的隐蔽性，体现在合作方在学习过程中表现出来的“搭便车”现象，即与合作伙伴形成学习竞赛之势，以对方的损失为代价，主观上获得更多的知识收益的行为。为此，在 Simonin（2004）、Nielsen（2002）量表的基础上，我们设定如下题项：

（1）我们非常注意保护自己的核心知识；

（2）我们发现合作伙伴非常注意保护其核心知识；

（3）我们想从合作方获取合约之外的核心知识；

（4）合作伙伴想从我们这里获得约定之外的核心知识；

（5）我们彼此都把对方看作竞争对象，唯恐比对方学到的知识少。

2. 学习能力测度

企业在联盟中的学习能力集中通过两种能力体现出来，其一就是企业的联盟能力，联盟能力是基于以往的联盟经验，企业有效获取、分享和扩散联盟管理诀窍的能力。因此，企业通过联盟经验累积，可以不断将联盟管理的诀窍知识在企业内积累和扩散；其二就是企业对从联盟中学到的知识吸收的能力，是企业知识联盟汲取伙伴知识的最主要体现。因此，在 Hamel（1990）、Pucik（1988）、Kale & Singh（2007）、Cohen & Levinthal（1990）以及关涛（2006）等关于学习能力量表的基础上，以及基于上述分析，我们开发如下量表，具体见表 6-1。

表 6-1 知识联盟成员学习能力测度量表

联盟（管理）能力	企业知识吸收能力
（1）我们已派遣到联盟工作中的人员对联盟工作训练有素 （2）我们合作工作的负责人经常报告联盟进展及绩效表现 （3）以前的合作经验能够指导我们构建和监管目前的合作关系 （4）我们会把联盟学习交流的经验整理存档以供以后参考	（1）在从事合作事宜的人员队伍中，有经验丰富的实践专家 （2）在从事合作事宜的人员队伍中，有较高理论修养的专家 （3）我们有能力把从合作伙伴那里学到的知识应用于其他非合作项目 （4）我们有能力对合作伙伴的知识做适应性改进

3. 学习模式测度

Argyris（1996）开创性地提出两种不同的学习模式，即单环学习和双环学习。单环学习，即“知道如何做”，主要是用来发现并纠正不符合个体和组织现有规范的偏差，实质就是指通过学习来维持个体或组织的现状。而双环学习则让人“知道为何这样做”，是个体或组织对行为正确与否进行反思的认知模式，可以说，单环学习是一种适应性的学习，而双环学习是一种创造性学习。单环学习的缺陷在于，当组织目标自身存在问题时，组织没法进行修正，也不能采取恰当的措施来使组织适应不断变化的环境。而双环学习有利于向组织中根深蒂固的观念和规范提出了挑战，更容易提出截然不同的问题解决办法，从而有利于实现变革的巨大飞跃。

如同任何一个学习型组织，加入知识联盟合作学习的企业，面临着如何向伙伴学习的问题，即企业选择单环学习模式还是动态的双环学习模式会对知识联盟学习效果产生直接影响。对此，在Hamel（1990）以及我们Argyris（1996）对单双环学习模式的内涵界定的基础上，我们开发出如下量表，对知识联盟企业学习模式或风格予以测度：

（1）我们习惯于与合作伙伴学习 / 传授约定的内容；

（2）我们鼓励从事项目合作的人员多体会对方的隐含性知识；

（3）从事合作事宜的员工敢于质疑我们既定的项目合作方针。

6.2.3 知识模糊性的测度

Simonin（1999）把知识模糊性归为知识本身的隐性（Tacitness）、专用性（Specificity）和复杂性（Complexity）。知识的隐性根植于特殊情境的个人行为与参与过程之中，不能轻易共享和交流；一种资产的专用性指的是，它被重新配置于其他用途以及被其他使用者不丧失价值地使用的困难程度（Williamson，1985）。作为一种资产，企业投入知识联盟合作的知识资产也具有专用性特征，这表现在它对其所有者的黏性特征，即它为竞争者制造了模仿壁垒，具有不易被二次获得它的使用者应用的特征，它只是在某一个专门的领域或者某一个专门的人那里才能发挥最大的价值，换一个人或者领域则可能丧失其部分甚至全部价值的特性。具有专有性特点的知识具有很大程度上的模糊性，不易被复制到其他的组织或者个人中去，给知识的传递和整合造成了困难。知识的复杂性则来源于数量众多的技术、组织惯例和基于个人或团队的经验，即知识的复杂性或依赖于背景或依赖于个体，背景为某一种知识对其他辅助知识的依赖，高度依赖背景的知识为系统知识（张红兵，2009），在具体分析中，我们可以把知识的背景依赖与知识隐性、知识专用性等合称为知识的模糊性。

知识联盟运行绩效表现如何，除了受与我们上述提及的知识联盟自身网络以及联盟企业的学习特性等属性影响之外，还受到知识联盟合作的客体即知识本身的影响。为了分析知识模糊性对知识联盟运行绩效的影响，我们构建了知识属性这一变量，作为中介变量，对分析结果予以比较分析。关于这一点，我们在 Simonin（1999），Nielsen（2002）的研究基础上，设计了如下几个题项来测度知识联盟内企业转移的知识黏性 / 复杂性以及模糊性。

我们在与合作伙伴学习的过程中发现：

（1）对方（或我们）的知识只有具有丰富实际操作经验的人员才能接受；

（2）对方（或我们）的知识需要具有较高理论修养的人员才能接受；

（3）对方（或我们）的知识不能适用彼此的工作环境；

（4）对方（或我们）的知识不宜口头传授；

（5）对方（或我们）的知识没有什么可供参考的书面文件。

6.2.4　动态因素的测度

动态因素是知识联盟构建以后，知识联盟发展过程中会出现的一些驱动变化的因素，这些动态因素会对联盟整体运行绩效产生影响。所以，在 Poulymenakou et al.（2004）、Reuer & Zollo（2000）、Lunnan et al.（2008）、Arino & de la Torre（1998）以及 Doz（1996）、Simonin（2004）的研究基础上，我们认为，知识联盟发展中的动态因素主要包括三种情况：（1）联盟成员的参与度变迁，（2）联盟企业联盟管理工作人员变化，（3）在不同类型的知识联盟发展中，企业间的竞争程度也会发生不同的变化，这种变化反映出联盟发展的动态性。为此，我们设定了如下因素考量联盟动态变化，具体设置了如下几个题项：

（1）我们越来越相信我们的合作伙伴了；

（2）合作伙伴对我们的承诺（合作机会、开放自有知识）越来越多了；

（3）我们更愿意向合作伙伴承诺（合作机会、开放自有知识）了；

（4）合作伙伴从事项目合作工作的人员经常变化；

（5）我们从事合作工作的人员经常变化；

（6）我们之间的关系正从合作向竞争方向转化。

6.3　样本与变量的描述性统计

描述性统计分析是用以说明样本数据结构，是将问卷数据进行单一变量的叙述性分析，将受测者对各变量之意见均值作概略描述。主要对样本基本情况，包括企业的区位、业务、规模、年限等因素进行分析，说明各变量的平均值、百分比。描述样本的类别、特性及比例分配情况。

6.3.1　知识联盟基本类型

有关知识联盟的基本类型的测量我们采取从三类标准分别加以分析的方法：

其一，按照联盟控制方式划分，将知识联盟划分为股权契约合作、项目合作契约协议以及基于信任的非契约协议三种，并作虚拟变量处理，1 为股权式知识联盟，2 为项目合作契约协议，3 为基于信任的非契约协议。

其二，按照知识联盟双方学习的互动性和技术地位，我们将知识联盟分为:（1）合作方相互学习类型;（2）获取对方知识为主的合作学习;（3）向对方传授自己知识为主的合作学习以及其他四种类型。

其三，我们按照知识联盟中企业与伙伴学习的互动性划分，将知识联盟划分为双向知识联盟（设为1），单向知识联盟（设为2），不定向知识联盟（设为3）。

6.3.2　样本企业的描述性统计

企业规模的测量可以从其营业额、注册资本、员工人数等多方面加以衡量，本书中，我们采取典型的关于企业规模的衡量尺度，即:（1）员工人数小于50人的为小企业;（2）处在51到250人之间的为中型企业;（3）而250人以上的企业则属于大型企业。

企业成立年限，即被调查企业从建立到被调查所持续的时间，以年为计数。

企业所属行业类型则以选取以主营业务为特征的行业类型，并着重选择了技术研发行为密集发生的几个行业作为样本，其余收集的样本企业的行业属性则统一以“其他”处理，我们选取的样本中，其他行业主要包括传媒行业、物流产业、外贸行业等，其中，样本企业的基本属性具体可见表6-2，样本企业所属的知识联盟类型情况见表6-3。

6.3.3　单维度变量的描述性统计与因子载荷情况

从变量的特征、定义以及统计结果来看，网络结构、动态因素变迁2个子量表它具有典型的单维度的特点，其描述性统计以及因子载荷情况如表6-4所示。

表 6-2　样本企业的基本属性

	类　别	频　率	有效百分比
主营业务所属行业	医药化工行业	53	19.9
	传统制造业	18	6.8
	软件开发服务	67	25.5
	农　业	23	8.7
	咨　询	34	13.0
	通信行业	26	9.9
	其他行业	43	16.1
企业规模	小企业	113	42.9
	中型企业	90	34.1
	大型企业	61	23.0
所属地区	石家庄市	51	19.3
	北京市	33	12.4
	天津市	34	13.0
	南昌市	100	37.9
	洛阳市	36	13.7
	其他省市	10	3.7
	合　计	264	100.0

表 6-3　样本企业所属的知识联盟类型

	类　　型	频率	有效百分比	累积百分比
按项目属性分类	接受 / 吸收合作伙伴的知识	58	36.0	36.0
	向合作伙伴提供服务	67	41.6	77.6
	合作开发新技术	16	9.9	87.6
	合作推广新技术	18	11.2	98.8
	其他	2	1.2	100.0

续表

	类　型	频率	有效百分比	累积百分比
按学习类型分类	合作各方相互学习	79	29.8	29.8
	获取对方知识为主的合作学习	103	39.1	68.9
	向对方传授自己知识为主的合作学习	72	27.3	96.3
	其他	10	3.7	97.5
按合作对象分类	与企业合作	92	34.8	34.8
	与大学 / 科研院所合作	87	32.9	67.7
	与政府合作	34	13.0	80.7
	与中介机构（行业协会、联合会、生产力促进中心等）	36	13.7	94.4
	其他	15	5.6	100.0

表 6-4　单维度题项描述性统计及因子载荷系数

题　项	描述性统计		因子载荷系数	特征值	累计方差贡献率（%）
	平均值	标准差			
N 网络结构子量表					
N1（网络多元化）	3.2112	1.04529	.905	3.234	64.680
N2（网络密度）	3.3416	1.07880	.897		
N3（网络集中度）	3.6087	.79980	.845		
N4（网络规模）	3.7329	.73958	.838		
N5（网络开放度）	2.6708	1.31233	.541		
D 动态因素变迁子量表					
D1（信任程度）	3.1304	1.20484	.764	3.063	51.057
D2（对方参与度）	3.3851	.95565	.769		
D3（我方参与度）	3.6149	.80671	.837		
D4（对方人员变更）	2.9938	1.10960	.576		
D5（我方人员变更）	3.2645	1.27427	.823		
D6（竞争关系变更）	2.2795	1.36112	.522		

从上述统计结果来看，网络结构的均值，除了N5以外，其余题项均在3以上，说明被调查企业的网络呈现多元化、较高密度、集中度，企业的社会网络规模则接近于4，说明被调查企业行业内交流的机会很多。但是，对于网络开放度，企业呈现出处在均值以下的状况，表明被调查企业整体上处在较为封闭的社会网络结构中，这与网络集中度较高（3.6087）的统计结果是一致的。

动态因素变迁量表的作为一个独立因素，解释了51%以上的变差，各题项均值大小不一，反映了合作发展过程中各种动态因素参差不齐的变迁趋势。D6均值为2.2795，低于均值，这也说明在企业与合作方合作过程中，从总体上说，双方尽管存在一定的竞争关系，但是这种竞争关系依然是以合作为主的。在负责合作事宜的管理和工作人员的变更上，被调查企业的一方人员变更程度要大于对方，但差距不大。D2和D3均值都在3以上，说明双方随合作过程逐渐增加了自己的知识投入程度，提升了参与合作的程度。

6.4　实证研究的逻辑顺序

本研究根据全部有效问卷的调查数据建立数据库，验证理论分析所提出的假设模型。本研究的资料分析主要依各研究变项进行基本分析与整体模式两部分，在基本分析方面是以SPSS 17.0来进行分析，而在整体模型的分析与检验则是以Amos 7.0来进行分析，对本研究提出的基本假设进行检验，以确定包含各种假设关系的最终结构方程模型。

（1）因子分析

本研究进行因素分析之前，先作Bartlett球形检定（Test of Sphericity），以检定各变项所组成的相关矩阵，若球形检定达到0.05的显著水平，则表示量表各变项的相关矩阵有共同因素存在；接着进行Kaiser-Meyer-Olkin（KMO）检定，其MSA值（Measure of Sampling Adequacy）大于0.5以上时，表示适合进一步作因素分析。本研究利用“主成分因素分析法”（Principal Components）来萃取测量题项之共同因素，萃取时以Kaiser（1974）标准选取特征值大于1的主成分，以直接斜交转轴法（Direct Oblimin）计算各变项之因素负荷量（Factor Loading），若因素间无显著相关性则再以最大变异转轴法（Varimax）萃取因素。最后，保留因素负荷量大于0.5以上之测量题项，再根据变项之题意进行各因素之命名。

（2）信度和效度检验

效度是指衡量工具能够测出研究人员所要衡量之事物的程度。本研究以内容效度（Content Validity）及建构效度（Construct Validity）判断数据的可靠性及正确性。内容效度旨在系统地检查问卷内容的适切性，是指该衡量工具能够涵盖研究主题的程度，其内容效度的逻辑类型，决定于研究者的主观判断。所谓建构效度是指测量工具能够测量得理论上的建构或特质的程度。因此，若建构量测工具的理论基础或是来源是健全的，此量测工具的建构效度必然可以接受。总而言之，效度是检验是测量工具能正确测量出想要衡量的性质的程度，测量正确性。

信度是指测量资料的可靠性，即一份测验所测得的结果“稳定性”或“一致性”如何。Cronbach's α 系数（1951）是测量内部一致性的方法，其适合针对 Likert 量尺进行信度分析。本研究以 Cronbach's α 来检定问卷中各因素之衡量变量的内部一致性程度，Guielford（1965）认为该系数大于 0.7 则表示内部一致性高，系数小于 0.35 则表示内部一致性低。

（3）相关分析（Correlation Analysis）

计算各类变量的相关系数，借以初步了解本研究变项包括等变量之间的相关程度。以皮尔逊相关系数（Pearson Correlation）分析各自变量间的相关关系系数，考察各变量是否显著相关，为下一步分析进行铺垫，同时剔除无相关关系的部分假设，简化结构方程模型。

（4）结构方程模型

用结构方程模型讨论知识联盟自身特征因素、联盟企业学习特征以及联盟转移知识的特征因素与知识联盟运行绩效三组变量之间的关系，检验研究假设。

（5）拟合优度检验

模式适合度评鉴的目的，主要是判断研究者所建构的理论模式是否能够对实际观测所得的数据予以合理的解释。以下就配适度指标作一说明：（1）卡方值（Chi-Square：χ^2）与 NCI（Normed Chi-Square Index），卡方值是用以对研究者所提出之理论模式与观察所得数据可以配适的虚无假设进行适合度检定，因此，若卡方值越大，代表理论模式与实际数据的配适情形越差，但是卡方值对样本数极为敏感，容易随着样本数的大小而改变；当样本数太大时，卡方值将会相对提高，而容易达到拒绝虚无假设的现象；若样本数太小，卡方值容易不显著，使研究者容易接受虚无假设。因此，卡方值并不适宜作为配适度指标。Hu & Bentler（1995）建议以 NCI（χ^2/df，卡方值除以自由度）作为配适度的判断指标，当 NCI ＜ 3 时，表示模式配适度可以接受。（2）调整后的适合度指数（Adjusted Goodness of Fit Index；AGFI）表示由理论模式所能解释实际观测数据的变异数与共变异的量，因此，AGFI 越接近 1 表示此模式的解释能力越高，配适度越佳。其可对不同自由度的模式进行比较，一般而言，AGFI 的值至少应大于 0.8，此模式的配适度才可被接受。（3）平均方根残值（Root Mean Square Residual；RMR）是配适残差变异——共变数的平均值平方根，反映的是观测资料的变异——共变与推估的变异——共变异的残差大小，故 RMR 越小，表示理论模式与观测数据的配适情形越佳；若分析的是相关矩阵，RMR 的可接受标准为 0.05 以下；若分析的是共变异矩阵，RMR 至少要小于 0.1，方可接受。（4）增益性适合度指标：增益性适合度指标是结构方程式中模式配适度指标的一大类，包括有 NFI、NNFI、CFI 等，Hu & Bentler（1995）建议如果增益性适合度指标小于 0.9，通常表示假设的模式是还能再改善的；一般而言，增益性适合度指标的可接受水平为 0.9 以上。

6.5　数据的因子分析

6.5.1　因子检验

在进行因子分析之前，需要对数据是否适合因子分析进行检验，本研究采用KMO样本充足度测量值（Kaiser-Meyer-Olkin measure of sampling adequacy）和Bartlett's球形检验来检验。当KMO值小于0.6时，数据不适合进行因子分析；当KMO值在0.6与0.7之间，则说明数据勉强可以进行因子分析；当KMO值大于0.7时，说明数据可以进行因子分析；当KMO值大于0.8时，数据适合进行因子分析；而当KMO值大于0.9时，数据就非常适合进行因子分析（马庆国，2002；吴明隆，2003）。

本研究以探索性因素分析测量建构效度，在因素分析的过程中，先以Kaiser-Meyer-Olkin（KMO）检定MSA值，若MSA值大于0.5以上，表示问卷资料适合做因素分析；接着以Bartlett's球形值，检定各变项所组成的相关矩阵，若球形检定达到0.05的显著水平，则表示量表各变项的相关矩阵有共同因素存在。之后采用主轴法中的主成分因素分析法来萃取测量题项之共同因素，萃取时以Kaiser（1974）建议选取特征值大于1的主成分。转轴时，先采用直接斜交法，并检定各因素间是否具有相关。如因素相关检定之结果没有显著相关，则改以直角转轴中的最大变异法，计算各变项之因素负荷量。

最后，保留因子负荷量大于0.5以上之测量题项，再根据变项之题意进行各因素之命名。从表6-5因子分析结果显示，知识联盟合作企业的学习特征要素、知识联盟合作企业的学习能力要素、知识联盟网络关系因素、知识联盟网络合作控制机制因素四个子量表都通过了因子检验，可以进行因子提取。

表 6-5 各量表 KMO 样本测度和巴特莱检验结果

1. 知识联盟合作企业的学习特征要素 LB1—LB8		
Kaiser-Meyer-Olkin Measure of Sampling Adequacy.		.737
Bartlett's Test of Sphericity	Approx. Chi-Square	449.891
	df	56
	Sig.	.000
2. 知识联盟合作企业的学习能力要素的检验 LA1—LA8		
Kaiser-Meyer-Olkin Measure of Sampling Adequacy.		.682
Bartlett's Test of Sphericity	Approx. Chi-Square	227.337
	df	56
	Sig.	.000
3. 知识联盟网络关系因素的检验 R11—R18		
Kaiser-Meyer-Olkin Measure of Sampling Adequacy.		.785
Bartlett's Test of Sphericity	Approx. Chi-Square	907.571
	df	56
	Sig.	.000
4. 知识联盟网络合作控制机制因素的因子检验 A20—A27		
Kaiser-Meyer-Olkin Measure of Sampling Adequacy.		.632
Bartlett's Test of Sphericity	Approx. Chi-Square	451.199
	df	56
	Sig.	.000

6.5.2　因子提取

从上述因子分析的结果来看，知识联盟合作企业的学习特征KMO值均超过了0.6，而Bartlett's球形检验的P值等于0.000，也小于标准值0.001，这说明可以对上述指标做因子提取。量表的有效性通过考察观测因子之间的因子载荷系数来检验。根据因素分析的理论，项目的因子载荷值越大，说明该项目与公因子之间的关系越密切。在社会科学中，因子载荷（Factor Loading）大于0.6就被认为是比较有效的。而知识联盟合作企业的能力因素（LA1—LA9）的因子检验也表明，其共同性比较明显，适合做因子分析。对于这两个因素的具体因子提取情况，我们可参考表6-6和表6-7的汇总结果：

表6-6　知识联盟企业学习特征要素因子提取情况汇总表

因子	题项	旋转后的因子载荷		特征值	方差贡献率（%）	因子命名
		L1	L2			
L1	LB5	**.845**	–.129	2.736	34.194	企业学习行为
	LB2	**.750**	.052			
	LB1	**.725**	.036			
	LB4	**.691**	–.211			
	LB3	**.618**	–.332			
L2	LB7	.129	**.857**	2.347	29.333	企业学习风格
	LB8	.175	**.849**			
	LB6	.160	**.846**			

因子提取方法：主成分分析法，旋转方法：Kaiser最大方差法，18次迭代旋转后的结果。

从企业学习特征的因子分析结果显示，量表中的变量可以归为两个因子。我们鼓励从事项目合作的人员多体会对方的隐含性知识、企业学习中的学习竞赛行为、企业学习中的保护性行为等共 5 个题项在因子 1 上有较大的载荷值，这 5 个变量反映了企业的合作学习行为，因此，可以将它们所组成的因子 1 命名为企业学习行为；而企业鼓励员工获取合作伙伴的隐性知识、鼓励员工质疑企业既定的合作方针以及是否鼓励员工按照合同约定的内容展开合作行为等，在因子 2 上有较大的载荷值，这三个变量反映了企业学习的习惯方式，因此，可以将它们所组成的因子 2 命名为企业学习风格，两个因子的特征根已经累计解释了总体方差的 63.527%，因子分析结果可以接受。

表 6-7 知识联盟企业学习要素因子提取情况汇总表

<table>
<tr><th rowspan="2">因子</th><th rowspan="2">题项</th><th colspan="2">旋转后的因子载荷</th><th rowspan="2">特征值</th><th rowspan="2">方差贡献率（%）</th><th rowspan="2">因子命名</th></tr>
<tr><th>A1</th><th>A2</th></tr>
<tr><td rowspan="4">A1</td><td>LA4</td><td>.880</td><td>−.023</td><td rowspan="4">2.794</td><td rowspan="4">39.921</td><td rowspan="4">合作管理能力</td></tr>
<tr><td>LA1</td><td>.741</td><td>−.112</td></tr>
<tr><td>LA3</td><td>.734</td><td>.322</td></tr>
<tr><td>LA2</td><td>.639</td><td>.314</td></tr>
<tr><td rowspan="4">A2</td><td>LA6</td><td>.107</td><td>.838</td><td rowspan="3">1.672</td><td rowspan="3">23.891</td><td rowspan="3">企业吸收能力</td></tr>
<tr><td>LA5</td><td>.215</td><td>.796</td></tr>
<tr><td>LA7</td><td>−.055</td><td>.765</td></tr>
<tr><td>LA8</td><td>.370</td><td>.433</td><td>删除题项</td><td></td><td></td></tr>
</table>

因子提取方法：主成分分析法，旋转方法：Kaiser 最大方差法，15 次迭代旋转后的结果。

从企业合作学习能力要素的因子提取分析结果显示，量表中的变量可以归为两个因子。企业对合作的工作流程的管理、对合作中产生的问题和解决方案整理存档以供以后参考，以往的合作经验以及对合作事宜的汇报制度等四个因素，反映了企业的合作学习的管理能力，因此，可以将它们所组成的因子1命名为企业学习的合作管理行为；而企业合作学习队伍的成员构成、应用新知识的能力等三个题项，在因子2上有较大的载荷值，这三个变量反映了企业合作学习中的吸收能力，因此，可以将它们所组成的因子2命名为企业吸收能力，两个因子的特征根已经累计解释了总体方差的约63.812%，因子分析结果可以接受。

表6-8　知识联盟网络关系因素的因子提取情况汇总表

因子	题项	旋转后的因子载荷		特征值	方差贡献率（%）	因子命名
		R1	R2			
R1	R13	**.828**	.252	4.292	53.646	合作距离
	R11	**.820**	.051			
	R14	**.783**	.381			
	R12	**.754**	.229			
R2	R15	.379	**.827**	1.301	16.261	信任水平
	R16	.373	**.807**			
	R17	.034	**.784**			
	R18	.180	**.722**			

因子提取方法：主成分分析法，旋转方法：Kaiser最大方差法，8次迭代旋转后的结果。

从企业知识联盟网络关系要素的因子提取分析结果表 6-8 显示，量表中的变量可以提取两个因子。而企业在合作过程中，对合作伙伴的友善信任、能力信任以及对合作关系的友善预期则在第二个因子上有较高的载荷，这些变量反映了合作中，企业间信任关系的程度，因此，可以将它们所组成的因子 2 命名为企业间信任水平；企业文化差异、项目负责人处理合作事务的风格和方式、企业与合作方业务领域以及双方的合作动机方面的差异等四个变量，则在第一个因子上享有较高的载荷，为此，我们将这个因子命名为合作距离，两个因子已经累计解释了总体方差的 68.350%，因子提取结果可以接受。

从知识联盟合作控制要素的因子提取分析结果（表 6-9）显示，量表中的变量也可以聚为两个因子。企业对合作行为的合同监督、合同细节的关注等四个因素，反映了企业在合作中对正式控制机制的重视，这四个题项在因子 1 上具有较高的载荷量，因此，可以将它们所组成的因子 1 命名为正式控制；而企业合作渠道的非正式性、合作内容和方式的柔性特征以及合作监督的信任等则反映了企业合作学习中的非正式控制机制，他们载荷在因子 2 上，因此，可以将它们所组成的因子 2 命名为非正式机制，两个因子的特征根已经累计解释了总体方差的约 63.022%，因子提取的结果可以接受。

表 6-9　知识联盟合作控制因素的因子提取情况汇总表

<table>
<tr><th rowspan="2">因子</th><th rowspan="2">题项</th><th colspan="2">旋转后的因子载荷</th><th rowspan="2">特征值</th><th rowspan="2">方差贡献率（%）</th><th rowspan="2">因子命名</th></tr>
<tr><th>C1</th><th>C2</th></tr>
<tr><td rowspan="4">C1</td><td>C11</td><td>.876</td><td>.078</td><td rowspan="4">2.886</td><td rowspan="4">36.077</td><td rowspan="4">正式控制</td></tr>
<tr><td>C13</td><td>.833</td><td>–.004</td></tr>
<tr><td>C12</td><td>.829</td><td>.088</td></tr>
<tr><td>C14</td><td>.778</td><td>–.057</td></tr>
<tr><td rowspan="4">C2</td><td>C17</td><td>.097</td><td>.804</td><td rowspan="4">2.156</td><td rowspan="4">26.945</td><td rowspan="4">非正式控制</td></tr>
<tr><td>C16</td><td>.141</td><td>.804</td></tr>
<tr><td>C15</td><td>.052</td><td>.743</td></tr>
<tr><td>C18</td><td>–.190</td><td>.599</td></tr>
</table>

因子提取方法：主成分分析法，旋转方法：Kaiser 最大方差法，10 次迭代旋转后的结果。

各潜变量因子提取情况汇总，见表 6-10。

表 6-10　因子提取后的潜变量及题项设计汇总表

<table>
<tr><th rowspan="5">知识联盟自身要素A</th><th>潜变量</th><th>变量编号</th><th>题　项</th></tr>
<tr><td rowspan="4">正式控制 C1</td><td>C11</td><td>我方对于合作者的行为按照合同规定进行了监督</td></tr>
<tr><td>C12</td><td>只有当合同规定了所有的合作细节后，双方才可以顺利地合作</td></tr>
<tr><td>C13</td><td>双方倾向于在合同中详细地说明合作所涉及的全部细节</td></tr>
<tr><td>C14</td><td>我们经常通过各种指标（财务指标或市场份额 / 占有率等）来检查合作的发展情况</td></tr>
</table>

续表

	潜变量	变量编号	题　项
知识联盟自身要素A	非正式控制C2	C15	我们和伙伴通过个人接触，小团体交流等非正式渠道实现合作
		C16	我们和伙伴的合作内容和方式根据需要灵活变动
		C17	鼓励双方在合作内容的基础上进一步拓展合作的范围
		C18	合作方履行合作责任基本不需要彼此相互检查和监督
	知识网络结构N	N1	我们除了与合作伙伴合作过之外，还和其他机构进行过类似项目合作
		N2	我们与合作机构合作次数很多
		N3	现在的合作是通过之前与我们合作的机构介绍而实现的
		N4	我们与行业内外交流的机会很多
		N5	我们不断尝试寻求新的合作的机会
	信任程度R1	A14	我们之间的合作依赖于双方项目负责人的关系
		A15	我们相信为合作投入的知识能带来好收益
		A16	我们相信合作伙伴具备履行合作义务的能力
		A17	我们相信伙伴不会背弃我们
		A18	项目各方负责人变更与否不会影响我们之间今后的合作
	合作距离R3	A19	我们与合作伙伴的组织文化不相同
		A20	各合作方的项目负责人处理业务的方法差异很大
		A21	各方合作学习的动机差异很大

续表

联盟企业学习要素L	学习特征	学习行为L1	LB1	我们非常注意保护自己的核心知识
			LB2	我们发现合作伙伴非常注意保护其核心知识
			LB3	我们想从合作方那里获取合约之外的核心知识
			LB4	合作伙伴想从我们这里获得约定之外的核心知识
			LB5	我们彼此都把对方看作竞争对象，唯恐比对方学到的知识少
		学习模式L2	LB6	我们习惯于与合作伙伴学习 / 传授约定的内容
			LB7	我们鼓励从事项目合作的人员多体会对方的隐含性知识
			LB8	从事合作事宜的员工敢于质疑我们既定的项目合作方针
	学习能力	合作管理能力A1	LA1	我们派遣的人员对合作工作流程能够熟练掌握
			LA2	我们负责合作工作的人员会经常报告合作进展及绩效表现
			LA3	以前的合作经验能够指导我们构建和监管目前的合作关系
			LA4	我们会把合作中产生的问题和解决方案整理存档以供以后参考
		合作吸收能力A2	LA5	在从事合作事宜的人员队伍中，有经验丰富的专家
			LA6	我们有能力对合作伙伴的知识做适应性改进
			LA7	我们有能力把从合作伙伴那里学到的知识应用于其他非合作项目

续表

动态要素D	联盟变化	D11	我们越来越相信我们的合作伙伴了
		D12	合作伙伴对我们的承诺（合作机会、开放自有知识）越来越多了
		D13	我们更愿意向合作伙伴承诺（合作机会、开放自有知识）了
		D14	合作伙伴从事项目合作工作的人员经常变化
		D15	我们从事合作工作的人员经常变化
		D16	我们之间的关系正从合作向竞争方向转化
知识属性K	知识模糊性 K	K1	对方（或我们）的知识只有具有丰富实际操作经验的人员才能接受
		K2	对方（或我们）的知识需要具有较高理论修养的人员才能接受
		K3	对方（或我们）的知识不能适用彼此的工作环境
		K4	对方（或我们）的知识不宜口头传授
		K5	对方（或我们）的知识没有什么可供参考的书面文件

6.6　理论假设与概念模型的提出

6.6.1　知识联盟网络指标及基本假设

1. 网络控制

传统上讲，战略联盟有股权联盟和基于契约关系的非股权联盟两种最基本的组织形式。基于契约关系的非股权联盟就与知识、技术、管理、能源、土地等资源相关联，合作的企业之间具有十分明显的资源依赖倾向，合作中拥有某种差异化资源优势的联盟方可以实现资源互补带来的优势。然而，相对于非股权契约协议，基于股权的监管结构非常有助于联盟成员学习伙伴成员的关键技术诀窍和核心能力，尤其是学习到根植于组织特定情境的隐性知识更是如此（Mowery et al.，1996；Kogut，1988）。因为，正式联盟控制通过资本维系的契约使联盟成员能够详细地规定合作各方的责任和义务，同时也给予了合作伙伴在对方实施投机行为时依靠第三方力量保护自身利益的权力。

股权联盟以及基于契约关系的非股权联盟形式都是以正式的契约关系而合作的。随着知识经济以及企业扁平化的柔性组织的发展，企业的规模趋小化，企业组织结构也越发变得灵活而具有弹性，企业间的联盟关系越来越倾向于基于社会网络信任机制的非正式契约型联盟形式。相对于强调交易经济属性的正式控制，以非正式关系契约和心理契约模式为核心的社会控制更适合内容较为复杂或知识隐性程度高、难度大的联盟交易（龚毅和谢恩，2005），而要实现此类知识交易，信任水平是基础，合作水平会影响信任水平，而信任水平又决定了联盟合作绩效的高低。

据此，我们假定：

H1a：企业间的信任程度与非正式控制机制之间存在正相关关系

H1b：企业间的非正式控制机制与联盟合作转移的知识属性之间存在正相关关系

H1c：企业采取正式控制联盟方式对于共有知识的创造有正面影响

H1d：企业采取基于信任的非正式控制联盟方式对于私有知识的创造有正面影响

H1e：企业采取基于信任的非正式控制联盟方式对于合作过程绩效有正面影响

2. 网络结构

按照社会网络理论的观点，知识联盟网络结构实际上和知识网络结构相类似，它是知识网络的基本构成要素及其相互关系的结构化表现形式（马德辉、包昌火，2007）。在知识联盟中，这些网络结构具体体现在企业间构建的关系网络的多元化程度、关系网络的规模和密度等因素上（李江，2008），网络多元化程度表示知识网络的多样性，即与企业联系的其他主体的性质与分散程度。利用多样性的知识链接关系，企业可以获得学习新技术、新的管理方式和其他增强竞争能力的机会。关系网络的规模描述了网络内存在的联系的数量，一般来讲，某一企业凝聚的关系数量越多，该企业在这一知识网络中的位置和作用就越重要。关系网络密度则描述了知识联盟所构建的知识网络内行动者之间实际联结的数目与它们之间可能存在的最大的联结数目的比值，比值越高，这一网络的联结密度就越大。Coleman（1990）在其经典著作《社会理论的确立》(*Foundations of Social Theory*）中指出，高密度网络会产生大量的企业间联系，网络内信息和资源将更快速地流动，高密度的网络更容易发展出相互信任关系、共享准则，以及共同的行为模式，高密度网络缩短了信息传递的平均路径，加快了信息流动，有利于创新知识和成果的迅速传播。

而对于企业在知识联盟所构建的知识网络中的地位和位置，则考虑企业在网络结构中的“桥连接”的可能性。如果一个企业或机构在知识网络中处于跨越关系网络结构洞桥连接的地位，那么它就拥有了其在该网络中的地位和权力，所以正如 Burt（2002）提出的，处在网络中关键位置的节点，可以享有信息优势和控制优势。在较为稀疏网络中，各个企业所能获得的知识存在很大差别。其中，横跨许多结构洞（处于未联结的网络成员之间）的企业具有信息效率和对网络的控制力。同时，处丁结构洞中的企业往往是其他企业的信息中介，能信息流动的枢纽。按照伯特社会网络分析的观点，企业组织的社会网络可根据它与其网络成员的关联程度，分为密集网络和稀疏网络，稀疏的网络含有较多的结构洞，可以提供多样化的信息与知识。根据强度的不同，网络中的联系分为强关联（strong tie）和弱关联（weak tie），前者是频繁地互动形成的，后者是较为松散的、偶然的联系。一个特定知识联盟的关系网络密集，那么强关联就会提高网络的稳定性，降低机会主义行为发生的概率。但与此同时，那些处在网络稀疏的弱关联企业，能提供新的、独特的信息与知识，扩大了联盟的知识范围，提高了知识的多样性，甚至会对知识联盟范围的进一步拓展起到关键的作用，以避免知识网络内企业的根植性的危险。基于上述分析本研究提出假设：

H2a：知识联盟企业间知识的网络关系优化与联盟企业知识基础提升绩效存在正相关关系

H2b：知识网络结构的优化与知识联盟企业间合作关系的延续性绩效存在正相关关系

3. 合作距离

有些学者认为，当双方的价值理念发生较大冲突时，并且这种冲突无法通过调整某一企业内部目标或行为而缓解，它就可能产生双环学习。Argyris & Schon（1996）认为，双环学习并不经常发生，它的发生往往与开放的企业文化、组织结构和工作流程密切相关。联盟有利于打破企业原有的条条框框，当一个企业与其他企业密切交流时，它就会接触到与其心智模式不同的新的思维模式，从而重新认识和评价自身原有的价值体系。联盟内企业的价值张力（values tension）越大，企业间的双环学习模式发生的可能性就越大，联盟新知识创造的可能性就越大；反之，联盟企业间的共同价值理念越多，联盟越容易建立起来，然而新知识却越不容易被创造出来（Phan & Peridis，2000），企业间文化差异与知识创造绩效间的关系如图 6-1 所示。

那么，这种价值张力形成的合作距离鸿沟究竟应该保持何种程度才能有助于新知识的产生而不致使联盟失败呢？Peridis、Oliver & Phan（1997）指出，影响联盟共享文化的三个因素有：组织文化认同、相互依赖、资源互补。然而，文化认同却不易产生价值张力，价值张力的缺失会削弱知识创造绩效。文化差异对联盟绩效的影响是非线性的，组织文化差异过高，联盟成员的价值张力很大，随着合作各方文化接触面的扩大和接触程度的加深，这些差异形成的文化距离（Cultural Distance）容易导致联盟各方员工产生对立情绪，进而导致个人冲突和群体冲突（刘云、梁栋国，2007），从而无法正常交流而使合作解决问题的企图流产，联盟崩溃，联盟合作延续性绩效可能为零（Phan & Peridis，2000）。反之，当组织文化差异过低，联盟成员的价值张力很小无法促成双环学习，联盟学习只依赖单环学习以解决联盟和企业问题，从而使联盟知识创造绩效几乎为零（Phan & Peridis，2000）。因此，联盟成员之间适度的文化差异与文化兼容性对联盟高效率运行至关重要（Von Krogh，1998；Nonaka & Konno，1998；Inkpen，1998；陈耀、生步兵，2009）。

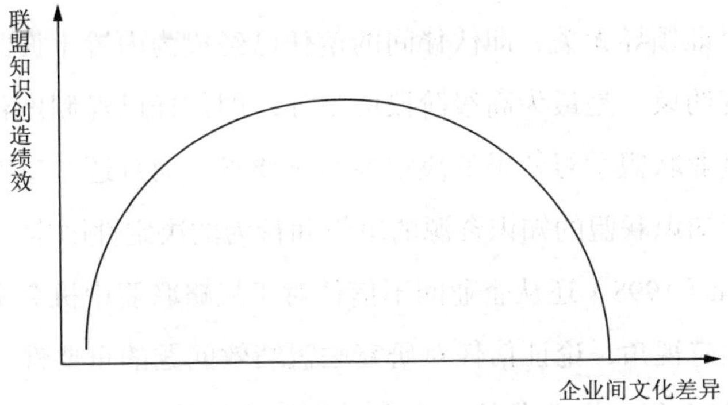

图 6-1 文化差异与联盟知识创造绩效的非线性关系图

资料来源：由 Phan & Peridis（2000）整理而得。

根据以上研究，我们可以得出如下几个假设：

H3：企业间合作距离对知识联盟运行绩效存在差异化影响效应

4. 信任程度

知识联盟构建目的在于促进隐性知识或复杂、高级知识的交流与共享，而这些知识的高效转移则依赖于联盟成员间的信任程度，所以从这个意义上看，信任程度的发展可以成为知识联盟发展阶段的直接反映（Garcia-Canal et al.，2002）。在联盟发展的不同阶段，信任的表现形式也是不同的，Inkpen & Currall（1998）提出了三种企业间信任类型，心理信任（psychological trust）、社会信任（social trust）和结构或组织信任（structural & institutional trust）。心理信任是认知和情感层面的信任形式，往往发生在联盟成立之初；而社会信任则是在联盟伙伴之间持续交易的基础上达成的后果，它是每个成员对联盟伙伴前期交易表现评价的基础上形成的。而到了组织层面，信任已经成为企业间关系的典型特征。基于此阶段的信任，知识联盟的构建纯粹是建立在企业间以往合作的经验基础上的，跟现在企业由谁领导无关，即伙伴间的信任已经成为内置于彼此组织结构的制度约束，是最为高级阶段的信任，即信任已经制度化。信任不但是企业联盟学习效果的决定性影响要素，而且还是影响联盟企业投资于知识联盟的知识资源的决策和行为的决定性因素。Madhok & Tallman（1998）还从企业间不信任对于战略联盟中机会主义行为的激发效应视角，论证信任对研究联盟绩效问题的重要性。阿罗亦称，“实际上每一个业务的完成本身都是信任的一个组成部分”，信任可以促进合作，提高灵活度，降低协调成本，尤其重要的是它可以提高知识转移的水平以及挖掘学习的潜力。因为，联盟伙伴间交易的知识可能不仅是隐性的，而且还可能是专业性很强的技术形态，在这种情况下，只有高水平的信任才能启动并促进带有隐性知识特征的能力和信息的转移。换句话说，信任促进合作伙伴间非责任内（non-obligating）规定的资产和服务的自发性交换，或者说，成员间的信任程度高，会促进它们之间协议规定之外的信息、知识、技能等高度隐性的知识的交流和转移。所以，Nielsen（2002）将信任理解为行为的“润滑剂”，可以促进社会关系紧密度并降低交易中的不确定因素，可以实现知识联盟过程的流畅和高效。根据以上研究，我们可以得出如下几个假设：

H4a：企业间较高的信任水平可以降低知识联盟转移知识的模糊性

H4b：企业间的信任水平与知识联盟知识创造绩效正相关

H4c：企业间的信任水平与知识联盟合作延续性绩效正相关

6.6.2　知识联盟企业的学习特征指标及基本假设

1. 学习行为

交易成本理论告诉我们，经济个体具有机会主义行为的倾向，且是以追逐私有利益为其特征的。Williamson（1985）强调企业间的机会主义行为比企业内部的机会主义发生的可能性更大，原因有三：（1）企业内部个体具有共同利益和资产，这一定程度上会阻止内部机会主义行为萌发或发挥作用的动机；（2）企业内可以通过权力部门协调个体的行为，而企业间则因为缺乏这样的机构部门而乏力调节；（3）企业内部个体获知的有关企业所处情境信息是详尽的，而且获取这些信息的成本很低，这些优势在企业间交易时却是没有的。知识分享和知识保护之间度的把握一直是学习型联盟面临的困境，这是因为，很大程度上可以说，企业也如人一样，本性是自私的，所以不免存在“搭便车”行为，甚至发生借机获取对手核心技术等机会主义倾向的可能性，从而做出有悖于知识联盟合作协议约定的或者基于非理性因素无法约定的其他机会主义行为，这必然最终也会影响到联盟目标的实现。这就要求企业还必须学会在共享中保护自有知识，以免在学习型联盟中合作伙伴可能存在的一些机会主义行为导致自有重要知识的泄漏（Oxley & Sampson，2004）。

在协议安排中交换的知识往往是决定企业能力和竞争力的重要因素，因此，从资源基础论的观点来看，作为企业的核心资源，知识资产被企业认定为重要保护的对象，也是联盟学习中机会主义行为诉诸的重点。在联盟中，伙伴间的知识需求和供给是不对称的，相应地，伙伴保护意识和能力以及接近对方知识的能力也是不对称的（Nielsen，2002），当联盟企业的竞争优势依赖某种或多种知识时，他们就会更倾向于加强对这些知识的保护。尤其在水平型联盟里，伙伴间在合作领域里可能是高度竞争的，谁拥有高于对方的先进知识 / 技能，谁就能成为竞争优胜者。Xiu-Hao Ding et al.（2010）提出了“开放学习”（open learning）和“隐蔽学习”（hidden learning）的概念，他们认为，开放学习有助于企业间的合作，而隐蔽学习却导致竞争。

在知识联盟内，对专有知识的保护一直以来都是联盟企业防范其他成员窃取自有知识的重要工作之一。转移方必须有降低此类知识转移成本的动机与意识，否则，联盟成员就会采取一些具体的措施，利用一些隐蔽机制，或者直接采取一些防御性措施降低自身所拥有的知识的透明度，尤其当这些知识掌握在几个人手中的时候，更是如此（Hamel，1991）。知识只有在稀缺、宝贵和难以模仿的情况下，才可以给企业带来竞争优势，如果一方企业此类知识被攫取，这就意味着另一方企业竞争优势赖以维持的知识的专有性、稀缺性乃至不可模仿性就会丧失（Teece et al.，1997），这无形中会给联盟伙伴带来额外的附加风险。事实上，隐蔽学习会导致重要的技术诀窍的流失，从而瓦解伙伴的竞争优势。所以，联盟企业可以通过不易察觉的契约安排加强对其知识转移的管制。

因此，企业参与知识联盟时，往往需要对其专有技能或专利知识予以保护和有效管理。然而，对自有知识的保护机制却会增加知识转移的模糊性和难度，从而直接阻碍了知识在成员间的自由转移，从而避免了自有知识的流失。

在这种情况下，单个企业组织的外围空间与其他企业外围空间的透明度或可渗透性通过严格的政策和保护机制加以管制，比如 Baughn et al.（1997）提出合作要"屏蔽"（walling off）企业专有技术（proprietary technology）。所以，联盟学习的能力不仅仅依赖企业内部的吸收能力和学习意愿，它也依赖于外部合作方的意愿，如果一方企业不能对其合作伙伴开放自己的知识，对方获取对方知识的可能性就会大大减少。一旦一方保护意识加强，以学习为目的的知识联盟就是迅速转向保护自有知识的营垒，从而使不确定、猜忌等不利于知识转移和组织学习的不稳定因素加强，联盟运行绩效必然会大大降低。

因此，可以假定：

H5a：企业自有知识保护意识越强，越不利于知识联盟企业共有知识基础提升绩效，但却会为企业带来较高的私有知识提升绩效

H5b：知识联盟企业对自有知识保护力度越强，越不利于增进过程绩效

2. 学习风格

加入知识联盟中的企业首先是学习型企业，按照圣吉（1992）的定义，学习型组织就是“组成人员能够持续地增强自身能力以实现其自身切实的愿望，在这样的组织中，新的思维方式得到认可和鼓励，与此同时人们热衷于学习如何共同学习”（Senge，1992）。在企业间知识联盟实践中，企业间经验、信息与知识交流的交叉效应容易促进知识的转移（Phillip & Theodore，2000）。一旦知识联盟成员间建立起一种联系机制，企业领导层从联盟处不断获得新的私人信息，从而经常更新其思维模式，这种思维调试方式反过来以正式和非正式的方式影响联盟内其他成员，这种问题解决方式便会成为联盟合作项目问题解决方式的思维与行为基础。很多学者强调联盟经理们一旦加入联盟，就应该掌握联盟思维方式（Spekman et al.，1998），即要求联盟经理们赖以看世界和将事件转化为管理现实的思维模式和洞察力，最终形成如圣吉所称的“组织心智模式”（Mental Model）。

联盟思维方式会影响经理如何构建战略以及如何处理外部不确定的方式，它对于企业参与未来联盟项目成功与否意义重大。有联盟发展长远规划并专心于联盟长期发展演进的关键企业，会无形中增强或一定程度上影响其他成员对联盟未来发展及规划形成更明晰的定位，因此，具有联盟思维的企业在联盟发展演化中起到领队作用（Poulymenakou et al.，2004）。这种伙伴成员问题解决模式的综合度（sophistication）最终会产生联盟绩效，形成所有成员都可以共享的联盟公共利益（Public Gain）（Simmonin，1999）。

联盟的目的绝不仅仅是吸收或适应简单的学习模式，而是不断学习如何思考的过程，包含对信息高水平的评价和分析过程。联盟内伙伴的多样性以及所持有知识的异质性可以带来协同学习效果，而要实现这种学习效果，联盟企业应打破各组织过滤信息的框架（Phillip & Theodore，2000），使其心智模式不断受到挑战。

基于此，我们提出假设如下：

H6：挑战心智模式的学习风格有利于知识联盟企业知识基础的提升绩效

3. 学习能力

企业演化学说的代表人物 Panrose（1959）指出，企业能力的显著特征在于其学习能力，而学习能力则根植于企业所有的知识存量。知识存量是某阶段内一个组织或经济系统对知识资源的占有总量，是依附于组织或系统内部人员、设备、组织结构和组织关系中的所有知识的总和，是人们在生产和生活实践中知识的积累，是"学习"的结果，它反映了组织系统生产知识的能力和潜力，体现了组织系统的竞争能力。随着组织知识存量不断发展，组织对知识进行管理难度增加、知识利用效率降低以及知识溢出速度加快（Simmon，2004）。作为一个生命体，企业在与其所处环境发生作用的过程中，会把有关的经历储存于企业的记忆（组织记忆）中，组织记忆的内容随着企业与环境的发展不断更新扩充，实现企业知识存量的增长。Simonin（2004）将学习能力（Learning Capacity）细分为三类：基于资源的学习能力、基于动机的学习能力以及基于认知的学习能力。基于资源的联盟学习能力，主要体现在两点，其一是参与到联盟中的工作人员要足够多，其二是参与到联盟工作中的关键人员要具备战略思维和管理实践双重技能。

从更广泛意义上讲，学习能力是组织所有资源的有机集合体的集中表现，它也兼具企业学习系统的发动机和瓶颈的双重属性。Hamel（1990）将组织向伙伴学习的能力定义为“接受力”（receptivity），而影响组织接受力的因素有资源合理配置、对学习的态度等。Martin & Salomon 提出了知识转移能力的概念，并进一步分离出知识转移方能力和知识转移接受方能力（Martin & Salomon，2002）。知识转移方能力主要体现在它传播知识的能力、评估知识接受者的需要和能力的能力以及有效转移知识的能力。知识转移接收方能力则与学习能力与吸收能力相关。吸收能力最初由 Cohen & Levinthal（1990：128）界定为“识别，吸收，进而应用外部新知识价值的能力”。后来学者们则基本把吸收能力看作是“相关先验知识”，而在学习型联盟的研究框架下，把吸收能力基本界定在特定联盟伙伴结合的特征上，Singh（1998）将这种研究倾向看作“伙伴—特定性吸收能力”，这种理解强调伙伴相似性以及伙伴间知识广度、知识深度的重叠特性，而没有体现企业的自身吸收能力特性（Simonin，2004）。企业学习能力主要通过企业吸收能力和联盟能力体现出来（Zhao & Anand，2009），联盟能力是企业一种独特的竞争优势，每一次联盟经历都会反过来增进其联盟能力。

H7a：企业学习能力越高，知识联盟知识基础提升绩效越好

H7b：企业学习能力越高，知识联盟企业间合作延续性倾向越高

6.6.3　其他因素及基本假设

1. 企业的基本属性

一般来讲，企业规模大小对企业联盟活动都会产生影响，为此，我们以企业规模作为一种控制变量，比如 Ranga et al.（2008）认为，企业的规模与其创新能力之间是一种 U 形关系，即企业规模较小或者特别大时，创新意识和能力强，而当企业规模处在中间阶段时，创新能力则可能下降。而在以知识创新（创造）为主旨的知识联盟中，我们认为，企业的规模同样会起到非常的调节作用。

企业成立年限也是重要的因素之一，一般认为，成立时间较短的企业比较倾向于与其他知识体合作，比如一些政府和大学机构的一些政策鼓励和促进科技园或孵化园建立新企业，这些初建立的小企业，利用政策优惠和区位优势，也乐意进行知识 / 技术开发和再利用投入的，将外部一些科技成果转化为商业创新行为。

行业类型的分类主要以企业经营的核心业务划分，而不是按照标准行业分类（SIC）划分，为此，我们认为，一些主营新兴业务的企业更容易采取知识联盟方式获取外部新知识 / 新技术，从而能更好地利用学和研以及大企业的研发成果。

2. 动态因素

Poulymenakou et al.（2004）认为，联盟发展的两个重要特征就是：（1）延续性，即所有联盟成员的行动决策具有延续性，成员间对此相互认可，以便联盟按照设定的目标持续发展；（2）循序渐进的发展策略（step-to-step approach），即联盟的发展是循序渐进的过程，而其每一步发展，都依赖于成员对该过渡阶段的洞察力，即对合作内容、对象和方式调整的辨识力和敏捷度。这两个特征表明，知识联盟的发展不是一蹴而就的，需要在项目合作中实现生命形式的蜕变。随着时间推移，联盟所处的外界环境不断变化，联盟成员间的关系也必须随之调整。Reuer & Zollo（2000）指出，联盟成立后伙伴目标和管理侧重点会对联盟绩效产生关键影响。而且，在联盟动态发展中，联盟成员间的信任、承诺以及依赖程度也会发生变化，这些因素也必须考虑到联盟运行绩效的实际衡量上。因此，在衡量知识联盟运行绩效时，我们不能忽略联盟动态因素。

这些动态因素可以归纳为两类：其一是联盟发展进程中联盟管理的变化，在联盟发展中，个人关系对于企业间信任关系的确立和巩固作用很大，而一旦各个企业负责联盟管理事宜的人员变动，必然会影响到基于原来个人关系的信任发生变化，从而改变信任发展过程。所以联盟管理方面的不定期变化会带来信任发展过程的不定期循环发展特征（Lunnan et al.，2008）。其二，联盟参与度，从理论和实证文献来看，随着联盟时间的推移，联盟成员在联盟中的参与程度也会发生变化，而要维持较长远的联盟合作关系，各联盟成员必须逐渐增加他们的参与度（Arino & de la Torre，1998；Doz，1996）以及对联盟合作关系的承诺，并不断扩大合作的业务范围（Lunnan et al.，2008）。因此，本节基本假设如下：

H8a：企业知识联盟管理工作人员经常性变更不利于联盟运行绩效的提升

H8b：知识联盟企业不断增加的知识投入程度有利于联盟信任程度的提升

H8c：企业不断增加的信任程度有利于联盟运行绩效的提升

3. 合作项目类型

本书第二章从多个角度综述了学界对知识联盟的分类研究，从不同的分类标准看，知识联盟可以分为多种类别，比如按照联盟合作方的类型划分，知识联盟可以分为企业间战略联盟（包括产业集群等的泛联盟形式）、产学研（官）合作联盟；按照合作伙伴间的竞争程度划分，知识联盟又分为竞争性知识联盟和协作型知识联盟，前者在这种战略性知识联盟中，联盟的稳定性、合作伙伴的互补性、研发技术的普适性，即联盟的合作基础是影响联盟合作效应的关键因素，而提高联盟的管理能力和联盟企业的学习能力是优化联盟合作效应的必要手段。后者则是强调企业间的合作学习，然而按照知识联盟学习竞赛的发展规律，首先占据学习优势的企业往往就会转变其学习中的协作地位，而选择退出联盟或者干脆直接成为合作伙伴的竞争者。这种分类方式往往和按照知识联盟内企业所属行业的划分类似，如果联盟企业同属一个行业，他们之间的竞争性就可能大，而如果他们分属不同的行业，即他们所处的市场范围有距离，那么他们之间合作协同的可能性就大。

本节我们采取伙伴间技术地位划分方式，将知识联盟分为双向学习的知识联盟、单向学习的知识联盟以及不定向学习的知识联盟三类，其具体的类别内涵，在本书第二章已经有了很翔实的论述，在此不再一一列举。根据之前我们的分类和解释，我们认为，在相同因素的影响下，不同类型知识联盟的运行绩效以及具体的表现形式上也不同。按照伙伴关系划分，联盟又分为四种类型：合作竞争、竞争、合作和松散关系，以学习为目的的联盟比以知识加工为目的的联盟更倾向于竞争（Grant & Baden-Fuller，2004）。

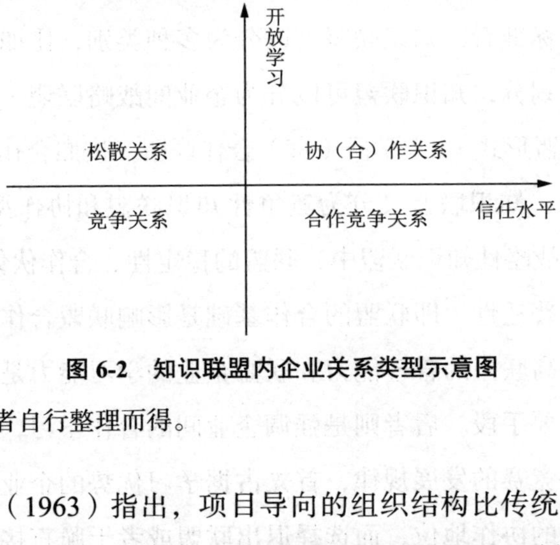

图 6-2 知识联盟内企业关系类型示意图

注：作者自行整理而得。

Wilson（1963）指出，项目导向的组织结构比传统的产品和功能组织形式更有助于创新，这种组织结构形式有助于创新，更倾向于接受和创造新技术 / 知识。Carter 和 Williams（1959：87）① 早在他们的著作中提出，创新性企业最具有利用创新技术的潜力和倾向，认为这种组织机构一般具备：（1）组织认知和发现新观念（思想）

① 引自 Digman，L.A.，Organizational factors related to technology transfer and innovation，Journal of technology transfer，2（1），1977。

反应快速；（2）从原始研究到最终应用的各阶段都有充分的沟通和共享；（3）应用研究部门与外部其他技术资源互动频率高；（4）组织需要至少一个灵魂人物，他关注企业需求，并有兴趣学习其他地方的与本组织利益相关的创新理念等24个基本特征。

在此，我们定义企业知识联盟就是一种基于项目合作的学习模式和与之相配套的组织形式。基于项目合作的知识联盟可界定为“为获取、创造、应用知识而与其他企业、大学、科研院所达成的任何合作形式”。在本书中，我们将实证研究的着力点放在了基于项目合作为基础的知识联盟的运行绩效的研究上，基于这种视角，知识联盟可以分为：（1）接受/吸收合作伙伴的知识/技术；（2）向合作伙伴提供技术服务；（3）合作开发新技术；（4）合作推广新技术和（5）其他类型共五种。

除此之外，我们还从学习的互动性角度划分，将知识联盟分为：（1）大体对等的合作学习；（2）获取对方知识为主的合作学习；（3）向对方传授自己知识为主的合作学习；（4）非定向学习模式。

不同类型的知识联盟项目合作，其运行绩效的表现和特征自然是不同的。我们将在本章的实证部分予以分析和总结，为此，我们假定如下：

H9：竞争性（水平型）知识联盟对联盟企业私有知识基础提升绩效有正面影响，协作性（垂直型）知识联盟对公共知识基础的提升绩效有正面影响

6.6.4 知识特征指标及基本假设

关于知识属性的研究多如牛毛，按照不同的划分标准，知识可以被界定为多种类别，比如波兰尼关于隐性知识和可言传知识的划分。更早的如 Hayek（1945）也对知识的“默会性”有过论述，他认为“模糊知识”是一种具体的实际时空背景下“此时此地”的知识，是相对模糊的信息，很难传递给他人。他的观点实际上表明了知识尤其是隐性知识对于特定时空的“嵌入性”，或者说一种特殊的知识是特定潜入到某一种情境中的，离开了那种环境，这种知识几乎是不可能被识别的。正如斯宾塞（1996）认为的，有的隐性知识是可以言传的，而有些隐性知识则根本不可以传递和解读。Winter（1987）把知识划分为“简单—复杂”、“可讲授—不可讲授”或者“可观察—不可观察”三种类别。关于知识属性的划分，学界实际上给我们一个明示：显性知识是可以传递的，也较容易被他人获取。然而，一旦知识所有者空间上被隔离或者知识本身的“默会性”属性都会增加知识转移的难度。Nonaka（2001）则将这种默会知识定义为主观性知识，并将之分为“经验知识（具体）、即时性知识（此时此地）以及模拟性知识（实践）”三类①。

在研究知识转移中，有许多学者都提及知识的隐性特征在转移过程中的作用（Zander & Kogut，1995；Kogut & Zander，1993）。我

① 转引自关涛.跨国公司内部知识转移过程与影响因素的实证研究［M］，复旦大学出版社，2006 年版，第 25 页.

们知道的远比能表述出来的多得多（Polany，1967），即有些知识尽管我们知道，却无法将之表达出来。在知识联盟中，联盟伙伴在进行知识、信息、技能、能力交流或者相互模仿时，总会有一些知识是以隐性形态呈现的，从而无法通过伙伴的口头或者书面语言表达出来，这必将大大缩小知识转移的有效性。所以知识内隐属性也是知识表达模糊性的原因之一。

知识的转移的绩效依赖于知识能被诠释、被吸收以及被移动的程度（Hamel，1989）。然而有些知识是相对不确定，甚至是不可移动的（Kogut & Zander，1992）。因此，在衡量知识转移的程度和绩效时，我们还需要考察知识的具体特性，如联盟内有关知识的表达是否清晰、知识是否根植于某种特定情境以及知识在特定情境下的特异反应等等。Crossan & Inkpen（1995）称，成功的合作学习战略必须克服“与联盟伙伴相关联的技能的模糊性”，这些研究都强调了知识模糊性存在的重要意义，以及如何具体掌握这些模糊的知识形态。在知识联盟中，企业间的知识交流与合作，往往产生了伙伴之间相互模仿的可能性，然而，给模仿行为造成最大障碍的是没有能力理解对方的构成竞争力的能力和技能。也有学者提出了因果模糊性的概念（Lippman & Rumel，1982），这一概念意指学习者缺乏对有关技术和过程诀窍的行为与结果、投入与产出、原因与效果之间关系的理解，这种能力的缺失，必然会对信息、诀窍、能力和知识的可转移性上参加了难度，再加上联盟伙伴设置的学习障碍，最终影响联盟运行的绩效。由此，我们假定：

H10a：合作企业的保护主义学习行为越强烈，转移的知识越具有模糊性特征

H10b：合作企业间的学习越趋于竞赛式，转移的知识越具有模糊性特征

H10c：联盟伙伴交易的知识模糊性越强，越不利于知识联盟知识基础提升绩效

6.6.5 知识联盟运行绩效影响效应检验的概念模型

由此，我们归纳出如下知识联盟运行绩效影响效应衡量的概念模型，如图 6-3 所示。首先知识联盟自身特征，它包括知识联盟网络结构、知识联盟类型、知识联盟控制机制、知识联盟竞争程度四方面的要素；其次是知识联盟内企业的学习特征，企业的学习特征具体包括联盟企业的学习行为、学习能力、学习动机以及企业创新倾向等；另外，除了这两个最主要影响因素外，我们认为，知识联盟内转移知识的属性一方面受到联盟网络关系要素和联盟企业学习要素的影响，同时也必然会对合作学习效果产生重要的作用。这是因为知识是隐性的还是显性的，直接决定了知识接受方能否吸纳这些知识形态的问题，而这正是知识联盟构建的基础，也是知识联盟运行绩效的直接体现，为此，我们认为知识联盟中合作方交易的知识形态是否模糊、是否具有专有性的特征以及是否是高深知识等属性，在知识联盟自身特征以及合作企业学习特征对知识联盟运行绩效影响中起到中介作用。另外，联盟企业其他基本特征（如企业规模大小、行业属性等）、知识联盟发展的动态因素、知识联盟类型等作为控制变量也会成为联盟运行绩效的关键影响要素。这些要素对知识联盟的知识创造、学习效果及知识网络化效率产生影响。

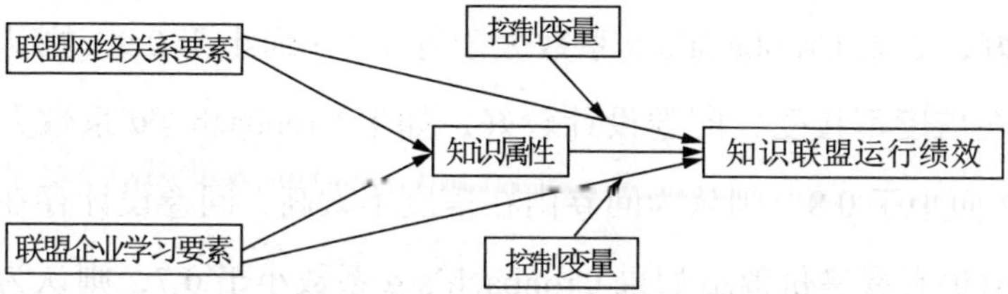

图 6-3 知识联盟运行绩效影响效应检验的概念模型与作用路径图

6.7 数据的信度分析

Lederer & Sethi（1991）指出在一连串重复进行探索性因素分析的过程，每次因素分析过程删除问卷题目的准则，有下列三项：（1）若某一题目自成一个因素者，则删除之（没有信度）；（2）该题目在所属因素的因素负荷量必须大于 0.50（具收敛效度），否则删除；（3）每一个题目，其所对应的因素负荷量，必须接近 1.0，但在其他因素之因素负荷量必须接近 0（具区别效度）。此隐含着，若该题目在所有因素之因素负荷量小于 0.5，或该题目因素负荷量有两个以上是大于 0.5（横跨二个因素以上）者，都须删除。本研究根据以上准则，首先检验本研究量表效度。先以 Bartlett's 球形检验与 KMO 检验，进行了因素分析。在因素分析之后，为进一步了解问卷的可靠性与有效性，要做信度检验，即保证所有题目在所属构面中，具有高度的一致性，再以 Cronbach's α 值验证量表信度。本研究以 Cronbach's α 系数为评判标准，α 的值越大表示该因素内部各题项之间的关系越大，即该因素的内部一致性越高。一般来说，如果 Cronbach's α 系数大于等于 0.9，则认为问卷内在信度很高，问卷设计很好；如果 Cronbach's α 系数大于等于 0.8 而小于 0.9，则认为问卷内在信度可接受，问卷设计较好；如果 Cronbach's α 系数大于等于 0.7 而小于 0.8，则认为问卷内在信度不太高，问卷设计存在一定问题但仍有参考价值；如果 Cronbach's α 系数小于 0.7，则认为问卷内在信度很低，问卷应重新设计。问卷各部分内容调查信度检验具体如下：

表 6-11　学习特征子量表的信度检验

潜在变量	显变量	删除该变量后的 α 值	Cronbach's α 系数
L1（学习行为）	LB1	.7593	.7878
	LB2	.7517	
	LB3	.7733	
	LB4	.7555	
	LB5	.6948	
L2（学习风格）	LB6	.7890	.8420
	LB7	.7797	
	LB8	.7716	

表 6-12　学习能力子量表的信度检验

潜在变量	显变量	删除该变量后的 α 值	Cronbach's α 系数
A1（合作管理能力）	LA1	.7427	.8293
	LA2	.7410	
	LA3	.6866	
	LA4	.6284	
A2（合作吸收能力）	LA5	.6706	.8391
	LA6	.5511	
	LA7	.7198	

表 6-13　知识联盟网络关系子量表的信度检验

潜在变量	显变量	删除该变量后的 α 值	Cronbach's α 系数
知识网络结构	N1	.8157	.8707
	N2	.8154	
	N3	.8145	
	N4	.8001	
	N5	.9412	
R1 合作距离	R11	.8363	.8497
	R12	.8288	
	R13	.7804	
	R14	.7874	
R2 信任程度	R15	.7333	.8462
	R16	.7465	
	R17	.8584	
	R18	.8482	

表 6-14　知识联盟网络动态因素子量表的信度检验

潜在变量	显变量	删除该变量后的 α 值	Cronbach's α 系数
D 合作动态因素	D1	.7677	.8031
	D2	.7459	
	D3	.7338	
	D4	.7995	
	D5	.7459	
	D6	.8322	

表 6-15　知识网络合作控制子量表的信度检验

潜在变量	显变量	删除该变量后的 α 值	Cronbach's α 系数
C1 正式控制因素	C11	.7832	0.8507
	C12	.8092	
	C13	.8044	
	C14	.8396	
C2 非正式控制因素	C15	.7548	0.8183
	C16	.7798	
	C17	.7178	
	C18	.7391	

表 6-16　知识属性子量表的信度检验

潜在变量	显变量	删除该变量后的 α 值	Cronbach's α 系数
K 知识属性	K1	.7557	0.7914
	K2	.7080	
	K3	.7058	
	K4	.7325	
	K5	.7513	

通过 Cronbach's α 值验证量表信度后，我们发现以上所有变量都通过了问卷的信度检验，大部分潜在变量的 Cronbach's α 值保持在（0.8，0.9）这个区间内，仅有知识属性这一变量的 Cronbach's α 值低于 0.8，但接近 0.8，我们认为问卷内在信度虽然不太高，但仍有参考价值，总体而言，该问卷具有较高的一致性，可以通过信度检验。

基于企业知识联盟运行绩效评价的理论框架和概念模型，本章将在研究设计和基本的数据处理的基础上，利用 SPSS 和 Amos 软件，通过结构方程建模（SEM）和典型统计分析对有效回收的问卷进行量化分析，并对检验结果进行讨论。

6.8　变量间的相关分析

6.8.1　解释变量间的相关分析

（1）企业学习要素与知识属性间的相关分析

为了分析企业保护主义学习行为与知识联盟转移知识的模糊性属性之间是否存在相关关系以及它们之间的相关程度和方向性，我们首先看表 6-17。

通过表 6-17 的数据分析，我们发现如下几个基本的结论。

◇ 被调查企业保护自身知识的行为与知识的实践性特征以及内隐性特征等指标存在一定的正相关关系。

◇ 合作伙伴保护自有知识的行为则与知识的专有性以及内隐性

表 6-17 企业学习特征与知识属性间的相关关系表

隐变量	显变量	系数类型	K1（理论性）	K2（实践性）	K3（专有性）	K4（内隐性）	K5（模糊性）
学习行为L1	LB1	Pearson 系数	.139	**.107**	.004	.003	**.093**
	我们的保护行为	Sig.（2-tailed）	.079	.176	.957	.973	.239
	LB2	Pearson 系数	.032	.038	**.060**	.131	**.309**（**）
	伙伴的保护行为	Sig.（2-tailed）	.686	.629	.451	.098	.000
	LB3	Pearson 系数	**.334**（**）	**.279**（**）	**.126**	**.103**	**.249**（**）
	我们的学习竞赛	Sig.（2-tailed）	.000	.000	.112	.195	.001
	LB4	Pearson 系数	**.429**（**）	**.259**（**）	**.154**	**.249**（**）	**.478**（**）
	伙伴的学习竞赛	Sig.（2-tailed）	.000	.001	.052	.001	.000
	LB5	Pearson 系数	.154	.131	–.035	**.168**（*）	**.409**（**）
	双方竞争学习	Sig.（2-tailed）	.051	.099	.664	.033	.000
学习风格L2	LB6	Pearson 系数	.129	.145	**.189**（*）	.032	–.121
	按约定学习	Sig.（2-tailed）	.102	.067	.017	.691	.126

续表

隐变量	显变量	系数类型	K1（理论性）	K2（实践性）	K3（专有性）	K4（内隐性）	K5（模糊性）
学习风格L2	LB7	Pearson 系数	–.029	**.117**	**.070**	**.226 (**)**	**.245 (**)**
	鼓励体会对方的隐性知识	Sig.（2-tailed）	.716	.138	.377	.004	.002
	LB8	Pearson 系数	–.046	.122	**.162 (*)**	**.056**	**.222 (**)**
	双环学习	Sig.（2-tailed）	.566	.124	.040	.477	.005

** Correlation is significant at the 0.01 level（2-tailed）. * Correlation is significant at the 0.05 level（2-tailed）.

特征指标存在正相关关系。

◇ 而被调查企业一旦将合作学习看作一种学习竞赛的话，则它与知识模糊性的所有特征均表现为较为明显的正相关关系。

◇ 合作伙伴的学习竞赛行为与其所传递知识的模糊性的所有特征均表现为较为明显的正相关关系。

◇ 双方的学习竞争性与知识内隐性存在较为明显的正相关关系。

◇ 按约定学习 / 传授知识的学习风格与知识的隐含性特征基本无关系，仅与知识的专有性呈显著的正相关关系。

◇ 被调查企业鼓励从事合作事宜的员工采取多学习对方隐性（核心）知识的学习模式则与知识的实践性、专有性、隐含性特征均存在正相关关系，而与知识的理论性不存在明显的相关关系。

◇ 被调查企业敢于挑战既有合作方针和原则的双环式学习模式则与知识的隐含性、专有性存在显著正相关关系。

H10a 和 H10b 得以验证，即合作企业的保护主义学习行为越强烈，合作企业间的学习越趋于竞赛式，转移的知识越具有模糊性特征。

（2）合作距离与知识属性之间的相关关系分析

为了分析项目合作各方之间的合作距离与知识联盟转移知识的模糊性属性之间关系程度、方向性以及是否相关等问题，我们对二者进行了变量两两相关的方法对之进行分析，具体相关情况可看表 6-18 的分析结果：

◇ 组织间的文化差异与知识的模糊特征的各项指标均存在显著的正相关关系。

◇ 项目负责人处理及管理业务的方式差异与知识的模糊特征的各项指标均存在正相关关系。

◇ 项目合作动机的差异与知识的模糊性特征的大多数指标呈正相关关系。

◇ 项目业务合作领域的差异与知识的理论特性、实践特性要求以及内隐特性之间存在显著的正相关关系。

由此，可以看出假设 H3 得以验证，知识联盟企业间合作距离会加大知识的显性化的难度，从而使知识在转移中黏滞。

表 6-18　企业间合作距离与知识属性间的相关关系表

潜变量	显变量	系数类型	K1（理论性）	K2（实践性）	K3（专有性）	K4（内隐性）	K5（模糊性）
合作距离R1	R11	Pearson 系数	.257（**）	.165（*）	.195（*）	.220（**）	.387（**）
	文化差异	Sig.（2-tailed）	.001	.037	.013	.005	.000
	R12	Pearson 系数	.356（**）	.266（**）	.159（*）	.128	.527（**）
	负责人项目管理差异	Sig.（2-tailed）	.000	.001	.043	.105	.000
	R13	Pearson 系数	.316（**）	.274（**）	.152	.074	.465（**）
	合作动机差异	Sig.（2-tailed）	.000	.000	.054	.351	.000
	R14	Pearson 系数	.362（**）	.243（**）	.135	–.015	.228（**）
	业务领域	Sig.（2-tailed）	.000	.002	.087	.847	.004
		N	264	264	264	264	264

** Correlation is significant at the 0.01 level（2-tailed）. * Correlation is significant at the 0.05 level（2-tailed）.

（3）信任程度与知识属性之间的相关关系分析

为了分析项目合作各方之间的信任程度与知识联盟转移知识的模糊性属性之间关系程度、方向性以及是否相关等问题，我们对二者进行了变量两两相关的方法对之进行分析，具体相关情况可看表 6-19 的分析结果：

表 6-19 企业间的信任与知识属性间的相关关系表

隐变量	显变量	系数类型检验方法	K1（理论性）	K2（实践性）	K3（专有性）	K4（内隐性）	K5（模糊性）
信任水平R2	R15	Pearson 系数	.074	–.050	**–.263（**）**	**–.251（**）**	**–.186（*）**
	心理信任	Sig.（2-tailed）	.352	.531	.001	.001	.018
	R16	Pearson 系数	.058	–.015	**–.223（**）**	**–.229（**）**	**–.229（**）**
	能力信任	Sig.（2-tailed）	.464	.850	.005	.004	.004
	R17	Pearson 系数	.052	.017	**–.266（**）**	–.139	–.146
	友善信任	Sig.（2-tailed）	.514	.832	.001	.079	.064
	R18	Pearson 系数	.011	–.077	**–.311（**）**	**–.228（**）**	**–.165（*）**
	制度信任	Sig.（2-tailed）	.894	.334	.000	.004	.037
		N	264	264	264	264	264

** Correlation is significant at the 0.01 level（2-tailed）. * Correlation is significant at the 0.05 level（2-tailed）.

◇ 企业间的心理信任与知识的模糊特征的专有性、隐含性指标存在显著的负相关关系。

◇ 企业间的能力信任与知识的模糊特征的专有性、隐含性指标存在显著的负相关关系。

◇ 企业间的友善信任与知识的模糊性特征的专有性数指标呈显著的负相关关系。

◇ 企业间的制度信任与知识的模糊特征的专有性、隐含性指标存在显著的负相关关系。

假设 H4a 得以验证，即知识联盟企业间的信任程度可以降低它们之间转移知识的模糊性。

（4）信任程度与合作控制机制选择之间的相关关系

为了分析项目合作各方之间的信任程度与知识联盟合作控制机制选择之间关系程度、方向性以及是否相关等问题，我们对二者进行了变量两两相关的方法对之进行分析，具体相关情况可看表 6-20 和表 6-21 的分析结果。

表 6-20　企业间信任与合作控制机制选择间的相关关系表

隐变量	显变量	系数类型检验方法	C15 合作渠道选择	C16 合作内容 / 方式变化	C17 合作范围拓展	C18 合作监督
合作企业间信任程度 R2	R15	Pearson 系数	**.346**（**）	**.267**（**）	.066	−.011
	心理信任	Sig.（2-tailed）	.000	.001	.405	.888
	R16	Pearson 系数	**.324**（**）	**.255**（**）	.085	.036
	能力信任	Sig.（2-tailed）	.000	.001	.286	.647
	R17	Pearson 系数	**.232**（**）	**.235**（**）	−.016	**.216**（**）
	友善信任	Sig.（2-tailed）	.003	.003	.844	.006
	R18	Pearson 系数	.151	.126	−.130	.089
	组织信任	Sig.（2-tailed）	.056	.111	.101	.259
		N	264	264	264	264

** Correlation is significant at the 0.01 level（2-tailed）. * Correlation is significant at the 0.05 level（2-tailed）.

表 6-21 企业间信任与正式控制的合作选择间的相关关系表

隐变量	显变量	系数类型检验方法	C11 严格监督对方行为	C12 严格履行合同	C13 严格签订合同	C14 严格考评履约情况
企业间信任程度 R2	R15	Pearson 系数	.088	**.179** (*)	.087	.055
	心理信任	Sig.（2-tailed）	.269	.023	.270	.488
	R16	Pearson 系数	.062	**.179** (*)	.093	.037
	能力信任	Sig.（2-tailed）	.434	.023	.242	.644
	R17	Pearson 系数	–.044	**.220** (**)	.001	**–.215** (**)
	友善信任	Sig.（2-tailed）	.583	.005	.986	.006
	R18	Pearson 系数	**–.211** (**)	.011	.065	–.151
	组织信任	Sig.（2-tailed）	.007	.888	.411	.056
		N	264	264	264	264

** Correlation is significant at the 0.01 level（2-tailed）. * Correlation is significant at the 0.05 level（2-tailed）.

通过表 6-20 和表 6-21 的数据分析，初步检验出信任机制与合作各方对合作控制机制选择之间的关系，其结果如下：

◇ 企业间的心理信任程度、友善信任程度以及能力信任程度均与企业在合作渠道的选择、合作过程中合同内容和方式的变更具有显著的正相关关系，进一步看，能力信任水平还与合作过程的宽松的监督机制之间也存在正相关关系。这意味着企业间信任水平越高，它们越倾向于选择宽松的合作控制机制。**假设 H1a 得到验证，即企**

业间的信任程度与非正式控制机制之间存在正相关关系。

◇ 另一方面，样本数据又得出企业间的心理信任程度、友善信任程度以及能力信任程度与合作各方签订以及严格履行合同规定方面的正式控制机制的选择之间也存在较为显著的正相关关系，而友善信任和组织机构间的高度信任则与合同监督和合同检验之间存在显著的负相关关系。这意味着企业间的信任。

◇ 水平越高，即使是正式控制机制的合作项目，也会选择较为松散的监管机制。**假设 H1b 没有完全得到验证，即企业间的信任程度与正式控制机制之间存在不确定的相关关系**。

表 6-22　企业间控制机制选择与转移知识属性的相关关系表

潜变量	显变量	系数类型	K1（理论性）	K2（实践性）	K3（专有性）	K4（内隐性）	K5（模糊性）
正式控制F1	C11	Pearson 系数	.096	.089	.147	–.032	–.011
	严格监督对方行为	Sig.（2-tailed）	.228	.263	.062	.687	.894
	C12	Pearson 系数	.042	.025	.028	–.029	–.001
	严格履行合同	Sig.（2-tailed）	.594	.754	.726	.711	.989
	C13	Pearson 系数	.021	–.012	.141	.000	–.002
	严格签订合同	Sig.（2-tailed）	.789	.876	.075	.999	.975
	C14	Pearson 系数	.003	–.123	.081	–.035	–.046
	严格考评履约情况	Sig.（2-tailed）	.972	.122	.306	.664	.562

续表

潜变量	显变量	系数类型	K1（理论性）	K2（实践性）	K3（专有性）	K4（内隐性）	K5（模糊性）
非正式控制F2	C15	Pearson系数	**.666**（**）	**.341**（**）	**.208**（**）	.129	.109
	合作渠道选择	Sig.（2-tailed）	.000	.000	.008	.104	.170
	C16	Pearson系数	**.359**（**）	**.588**（**）	**.282**（**）	.132	.105
	合作内容/方式变化	Sig.（2-tailed）	.000	.000	.000	.096	.186
	C17	Pearson系数	**.315**（**）	**.374**（**）	**.652**（**）	**.279**（**）	**.214**（**）
	合作范围拓展	Sig.（2-tailed）	.000	.000	.000	.000	.006
	C18	Pearson系数	.121	**.160**（*）	**.273**（**）	**.494**（**）	**.286**（**）
	合作监督	Sig.（2-tailed）	.125	.042	.000	.000	.000

** Correlation is significant at the 0.01 level（2-tailed）. * Correlation is significant at the 0.05 level（2-tailed）.

（5）控制机制与知识属性之间的相关关系分析

为了分析项目合作各方之间合作控制机制选择与转移知识的属性之间的关系程度、方向性以及是否相关等问题，我们对二者进行了变量两两相关的方法对之进行分析，具体相关情况可看表 6-22 的分析结果：

◇ 企业选择什么样的合作控制机制与需要学习和转移的知识的属性具有较强的关系，非正式控制机制与转移知识的模糊性特征具有较强的正相关关系，这从上表的加黑标注的数据可以明显看出，而采用正式控制机制的合作则与要学习的知识没有任何显著相关关系。

由此验证了 H1c：**企业间的非正式控制机制与联盟合作转移的知识属性之间存在正相关关系。与此同时，H1d：企业间的正式控制机制与联盟合作转移的知识属性之间存在不确定相关关系也部分得到验证**。

6.8.2　单变量与被解释变量间的相关分析

（1）企业学习特性与企业知识联盟合作绩效间的相关分析

为了分析项目合作各方的学习特性与企业知识联盟合作绩效之间的关系程度、方向性以及是否相关等问题，我们用变量两两相关的方法对之进行分析，具体相关情况可看表 6-23 的分析结果：

◇ 从企业从事合作事宜的员工的保护自有知识意识（LB1，LB2，LB3，LB4，LB5）层面来看，对企业私有知识获取方面的绩效（P5，P6，P7，P9）影响基本是正面的显著性影响效果。

◇ 而对企业合作共有知识获得方面的绩效（P1，P2，P3）的影响，除了 LB1（保护自有知识）对共有知识获取有正面影响之外，其余竞争导向的学习特性对合作企业共有知识创造的影响都是负面的（尽管这些影响效果并不显著，但用黑色斜体标示的数据，至少证明它们之间存在一定的负相关关系）。

◇ 从加强学习竞赛导向的学习风格层面来看，LB7（我们鼓励从事项目合作的人员多体会对方的隐含性知识）和 LB8（双环学习导向的组织）对共有知识获取也有正面的影响效果。而 LB6（仅学习合约规定知识的学习风格）则与共有知识以及私有知识获取能力具有负面影响。从而验证了前述**假设 H6，即联盟企业保护自有知识的意识越强，越不利于知识联盟企业共有知识基础提升绩效，但是，短期内却会给采取这种学习特点的企业带来较高的私有知识**。

◇ LB1，LB4，LB7 和 LB8 等学习特性对合作的延续性倾向有正面影响，而除了 LB1 和 LB8 指标对满意度绩效有正面影响之外，其余指标均存在某种程度的负面影响。这与我们前述**假设 H6，即联盟企业对自有知识（专利知识、专有技能、机密文件等）的保护力度越强，越不利于增加合作的过程绩效不能完全相符合**。我们认为，企业尽管对合作满意度不高，但是依然愿意和合作伙伴展开后续合作，原因可能与私有知识获取的高比例有巨大的关联性。

（2）合作学习能力与知识联盟合作运行绩效之间的相关分析

为了分析项目合作各方的学习特性与企业知识联盟合作绩效之间的关系程度、方向性以及是否相关等问题，我们用变量两两相关的方法对之进行分析，从下表 6-24 具体相关情况可看，分析结果如下：

◇ 合作能力和合作吸收能力与合作绩效基本均呈现较为明显的正相关关系；

◇ 企业内部经常性的合作经验的交流对合作延续性倾向不具有任何影响；

◇ 企业以往的合作经验对被调查企业今后与合作伙伴的合作延续性倾向正面影响效果一般。

从而验证了**假设 H7a，即企业学习能力越高，知识联盟内知识基础提升绩效越好；H7b 企业学习能力越高，知识联盟企业间合作延续性倾向越高**。

表 6-23　企业保护、竞争性学习与知识联盟合作绩效的相关关系表

	P5 私有知识	P6 私有知识	P7 私有知识	P9 私有知识	P1 共有知识	P2 共有知识	P3 共有知识	P13 合作延续	P14 合作延续	P15 合作延续	P16 合作延续	P17 合作延续	P10 满意度	P11 满意度	P12 满意度
LB1	.000	**.258**（**）	**.191**（*）	.053	**.285**（**）	**.172**（*）	**.283**（**）	.124	**.225**（**）	**.209**（**）	.150	–.005	**.343**（**）	**.285**（**）	**.172**（*）
	.999	.001	.015	.501	.000	.029	.000	.118	.004	.008	.057	.952	.000	.000	.029
LB2	**.190**（*）	**.230**（**）	**.184**（*）	.067	.052	***–.021***	.083	.089	.125	.132	.101	.117	.143	.052	***–.021***
	.016	.003	.020	.398	.512	.790	.298	.262	.115	.094	.203	.140	.070	.512	.790
LB3	.112	**.209**（**）	**.218**（**）	.036	***–.061***	***–.013***	.006	.105	.097	.076	.134	.005	.079	***–.061***	*–.013*
	.158	.008	.005	.651	.440	.868	.940	.186	.219	.340	.090	.953	.318	.440	.868
LB4	**.290**（**）	**.276**（**）	**.324**（**）	**.177**（*）	.018	***–.040***	.063	**.196**（*）	**.195**（*）	**.206**（**）	.058	.129	.131	.018	***–.040***
	.000	.000	.000	.025	.818	.610	.427	.013	.013	.009	.466	.102	.097	.818	.610
LB5	.097	**.446**（**）	**.246**（**）	.098	.106	***–.022***	**.200**（*）	**.179**（*）	**.332**（**）	**.187**（*）	**.231**（**）	.084	**.182**（*）	.106	*–.022*
	.220	.000	.002	.215	.179	.782	.011	.023	.000	.017	.003	.289	.021	.179	.782
LB6	*–.074*	.061	.093	***–.083***	.031	***–.042***	***–.095***	.013	.118	.145	***–.028***	***–.112***	.028	.031	***–.042***
	.349	.442	.243	.296	.692	.593	.228	.868	.137	.066	.724	.159	.725	.692	.593
LB7	**.195**（*）	**.188**（*）	**.174**（*）	**.229**（**）	.087	.054	.007	**.186**（*）	.083	.128	**.195**（*）	**.159**（*）	***–.007***	.087	.054
	.013	.017	.028	.003	.272	.495	.928	.018	.293	.106	.013	.043	.927	.272	.495
LB8	**.300**（**）	**.213**（**）	**.412**（**）	**.287**（**）	**.195**（*）	**.319**（**）	.089	**.270**（**）	**.197**（*）	**.401**（**）	**.249**（**）	**.250**（**）	.094	**.195**（*）	**.319**（**）
	.000	.007	.000	.000	.013	.000	.264	.001	.012	.000	.001	.001	.236	.013	.000

注：表中所有系数为 perason 系数，** Correlation is significant at the 0.01 level（2-tailed）. * Correlation is significant at the 0.05 level（2-tailed）。

表 6-24 企业合作学习能力与知识联盟合作绩效的相关关系表

指标	P1 共有知识	P2 共有知识	P3 共有知识	P5 私有知识	P6 私有知识	P7 私有知识	P9 私有知识	P10 满意度	P11 满意度	P12 满意度	P17 合作延续	P14 合作延续	P15 合作延续	P16 合作延续	P13 合作延续
LA1 熟悉合作流程	.261 (*)	.237 (**)	.071	.245 (**)	.246 (**)	.268 (**)	.398 (**)	.164 (*)	.261 (**)	.237 (**)	.189 (*)	.194 (*)	.264 (**)	.393 (**)	.281 (**)
LA2 内部合作交流	.163 (*)	.003	.207 (**)	-.030	.208 (**)	-.011	.236 (**)	.266 (**)	.163 (*)	.003	-.024	.198 (*)	.009	.056	.167 (*)
	.039	.974	.009	.710	.008	.892	.003	.001	.039	.974	.760	.012	.914	.481	.035
LA3 前期合作经验	.157 (*)	.236 (**)	.191 (*)	.129	.062	.005	.166 (*)	.242 (**)	.157 (*)	.236 (**)	.055	.051	.032	.185 (*)	.225 (**)
	.046	.003	.015	.104	.438	.950	.035	.002	.046	.003	.485	.517	.683	.019	.004
LA4 合作经验总结	.230 (*)	.185 (*)	.144	.241 (**)	.239 (**)	.275 (**)	.325 (**)	.307 (**)	.230 (**)	.185 (*)	.151	.075	.172 (*)	.202 (*)	.221 (**)
	.003	.018	.069	.002	.002	.000	.000	.000	.003	.018	.055	.344	.029	.010	.005
LA5 有实践专家	.363 (*)	.336 (**)	.212 (**)	.153	.331 (**)	.276 (**)	.165 (*)	.188 (*)	.363 (**)	.336 (**)	.130	.229 (**)	.280 (**)	.348 (**)	.262 (**)
	.000	.000	.007	.053	.000	.000	.036	.017	.000	.000	.101	.003	.000	.000	.001
LA6 有理论专家	.279 (*)	.122	.184 (*)	.102	.180 (*)	.137	.267 (**)	.343 (**)	.279 (**)	.122	.063	.122	.081	.226 (**)	.184 (*)
	.000	.122	.019	.199	.023	.082	.001	.000	.000	.122	.431	.124	.310	.004	.019
LA7 能学以致用	.102	-.044	-.040	.278 (**)	.420 (**)	.290 (**)	.312 (**)	.072	.102	-.044	.157 (*)	.212 (**)	.255 (**)	.183 (*)	.240 (**)
	.200	.579	.614	.000	.000	.000	.000	.367	.200	.579	.046	.007	.001	.020	.002
LA8 能改进所学	.172 (*)	.197 (*)	.203 (**)	.298 (**)	.234 (**)	.394 (**)	.369 (**)	.172 (*)	.172 (*)	.197 (*)	.219 (**)	.100	.327 (**)	.300 (**)	.321 (**)
	.029	.012	.010	.000	.003	.000	.000	.029	.029	.012	.005	.209	.000	.000	.000

注：表中所有系数为 perason 系数，** Correlation is significant at the 0.01 level（2-tailed），* Correlation is significant at the 0.05 level（2-tailed）。

（3）合作企业控制机制选择与知识合作创造绩效的相关分析

为了分析合作企业控制机制与企业知识联盟合作绩效之间的关系程度、方向性以及是否相关等问题，我们用变量两两相关的方法对之进行分析，具体相关情况可看表 6-25，分析发现：

◇ 企业选择正式控制机制有利于共有知识基础提升；

◇ 企业选择非正式控制机制有利于私有知识基础的提升；

从而验证了假设 H1c 和假设 H1d，**即企业采取正式控制联盟方式对于共有知识的创造有正面影响，而企业采取基于信任的非正式控制联盟方式对于私有知识的创造有正面影响的基本假设**。

表 6-25　企业控制机制选择与知识联盟合作知识创造绩效的相关关系

指　标	P1 共有知识	P2 共有知识	P3 共有知识	P5 私有知识	P6 私有知识	P7 私有知识	P9 私有知识
C11（person 系数）	**.641**（**）	**.625**（**）	**.629**（**）	−.049	.031	.031	.131
严格监督对方行为	.000	.000	.000	.539	.699	.695	.098
C12（person 系数）	**.058**（**）	**.644**（**）	**.482**（**）	.046	**.192**（*）	**.213**（**）	**.197**（*）
严格履行合同	.001	.000	.000	.565	.015	.007	.012
C13（person 系数）	**.644**（**）	**.780**（**）	**.515**（**）	.105	.029	.113	.054
严格签订合同（person 系数）	.000	.000	.000	.185	.715	.155	.500
C14（person 系数）	**.482**（**）	**.515**（**）	**.565**（**）	−.050	.113	.027	.020
严格考评履约情况	.000	.000	.000	.525	.155	.732	.803
C15（person 系数）	.078	−.043	.059	**.281**（**）	**.356**（**）	**.316**（**）	**.363**（**）
合作渠道选择	.328	.589	.455	.000	.000	.000	.000

续表

指　标	P1 共有知识	P2 共有知识	P3 共有知识	P5 私有知识	P6 私有知识	P7 私有知识	P9 私有知识
C16（person 系数）	**.194**（*）	.103	.003	**.196**（*）	**.266**（**）	**.274**（**）	**.249**（**）
合作内容/方式变化	.014	.195	.966	.013	.001	.000	.001
C17（person 系数）	.106	.099	.026	**.202**（*）	**.159**（*）	.152	.136
合作范围拓展	.179	.210	.740	.010	.043	.054	.085
C18（person 系数）	–.066	–.063	–.106	**.255**（**）	.128	.074	–.007
合作监督	.409	.430	.179	.001	.105	.351	.929

（4）合作企业控制机制选择与合作运行过程绩效的相关分析

表 6-26 是合作企业控制机制（正式控制机制和非正式控制机制）与合作运行过程（满意度，P10，P11，P12；合作运行过程，P17，P14，P15，P16，P13）之间的两两简单相关关系。

表 6-26　企业控制机制选择与知识联盟合作过程绩效的相关关系表

	P10 满意度	P11 满意度	P12 满意度	P17 合作延续	P14 合作延续	P15 合作延续	P16 合作延续	P13 合作延续
C11	**.504**（**）	**.641**（**）	**.625**（**）	–.041	–.002	.008	–.030	**.179**（*）
严格监督对方行为	.000	.000	.000	.605	.980	.920	.704	.023
C12	**.641**（**）	**.035**（**）	**.644**（**）	.065	**.167**（*）	**.195**（*）	**.181**（*）	**.245**（**）
严格履行合同	.000	000.	.000	.415	.034	.013	.022	.002
C13	**.625**（**）	**.644**（**）	**.138**（**）	.068	.041	.056	.191（*）	.106

续表

	P10 满意度	P11 满意度	P12 满意度	P17 合作延续	P14 合作延续	P15 合作延续	P16 合作延续	P13 合作延续
严格签订合同	.000	.000	.000	.393	.602	.482	.015	.182
C14	**.629** (**)	**.482** (**)	**.515** (**)	−.014	.096	.003	.014	.083
严格考评履约情况	.000	.000	.000	.865	.227	.966	.863	.296
C15	.107	.078	−.043	**.166** (*)	**.237** (**)	**.209** (**)	**.203** (**)	**.270** (**)
合作渠道选择	.176	.328	.589	.035	.002	.008	.010	.001
C16	**.264** (*)	**.194** (*)	.103	.137	**.179** (*)	**.254** (**)	**.250** (**)	**.239** (**)
合作内容/方式变化	.041	.014	.195	.083	.023	.001	.001	.002
C17	**.164** (*)	.106	.099	.140	.042	.114	**.196** (*)	.090
合作范围拓展	.038	.179	.210	.076	.595	.151	.013	.258
C18	−.137	−.066	−.063	.142	.048	.069	**.275** (**)	−.003
合作监督	.084	.409	.430	.073	.544	.387	.000	.970

注：表中所有系数为 perason 系数，** Correlation is significant at the 0.01 level（2-tailed），* Correlation is significant at the 0.05 level 2-tailed）。

从数据分析的结果来看：

◇ 选择正式控制机制对于合作满意程度有正面影响，是显著的正相关关系。

◇ 选择非控制机制对于合作延续性有较为显著的正面影响。

验证了 H1e：企业采取基于信任的非正式控制联盟方式对于合

作过程绩效有正面影响的假设。

（5）知识网络结构与知识创造绩效的相关关系

为了分析之间的知识网络结构与知识创造绩效之间的相关关系，我们用变量两两相关的方法对之进行分析，具体相关情况可看表 6-27，分析结果如下：

表 6-27 合作网络结构与知识联盟绩效的相关关系表

	P1 共有知识	P2 共有知识	P3 共有知识	P5 私有知识	P6 私有知识	P7 私有知识	P9 私有知识
N1	**.192**（*）	.029	.109	**.475**（**）	**.789**（**）	**.621**（**）	**.497**（**）
网络多元化	.015	.715	.170	.000	.000	.000	.000
N2	**.213**（**）	.113	.052	**.598**（**）	**.684**（**）	**.875**（**）	**.562**（**）
网络密度	.007	.155	.512	.000	.000	.000	.000
N3	.155（*）	.007	.078	**.413**（**）	**.873**（**）	**.528**（**）	**.426**（**）
网络集中性	.049	.934	.327	.000	.000	.000	.000
N4	**.241**（**）	.132	.098	**.530**（**）	**.579**（**）	**.774**（**）	**.455**（**）
网络规模	.002	.096	.216	.000	.000	.000	.000
N5	**.286**（**）	.148	.087	**.264**（**）	**.314**（**）	**.308**（**）	**.250**（**）
网络开放性	.000	.061	.271	.001	.000	.000	.001

注：表中所有系数为 perason 系数，** Correlation is significant at the 0.01 level（2-tailed），* Correlation is significant at the 0.05 level 2-tailed）。

◇ 合作创造的知识网络所有特征与 P1（合作开发出新知识）均具有显著的正相关关系。

◇ 合作创造的知识网络所有特征与私有知识创造（P5，P6，

P7，P9）之间均存在显著的正相关关系。

◇ 合作创造的知识网络所有特征与合作延续倾向（P17，P14，P15，P16，P13）之间均存在显著的正相关关系。

◇ 合作创造的知识网络所有特征与管理满意度（P11）之间均存在显著的正相关关系，而与其他满意度表现形式 P10，P12 不存在任何的相关关系；而网络的开放性则与三个满意度指标（P10，P11，P12）间均存在显著的正相关关系。

由此，验证了 H2a：知识联盟内，企业间知识的网络关系（多元化、规模化以及密度等）对联盟企业知识基础提升绩效是正相关关系；验证 H2b：企业间知识网络结构的优化对知识联盟企业间合作关系的延续性绩效是正相关关系。

（6）动态因素与合作绩效间的相关关系

从表 6-28 来看，知识联盟动态发展因素对合作绩效具有较大的影响效果。而合作伙伴间信任水平的变迁对于私有知识基础的提升具有明显的正面影响，从而使 H8c **得到验证**，即企业不断增加的信任程度有利于联盟运行绩效的提升；与此同时，从统计结果上来看，不管是自身知识联盟从业人员还是伙伴企业的从业人员变更对于私有知识基础的提升都具有明显的促进作用，这与我们之前假定的企业知识联盟管理工作人员经常性变更不利于联盟运行绩效的提升不符，即 H8a **未得到验证**。我们研究认为，合作企业间工作人员的经常性变动，能够促进高频率的异质知识交流，从而有助于企业自身知识更新与创造。另外，知识联盟从业人员还是伙伴企业的从业人员变更对于知识联盟过程运行绩效基本存在普遍的负面影响，这从

表 6-28 动态因素与知识联盟总体运行绩效的相关关系表

	P1 共有知识	P2 共有知识	P3 共有知识	P5 私有知识	P6 私有知识	P7 私有知识	P9 私有知识	P10 过程满意	P11 管理满意	P12 目标达成	P17 合作频率	P14 伙伴延续	P15 经验建构	P16 合作地位	P13 延续
D1 信任水平变化	.019	.102	–.042	**.957**（**）	**.425**（**）	**.557**（**）	**.646**（**）	–.048	.019	.102	**–.660**（*）	**–.294**（*）	**–.457**（**）	**–.329**（*）	**–.445**（*）
D2 伙伴承诺变化	**.192**（*）	.029	.113	**.500**（**）	**.067**（**）	**.700**（**）	**.570**（**）	.031	**–.192**（*）	.029	**–.399**（*）	**–.690**（**）	**–.599**（*）	**–.451**（*）	**.478**（*）
D3 自身承诺变化	.113	**.213**（**）	.027	**.613**（**）	.453	**.087**（**）	**.669**（**）	.031	**–.213**（**）	.113	**–.495**（**）	**–.539**（*）	**–.794**（**）	**–.393**（*）	**–.559**（*）
D4 伙伴人员变化	**.30**（**）	**.315**（**）	**.271**（**）	**.369**（**）	**.459**（**）	.383	**.306**（**）	.114	**–.300**（**）	**–.315**（**）	**.351**（*）	**–.462**（**）	**.349**（*）	**–.758**（*）	**.366**（*）
D5 自身人员变化	**.197**（*）	.054	.020	**.698**（**）	**.570**（**）	**.669**（**）	**.042**（**）	.131	**.197**（*）	.054	**.581**（**）	**–.425**（*）	**–.601**（*）	**–.382**（*）	**–.709**（*）
D6 合作关系变化	**–.31**（*）	**–.202**（*）	**–.139**（**）	**.236**（**）	**.336**（**）	**.318**（**）	**.222**（**）	**–.34**（**）	**–.296**（**）	**–.202**（*）	**.188**（*）	**–.313**（**）	**.322**（**）	**.158**（*）	**–.309**（*）
N	264	264	264	264	264	264	264	264	264	264	264	264	264	264	264

注：表中所有系数为 perason 系数，** Correlation is significant at the 0.01 level（2-tailed），* Correlation is significant at the 0.05 level（2-tailed）。

表 6-28 中的负相关关系中可以看出。从而使 H9 **部分得到验证**。**此外**，合作关系向竞争型转变对联盟企业私有知识基础提升绩效有正面影响，协作性（垂直型）知识联盟对公共知识基础的提升绩效有正面影响。另外，我们也发现合作关系向竞争型关系类型的转变则不利于过程绩效的改进。

6.9　结构方程模型分析

6.9.1　结构方程及其拟合检验的主要指标

线性结构关系模式已成为行为与社会科学研究上的一项重要工具，此分析方法之普及，主要是因为在现实情况中，有许多变量经常是不能直接观测的，而其又在假设性的理论架构中扮演着重要的角色。本研究在问卷中设计了一连串的问题以量测模式中的潜在变量，这些潜在变量包括知识联盟自身特征、联盟企业学习特征、知识模糊性以及联盟运行绩效等，以探讨这些潜在变量的因果关系，因此在这一节中利用 Amos 统计软件进行模式的分析。结构方程分析模式分为测量模式和结构模式两类：

（1）测量模式。测量模式就是验证性因素分析模式（Confirmatory Factor analysis；CFA），又称为验证性因素分析，模型数学表达式如下：

$$x = \Lambda x\xi + \delta \text{ ①}$$

$$y = \Lambda y\eta + \varepsilon \text{ ②}$$

其中①是内生变量的测量模型，y 是由 p 个内生指标组成的 $p\times 1$ 向量，η 是由 m 个内生潜变量（因子）组成的 $m\times 1$ 向量，Λy 是 y 在 η 上的 $p\times m$ 因子负荷矩阵，ε 是 p 个测量误差组成的 $p\times 1$ 向量；②是外源变量的测量方程，x 是由 q 个外源指标组成的 $q\times 1$ 向量，ξ 是由 n 个外源潜变量（因子）组成的 $n\times 1$ 向量，Λx 是 x 在 ξ 上的 $q\times m$ 因子负荷矩阵，δ 是 q 个测量误差组成的 $q\times 1$ 向量。

（2）结构模型

$$\eta = B\eta + \Gamma\xi + \zeta ③$$

在结构方程③中，B 是 $m\times m$ 系数矩阵，描述了内生潜变量 η 之间的彼此影响；Γ 是 $m\times n$ 系数矩阵，描述了外源潜变量 ξ 对内生潜变量 η 的影响；ζ 是 $m\times 1$ 残差向量。

建立结构方程式模型，检定变量的路径系数是否显著，借以验证研究假说。利用 AMOS 来探讨变项间的因果关系时，其因果模式早已预先做好假定，统计方法只是在此因果模式之下，验证施测所得之观察资料适合度（fit），研究者所假设的因果模式未适合施测所得之观察数据，使用者应改用另一种因果模式，直到找到一个最合适的模式为止。本研究将参照表 6-29 中统计量及判别标准，以求研究架构达最佳适配程度，并能对建构的理论模式能够对实际观测所得的数据予以合理的解释与修正。具体来讲，这些指标的统计量及判别标准如下表：

表 6-29　结构方程模型的拟合统计量及判别标准

模型拟合统计值	判别标准
χ^2	靠近自由度
d.f.	越大越好
显著性概率	＞＝ 0.05
χ^2/d.f.	＜＝ 2
拟合优度指数（GFI）	＞＝ 0.9
调整拟合优度（AGFI）	＞＝ 0.8
RMR	＜＝ 0.1
Turker-Lewis 指数（TLI）	＞＝ 0.9
NFI	＞＝ 0.9
比较拟合优度指数（CFI）	＞＝ 0.9
增值拟合优度指数（IFI）	＞＝ 0.9
相对拟合优度指数（RFI）	＞＝ 0.9

6.9.2　模型建构

根据前述因子分析和信度效度检验的结果，我们将在本部分构建三个结构方程，为进一步分析各潜变量间的关系以验证第五章所提出的假设，从而进一步补充相关分析对假设检验的不足。

1. 知识模糊性的结构方程建模与结果分析

（1）建模与估计

从上一节的相关分析中，我们发现基于项目合作的知识联盟中企业间转移的知识的模糊属性与企业学习行为、企业间的合作距离、企业间的信任程度以及合作企业所采取的控制机制关联性比较大。进一步来讲，转移知识的模糊性特征来源于自身的复杂性和专有性以及合作各方人为造成等因素。为此，我们初步构建的验证知识模糊性的如下 SEM 路径图，见图 6-4。

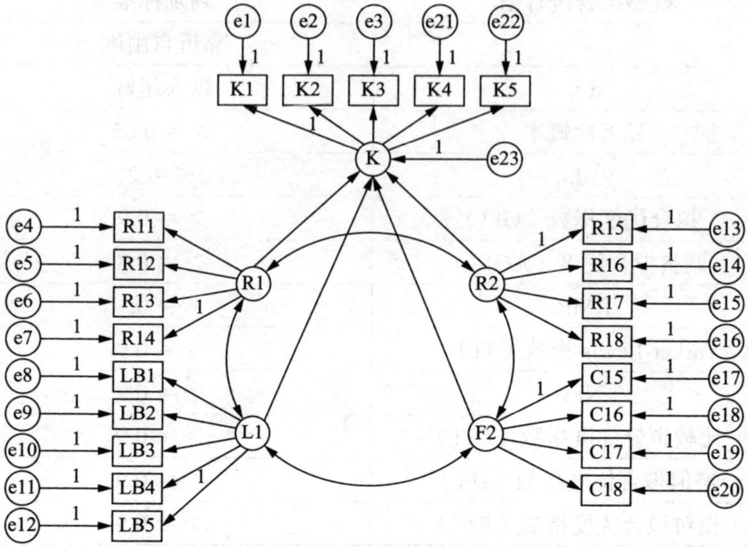

图 6-4　知识属性的 SEM 模型路径图

表 6-30　初始知识属性 SEM 模型路径拟合后的各统计指标值

CMIN	DF	CMIN/DF	RMR	GFI	AGFI	NFI Delta1	RFI rho1	IFI Delta2	TLI rho2	CFI
498.359	188	2.651	.120	.868	.845	.768	.715	.841	.801	.838

从表 6-30 所汇总的各主要拟合统计量的值来看，只有少数勉强达到了拟合优度的检验，为此，还需要对本模型进行修正才可以用以检验前述假设前提。

AMOS 不仅给出模型的检验结果，同时还给出了修改指标（Modification Indices），若干变量的修改指标比较大，说明原来假设的模型没有考虑到这几个变量的强相关关系，使得路径分析的条件无法达到，需要对模型做出修改，以承认这些变量之间的关系，主要是增加残差间的协方差关系。AMOS 的模型调整不是一次或是二次就能够完全实现的，每次经过 AMOS 计算之后的模型，AMOS 在其计算结果中都会给出相应的调整参考，根据 AMOS 的这种功能，通过建立变量之间的相关关系来消除路径的偏差，最终得到能够跟数据拟合的模型。

根据 AMOS 7.0 运行结果中的 Modification Indices，在初始模型中增加了如表 6-31 所示的残差间的协方差关系和变量间的路径关系。

表 6-31　AMOS 7.0 提供的知识属性结构方程修正模型增加的关系

e8	<-->	e9	e10	<-->	e11	e11	<-->	e12	e13	<-->	e14
e15	<-->	e16	e17	<-->	e18	e7	<-->	e4	e5	<-->	e4
e19	<-->	e20	e14	<-->	e15	e1	<-->	e2	e21	<-->	e22
e8	<-->	e11	L1	<-->	R2	R1	<-->	F2			

重新针对变化的路径图，见图 6-5，计算拟合结果，见表 6-32。

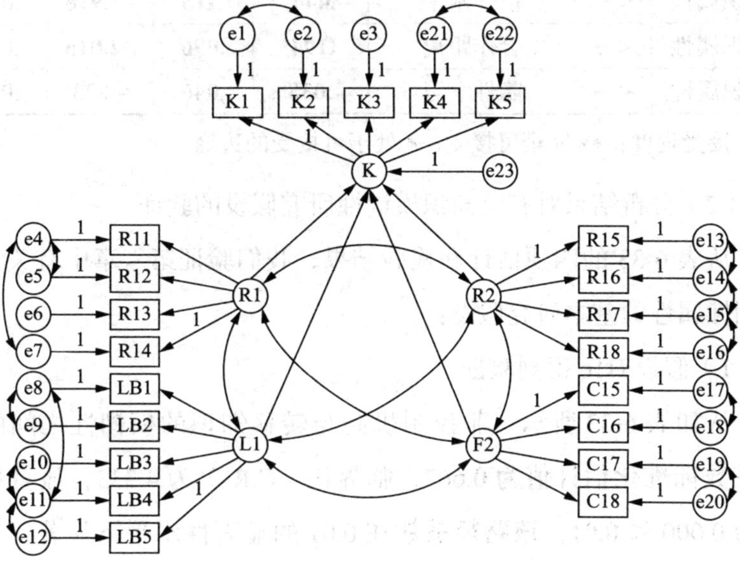

图 6-5　调整后的知识属性路径结构图

表 6-32 知识属性 SEM 模型调整后路径拟合后的各统计指标值

CMIN	DF	CMIN/DF	RMR	GFI	AGFI	NFI Delta1	RFI rho1	IFI Delta2	TLI rho2	CFI
516.056	196	2.633	0.043	.918	.889	.934	.910	.821	.878	.924

从表 6-32 的拟合结果来看，RMR 大幅度减少，GFI、NFI、RFI、CFI 都达到了 0.9 以上，而 AGFI、TLI、IFI 等也达到了 0.8 以上，说明模型达到了很好的拟合效果，可以用来验证模型的前提假设。设定模型的标准化估值，临界比（C.R.），以及路径关系系数的显著性检验结果如下表 6-33。

表 6-33 修正知识属性 SEM 结构模型中的参数估计

			Estimate	S.E.	C.R.	P 值
知识属性	<---	非正式控制机制	**.667****	**.150**	**4.433**	.00
知识属性	<---	信任水平	**–.444****	**.113**	**–3.928**	.00
知识属性	<---	合作距离	**.194***	**.096**	**2.015**	.044
知识属性	<---	隐性学习	**–.038***	.046	–.823	.010

接受程度：** 完全可接受；* 处于可接受的边缘。

（2）分析结果对有关知识模糊性研究假设的验证

从表 6-33 的四项估计和检验结果，我们验证第六章中有关知识模糊性属性的基本研究假设：

1）假设 H1c 得到验证：

从如表 6-33 所示，非控制机制与转移知识的模糊性之间的路径系数标准化估计值为 0.667，临界比（C.R.）为 4.333，显著性概率为 0.000 ＜ 0.01，该路径系数在 0.01 的显著性水平下显著，假设 H5-2-1c 成立。即企业间的非正式控制机制与联盟合作转移的知识属性之间存在正相关关系。

2）假设 H3b 得到验证：

从如表 6-33 所示，企业间的合作距离（R1）与转移知识的模糊性（K）之间的路径系数标准化估计值为 0.194，临界比（C.R.）为 2.015，显著性概率为 0.044 < 0.05，该路径系数在 0.05 的显著性水平下显著，假设 H5-2-3b 成立。即知识联盟合作企业间的合作距离会加大知识的显性化的难度，从而使知识在转移中黏滞。

3）假设 H4a 得到验证：

从如表 6-33 所示，企业间的信任程度（R2）与转移知识的模糊性（K）之间的路径系数标准化估计值为 –0.444，临界比（C.R.）为 –3.928，显著性概率为 0.000 < 0.01，该路径系数在 0.01 的显著性水平下显著，假设 H5-2-4a 成立。这意味着，知识联盟企业间的信任程度（R2）可以降低它们之间转移知识的模糊性（K），即信任程度与知识模糊性之间存在负相关关系。

4）假设 H5c 得到验证

从如表 6-33 所示，联盟企业隐蔽性学习（L1）与转移知识的模糊性（K）之间的路径系数标准化估计值为 –0.038，临界比（C.R.）为 –.823，显著性概率为 .010 < 0.05，该路径系数在 0.05 的显著性水平下显著，假设 H5-3-1c 成立，即联盟企业隐蔽性学习强度越大与转移知识的模糊性越强得到数据支持。

2. 知识基础提升绩效的结构方程建模与结果分析

（1）建立模型与参数估计

根据本章上一节的相关分析，我们认为企业间合作基础的提升与企业的学习行为、学习风格、合作能力以及吸收能力以及知识属性等变量之间都存在一定的相关关系。为此，我们初步构建了下列SEM路径图6-6。

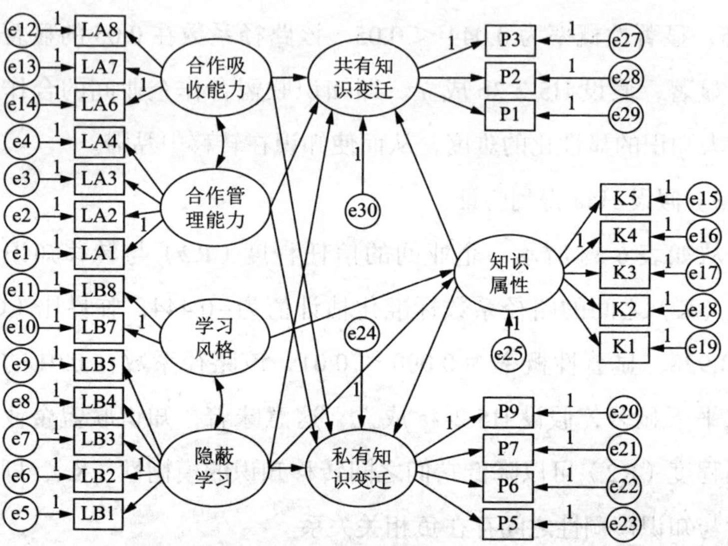

图 6-6　初始构建的知识基础变迁结构路径图

表 6-34　知识基础变迁 SEM 模型路径拟合初始统计指标值

CMIN	DF	CMIN/DF	RMR	GFI	AGFI	NFI Delta1	RFI rho1	IFI Delta2	TLI rho2	CFI
780.175	288	2.709	.12	.768	.813	.768	.825	.901	.832	.898

从初步构建的路径图拟合出的各统计指标值均显示拟合效果欠佳，为此，我们通过系统本身提供的修正指标，做了多次调整：

在部分选择了残差协方差关系的基础上，我们变更了以下几条变量间的关系：

表 6-35　系统自身提供的知识基础结构路径调整指数

e14	<-->	e13	e5	<-->	e30	e7	<-->	e19	e2	<-->	e28	e23	<-->	e8	e23	<-->	e8
e15	<-->	e14	e5	<-->	e29	e7	<-->	e16	e2	<-->	e27	e23	<-->	e6	e23	<-->	e6
e19	<-->	e24	e5	<-->	e13	e7	<-->	e8	e2	<-->	e14	e23	<-->	e2	e23	<-->	e2
e19	<-->	e15	e5	<-->	e15	e6	<-->	e12	e2	<-->	e11	e22	<-->	e28	e22	<-->	e28
e18	<-->	e27	e9	<-->	e28	e6	<-->	e19	e2	<-->	e9	e22	<-->	e12	e22	<-->	e12
e18	<-->	e19	e9	<-->	e27	e6	<-->	e5	e1	<-->	e27	e22	<-->	e13	e22	<-->	e13

1）增加了 A1 ＜--＞ L2 之间的双向相关关系；

2）变更了原本假定的 L2 ＜--＞ L1 间的双向相关关系，改为 L2--＞ L1；

3）去掉了 L2 与 K 之间的单向关系。

最后调整结果如下：

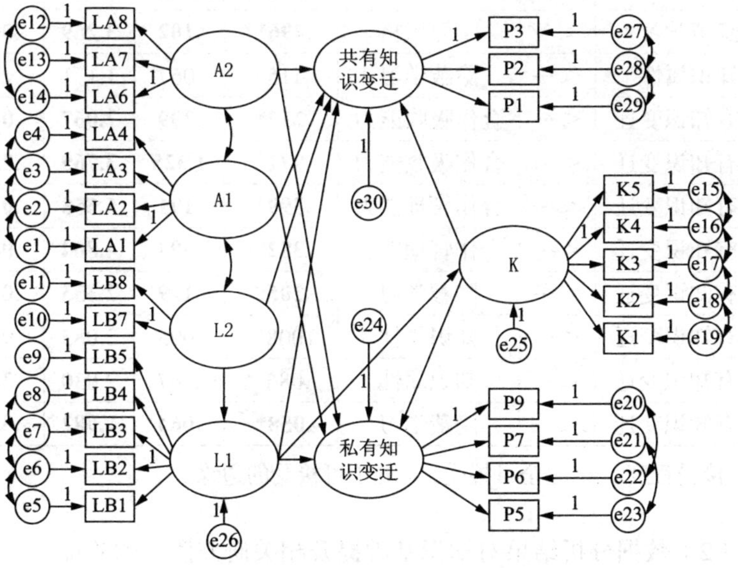

图 6-7　修正后的知识基础变迁结构路径图

修正后的模型拟合统计指标如下表 6-36：

表 6-36 修正后知识基础变迁的 SEM 模型路径拟合统计指标值汇总

CMIN	DF	CMIN/DF	RMR	GFI	AGFI	NFI Delta1	RFI rho1	IFI Delta2	TLI rho2	CFI
879.852	332	2.650	.069	.916	.940	.902	.897	.950	.887	.921

从表 6-36 来看，尽管 RMR 的值超过了最低要求 0.05，但是修正后的模型大部分拟合指标多大于或者少接近于 0.9，这对于一个相对复杂的结构方程来说已经使我们认为，可以接受该模型用来检验我们之前所做出的假设。

表 6-37 修正后的知识基础提升绩效结构模型中的参数标准化估计

			Estimate	S.E.	C.R.	P 值
隐蔽学习	<---	学习风格	**.496****	**.102**	**3.269**	.001
知识属性	<---	隐蔽学习	.115	.067	1.171	.242
共有知识变迁	<---	合作吸收能力	**.217***	**.299**	**2.067**	**.046**
私有知识变迁	<---	合作吸收能力	**.971***	**1.325**	**3.765**	**.038**
共有知识变迁	<---	合作管理能力	**.399***	**.191**	**5.558**	**.019**
私有知识变迁	<---	合作管理能力	**.382***	**.704**	**4.804**	**.042**
私有知识变迁	<---	隐蔽学习	**.205***	**.119**	**2.333**	**.020**
共有知识变迁	<---	知识属性	.008	.095	2.085	.932
私有知识变迁	<---	知识属性	.086	.167	2.030	.303
共有知识变迁	<---	隐蔽学习	**–.058***	**.064**	**1.982**	**.034**

接受程度：** 完全可接受，* 处于可接受的边缘。

（2）数据分析结果对知识基础提升相关研究假设的验证

从表 6-37 的估计和检验结果，我们验证前述研究假设：

1）H7a，H7b 得到验证：

从如表 6-37 所示，合作吸收能力与共有知识、私有知识变迁之间的路径系数非标准化估计值分别为 0.217 和 0.971，而对应的显著性概率分别为 0.046 和 0.038，均小于 0.05，所以这两个路径系数在 0.05 的显著性水平下显著，即企业吸收能力越高，合作企业的共有知识和私有知识都有所提高，即它们之间是正相关关系。而合作管理能力与知识基础变迁之间的路径系数非标准化估计值分别为 0.399 和 0.205，临界比（C.R.）分别为 5.558 和 4.804，显著性概率分别为 0.019 和 0.042 ＜ 0.05，该路径系数在 0.05 的显著性水平下显著，即**企业联盟合作能力越高，知识联盟内知识基础提升绩效越好**。

2）假设 H5a 得到验证：

从如表 6-37 所示，企业间的隐蔽学习（保护主义学习模式）与私有知识提升之间的路径系数非标准化估计值为 0.205，临界比（C.R.）为 2.333，显著性概率为 0.020 ＜ 0.05，该路径系数在 0.05 的显著性水平下显著，假设 H5a 成立，即联盟企业保护自有知识的意识越强，短期内却会给采取这种学习特点的企业带来较高的私有知识。而隐蔽学习模式与共有知识基础提升之间的路径系数的非标准化估计值为 – .058，C.R. 为 1.982 ＞ 1.96，显著性概率为 0.034 ＜ 0.05，通过检验，即联盟企业保护自有知识的意识越强，越不利于知识联盟企业共有知识基础提升绩效。

3. 合作延续性绩效的结构方程建模与结果分析

（1）模型建构

根据相关分析以及前述理论综述，并经过多次拟合和修正，我们最终构建了基于控制机制、信任程度、合作距离基础上的合作延续性绩效评价结构图：

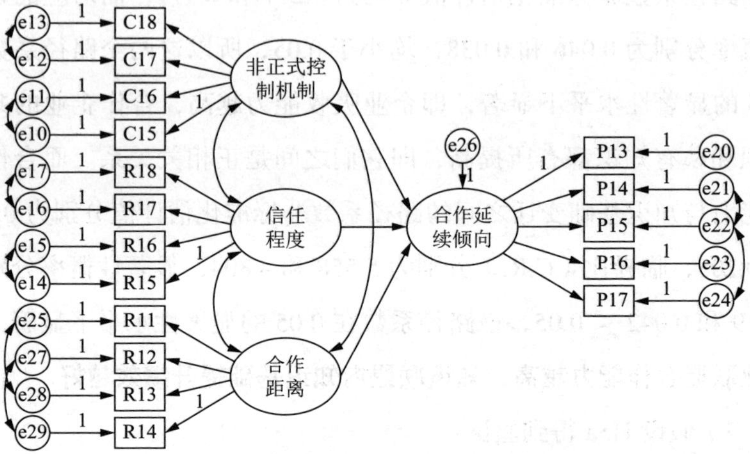

图 6-8 合作延续性倾向绩效结构图

表 6-38 合作延续性倾向绩效的结构模型及拟合指标值

CMIN	DF	CMIN/DF	RMR	GFI	AGFI	NFI Delta1	RFI rho1	IFI Delta2	TLI rho2	CFI
356.3	157	2.26	.004	.903	.925	.891	.851	.839	.901	.911

从表 6-38 的拟合指标值来看，该模型拟合效果较好，适合对变量间的关系予以评估，表 6-39 就是该模型估计的参数值：

表 6-39 合作延续性绩效结构模型中的参数非标准化估计

			Estimate	S.E.	C.R.	P
合作延续倾向	<---	信任程度	.131*	.079	2.656	.028
合作延续倾向	<---	非正式控制机制	–.028	.026	–1.053	.292
合作延续倾向	<---	合作距离	–.740***	.094	–7.895	.000

接受程度：**，*** 完全可接受，* 处于可接受的边缘。

（2）数据分析结果对有关合作延续性研究假设的验证

从表 6-39 的估计和检验结果，本章中有关的基本研究假设验证结果如下：

1）假设 H4c 得到验证：

如表 6-39 所示，信任程度与合作延续性之间的路径系数非标准化估计值分别为 0.131，而对应的显著性概率为 0.028，小于 0.05，C.R. 为 2.656，该路径系数在 0.05 的显著性水平下通过检验，即信任程度与合作延续性倾向之间是正相关关系，**即知识联盟内企业间的信任程度对企业间合作的延续性有正面影响**。

2）假设 H3a 得到完全验证：

如表 6-39 所示，企业间的合作距离与合作延续性倾向之间的路径系数标准化估计值为–0.740，临界比（C.R.）为–7.895，显著性概率为 0.000 < 0.01，该路径系数在 0.01 的显著性水平下显著，**知识联盟内企业间的合作差异对企业合作的进一步延续具有明显的负面影响效果**。

下面我们验证正式控制机制下，信任程度、合作距离对合作延续性倾向之间的路径与结构。在多次拟合和建模的基础上，我们调整为路径图，见图 6-9。

并得到表 6-40 的拟合指标数值通过了模型检验，该模型可以用来估计信任水平、正式控制机制、合作距离与合作延续性倾向绩效之间的关系程度和估计情况。

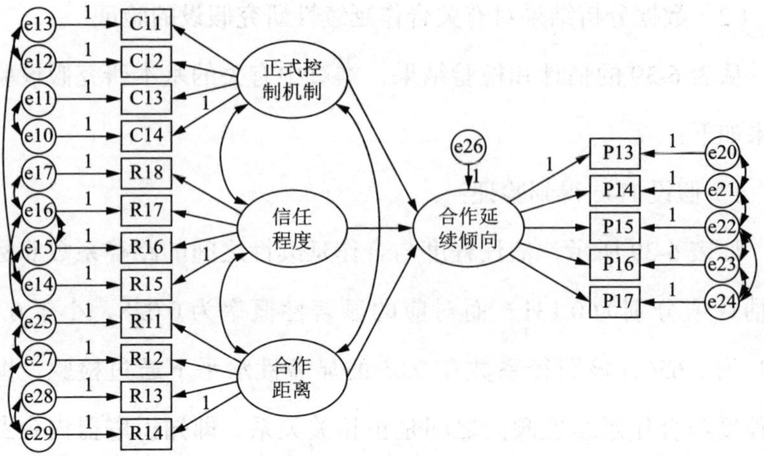

图 6-9 正式控制机制下合作延续性倾向绩效的修正后结构路径图

表 6-40 合作延续性绩效的结构模型拟合指标值

CMIN	DF	CMIN/DF	RMR	GFI	AGFI	NFI Delta1	RFI rho1	IFI Delta2	TLI rho2	CFI
364.915	128	2.851	.003	.939	.916	.898	.951	.927	.924	.947

表 6-41 修正后合作延续性绩效结构模型中的参数非标准化估计

			Estimate	S.E.	C.R.	P
合作延续倾向	<---	信任程度	.202*	.083	2.437	.015
合作延续倾向	<---	正式控制机制	.028*	.077	.363	.016
合作延续倾向	<---	合作距离	.602***	.087	6.905	.000

接受程度：**，*** 完全可接受，* 处于可接受的边缘。

从表 6-41 参数估计的结果来看：

1）信任程度与合作延续性倾向绩效之间在 0.05 的显著性检验水平上是显著的正相关关系，路径系数非标准化估计值为 0.202，而且 C.R. 和 P 值都通过了检验，这和非正式控制条件下，二者的关系评价结果是一致的，可以看出，合作企业不管选择哪种控制机制，他们之间越是信任，就越可能增加今后合作的延续性。

2）正式控制机制与合作延续性倾向之间在 0.05 的显著性检验水平上是显著正的弱相关关系，路径系数非标准化估计值为 0.028，而且 C.R. 和 P 值都通过了检验，这和非正式控制条件下，二者的关系评价结果是不一致的，可以看出，合作企业一旦选择了正式控制机制，他们在合作中即使有合作距离，今后合作也存在某种延续性。

3）而合作距离与合作延续性倾向之间在 0.01 的显著性检验水平上是显著正的强相关关系，路径系数非标准化估计值为 0.602，而且 C.R. 和 P 值都通过了检验，这和非正式控制条件下，二者的关系评价结果是完全相反的。

6.10　小结

（1）企业自身的学习风格与学习行为与知识属性间具有明显的影响机制。我们调查研究发现，目前的知识联盟合作形式中，一旦企业学习采取的是竞争多于合作的竞赛方式，或者是采取保护自身知识的行为，则会增加知识联盟转移知识的模糊性特征，而在知识属性特征中，最为显著的就是知识的内隐性特征和模糊特征。另一方面，越是鼓励打破企业传统思维定式的双环学习，企业在知识诉求上就更倾向于追求实践性、专有性、隐含性特征均较高的知识形态；而越是鼓励按协议学习约定内容的单环学习风格，则与这些知识的模糊性之间不存在明显的影响机制。

（2）知识联盟企业间的合作距离与知识属性之间存在较明显的影响机制。企业组织间的合作距离表现在四个方面，它们分别为双方的文化差异、项目负责人处理及管理业务的方式差异、项目合作动机差异以及项目业务合作领域的差异等，从调查得来的数据看，这四方面的差异与知识属性间存在较为明显的相关关系。这些统计结果说明，合作距离这一潜变量与知识属性之间具有很强的关联，也意味着知识联盟合作企业间的差异会加大知识的显性化的难度，从而使知识在转移中黏滞，增加了知识的黏性特征。

（3）知识联盟企业间的信任程度与知识属性之间存较为明显的影响机制。企业组织间的信任水平表现为心理信任阶段、社会信任阶段以及组织信任阶段等，另外企业还表现出对合作方的能力信任和友善信任等两个类别，从本研究实证数据的调查结果看，目前企业知识联盟合作关系中信任程度与其转移的知识属性之间都存在明显的负相关关系。这些统计结果说明，信任能促进合作伙伴间自愿的信息和高难度知识的交换，换句话说，成员间的信任程度越高，越会促进它们之间协议规定之外的信息、知识、技能等高度隐性的知识的交流和转移。另一方面，这些知识的表现形式还可以在较高信任水平的“润滑”作用下，实现知识模糊性的减弱，从而使知识转移更顺畅。

（4）控制机制与知识属性之间影响机制不确定。企业选择什么样的合作控制机制与需要学习和转移的知识的属性具有较强的关系，非正式控制机制与转移知识的模糊性特征具有较强的正相关关系，而采用正式控制机制的合作则与要学习的知识没有任何显著相关关系，从而得出企业间的非正式控制机制与联盟合作转移的知识属性之间存在正相关关系，而企业间的正式控制机制与联盟合作转移的知识属性之间存在不确定相关关系。

（5）企业隐性学习行为与企业知识基础提升绩效间存在明显的影响。研究数据表明，企业从事合作事宜的员工对自有知识的保护意识越强，越不利于合作各方的相互学习，从而不利于企业在共有知识创造方面利益的获取。相反地，企业从事合作事宜的员工对自有知识保护意识越强，那么它获取外部知识的意识越强，这必然有利于企业获取那些合作协定之外的外来知识，而且对企业私有知识获取绩效具有正面的显著性影响效果。

（6）企业学习能力与知识联盟合作运行绩效之间存在显著的关系。本研究发现，企业学习能力包括联盟能力和吸收能力，而从调研结果来看，这两种能力存在明显的正相关关系，即企业的吸收能力越强，企业管理联盟合作的能力则会越高，另一方面，从研究数据的统计结果来看，合作能力和合作吸收能力越高，不但会提升合作各方的知识基础，还会有利于合作关系的进一步延续。

（7）正式控制机制与企业共有知识基础提升绩效之间存在正相关关系，非正式控制机制与企业私有知识基础提升绩效之间存在正相关关系，而非正式的联盟控制方式与合作过程绩效间存在明显的正相关关系。

（8）知识联盟企业间知识的网络关系（多元化、规模化以及密度等）对联盟企业知识基础提升绩效是正相关关系，而企业间知识网络结构的优化与知识联盟企业间合作关系的延续性绩效间是正相关关系。

（9）知识联盟动态发展因素对合作绩效具有较大的影响效果。而合作伙伴间信任水平的变迁对于私有知识基础的提升具有明显的正面影响，从统计结果上来看，不管是自身知识联盟从业人员还是伙伴企业的从业人员变更对于私有知识基础的提升都具有明显的促进作用，这与我们之前假定的企业知识联盟管理工作人员经常性变更不利于联盟运行绩效的提升不符，我们研究认为，合作企业间工作人员的经常性变动，能够促进高频率的异质知识交流，从而有助于企业自身知识更新与创造。我们也发现合作关系向竞争型关系类型的转变则不利于过程绩效的改进。

（10）从对知识联盟知识基础提升的结构模型建构与测度的结果来看，大部分验证了基本假设，比如，企业联盟合作能力越高，知识联盟内知识基础提升绩效越好。而联盟企业保护自有知识的意识越强，短期内却会给采取这种学习特点的企业带来较高的私有知识。而隐蔽学习模式与共有知识基础提升之间的路径系数通过检验，即联盟企业保护自有知识的意识越强，越不利于知识联盟企业共有知识基础提升绩效。

（11）从对知识联盟延续性绩效的结构模型建构与测度的结果来看，即知识联盟内企业间的信任程度对企业间合作的延续性有正面影响。知识联盟内企业间的文化差异对企业合作的进一步延续具有明显的负面影响效果。与企业采取非正式控制联盟方式对于合作过程绩效的正面影响结果不同，采取正式控制的企业，信任程度和合作距离对合作延续性倾向间的影响机制呈明显的负相关关系。

第七章　研究总结与展望

7.1　本研究主要成果

高技术含量的技术诀窍和以企业为创新主体开展深度创新战略的实施，使得技术或者知识创新不再是企业自身的事情，它需要与其他机构共同分享差异化的知识，这种差异化知识的融合能促使更新速度加快。由于竞争而导致的不确定性和由于模糊性带来的不确定性综合引致的动态外部环境不确定性，迫使企业必须关注外部知识技术源，也因此导致企业技术创新范式由封闭型向开放式创新的转变。在此背景下，知识联盟作为知识经济的伴生物，越来越多地得到企业和学术界的关注。但是作为一个概念，它仍然存在多种解读。

第一，本研究界定了知识在本书视域中的内涵，全面分析了知识联盟的内涵，功能、类型以及知识联盟发展的组织形式，这是对知识联盟研究的广义内涵的一次系统总结，对进一步理清知识联盟的概念具有较大的理论意义。本研究以知识及知识活动的相关要素为基本研究对象，从知识增量的私有知识与共有知识分配的结果绩效以及知识联盟过程绩效两个角度分析知识联盟的运行绩效，打破了传统学界对传统企业战略联盟运行绩效分析，从新的视角看待组织如何通过联盟导向的发展战略实现个体知识累积和创造的发展路径。这一研究模式的提出有利于进一步挖掘知识联盟作用于产业经济、区域经济、创意经济等多领域的功能，从而能进一步深化知识网络多元化构建的理论和实践研究。

第二，本研究从多学科的研究视角，系统综述了企业构建知识联盟的相关理论。文章从管理学的组织学习论出发，探讨了企业实施知识联盟战略的根本动机和战略意图；从知识动力学出发，探讨企业差异化的知识形态（流）如何在知识联盟个体不同势能的作用机理下，实现信息、知识和技术的互动与自组织状态；从知识传播与交易论出发，分析知识联盟作为一种制度框架便于知识转移与交易的制度框架；从知识演进论出发，探讨了知识联盟作为一种类生物系统，承载着异质知识体间互动、变异与进化的生态演进过程；从社会网络分析出发，探讨了知识联盟网络结构的稳定性、多元性以及网络距离等影响知识联盟运行的绩效的社会关系网络构建机理和功能。

第三，本研究系统整理了有关联盟合作关系的前期研究成果，梳理出可供知识联盟运行绩效评价的主客观评价维度、过程评价维度以及利益诉求评价维度等三个评价维度，并进一步梳理出影响知识联盟运行绩效的重要因素，本书将这些庞杂的影响因素加以总结和归纳，构建了知识联盟本身特性、联盟企业学习行为、知识属性等变量与知识联盟运行绩效之间的概念模型，并在第五章和第六章设定了这些变量指标的内涵，探求其对企业知识联盟运行绩效的影响效应，寻找出要素、结构、过程以及绩效之间的影响机制，并据此得出系列基本假设。为了验证这些假设，本研究对各解释变量、中介变量以及控制变量在综合各相关量表的前提下，界定了这些变量指标的内涵，设计相关指标测度量表，在综合了前期有关变量量表研究成果的前提下，探求这些变量之间及其对企业知识联盟运行绩效的影响效应，寻找出要素、结构、过程以及绩效之间的影响机制，并据此得出系列基本假设。为了验证这些假设，在问卷调研数据收集的基础上，文章采用因子分析、相关分析和结构方程模型（SEM）对跨层交互的多元数据进行统计整理，这有利于进一步完善知识联盟理论，也为我国企业如何通过知识联盟战略提升其知识创新能力和技术地位提供了具有实践指导意义的参考框架。

第四，知识联盟与战略联盟相似，可以说，知识联盟就是战略联盟发展的高级阶段，为此，为了进一步分析如何评价知识联盟的运行绩效的问题，本研究理清了知识联盟与战略联盟异同点，并归纳出知识联盟运行绩效评价的依据，在专家访谈的基础上，从知识联盟整体运行出发，通过信度和效度分析，对知识联盟运行绩效这一被解释变量进行了界定、筛选、测度，提出了知识联盟运行绩效衡量应更侧重知识 PC 诉求的结果绩效以及侧重评价合作延续性、技术地位变迁、满意度等过程绩效的二维评价准则。在专家访谈和业界调研的基础上，采用 AHP 方法，从知识联盟整体运行出发，提出了衡量组织间知识联盟运行绩效的指标评价体系，测算出了各指标在体系中的权重，并对企业知识联盟战略实施提出针对性建议。通过问卷调查和实地调查，我们也得到一种基本的认识：正是基于一种学习倾向和动机，通过与外部知识源构建知识联盟，企业彼此将伙伴成员的关键信息或能力内部化，并创造出新知识，已经成为社会各行业各类规模企业的普遍性共识，学习已经是构成这一类联盟合作的关键特征，学会彼此衡量对方的知识已经成为企业成长的重要战略。

第五，借助问卷收集的数据，以相关分析和结构方程模型（SEM）对跨层交互的多元数据进行数量分析，大部分验证了文章概念模型所提的基本假设，确认了企业隐蔽学习行为、双环式学习风格与知识模糊属性间的严格正相关关系；确认了企业隐蔽学习与竞争性学习方式与知识基础提升绩效间的严格负相关关系等；验证了企业学习行为、学习风格、学习能力、知识属性与知识联盟知识基础提升绩效间的内在作用机制和路径关系；验证了知识联盟网络关系特征与知识联盟延续性绩效间的内在作用机理等路径关系。寻找出影响知识联盟运行绩效的重要因素，如企业学习行为、学习风格、吸收能力、联盟管理能力等企业要素；网络结构、网络控制、合作距离、信任程度等网络要素以及知识模糊性这一关键要素等。

7.2　本研究不足

本研究虽然力求周严，但是由于以下研究限制，仍尚有未能涵盖之处，因此针对本研究不足的地方，提供数点建议，以作为后续研究者未来之探讨方向。

第一，本研究定位为横断面研究，只能观察某时点现象，不能窥知合作期间的整体变化历程及其对合作后续行为的影响变化情况。这不可避免地忽视了知识联盟的长期演化特征，后续研究将进一步做追踪调查。本研究搜集上来的有效问卷还只是基本达到结构方程分析对实证数据的大样本需求。另外，本研究的绩效评价指标采取单一的主观评价法，在绩效衡量中，只能达到广度观点而欠缺深度观点，故后续研究将对企业所属产业作更深入的实际数据的收集与处理。

第二，本研究旨在分析跨行业的企业间、产学研机构乃至一些非营利的中介机构间学习性项目合作的运行绩效，然而在问卷设计以及问卷预测验时，被测者针对问卷提出了多种建议和困惑，为避免较大误差，对问卷做了一些修改，从而导致研究结果与最初的研究重点和考虑有所偏差，还需要我们进一步推进。

第三，本研究试图建立企业合作网络与合作企业学习特征以及合作中人为造成的知识模糊性三个重要组成部分，对知识联盟运行绩效影响作用的路径建构结构模型，然而因为模型涉及的变量多且关联度较大，不得不采用分步骤研究，这与初期建构的概念模型分析的初衷有一定程度的偏离。虽然实证结果大部分验证了基本假设，并得出了较为显著的分析结果，然而仍有不少残余的解释空间，因此也值得未来研究做深入的探讨。

第四，本研究以知识联盟本身的构建特征属性开展对其运行绩效的评价研究，然而，也忽略了什么才是成功的知识联盟，知识联盟在运行过程中如何克服与规避联盟本身存在的一些风险因素，尤其对于高科技企业间的技术联盟来说，并不是能够维持就算成功的，而是联盟的存在是否真正让参与其中的企业从中获得知识交互效益的同时，而不致引来其他的技术窃取等负面效应。比如，专利是高新企业竞争的基础，但高新企业专利竞争态势呈现三个特点：专利持有网络化、以专利为标的进行的并购及诉讼案急速上升、策略性专利申请等技术联盟发展态势与企业的过度利己行为也给国内企业，诸如华为、中兴乃至众多的新创企业带来较大的知识联盟合作机制挑战，而这些则更是知识联盟研究领域新兴的课题。

7.3 研究展望与延伸

7.3.1 本研究仍有待深入展开的问题

（1）针对不同企业类型的实证研究有待深入。知识联盟企业的学习倾向实际上针对参与合作的企业向外诉求知识源的倾向，也是企业创新导向的直接体现。Bennett、Brandt & Klasson（1967）以企业组织接受新技术 / 知识的倾向为标准，将企业分为三个基本类型：其一，创新性企业组织。此类企业一般具有追求技术进步，并持有寻求前沿知识的发展动力的特征。它们是“高科技”企业，能在接受新技术和创新成果中保持领先地位，并能理性地面对有可能出现的创新风险。其二，创新适应性企业组织。此类组织一般被称为其他创新性企业的“警觉性模仿者”，他们能专注与其现在或密切相关的市场领域的发展趋势，但鉴于自身缺乏资源而不能尝试创新技术，其职责即为在产品市场和流程创新上，尽力规避风险，最大限度地利用竞争者的成功经验。其三，创新抗拒型企业组织。这类企业组织满足现状，不愿意推进技术改革和发展，其典型的特征就是维持现有技术知识的水平。为此，我们在今后的实证研究中可以考虑将知识联盟的企业进行创新类型的分类，从这个角度分析知识联盟运行的实际绩效。

（2）针对不同学习类型的实证研究有待深入。本研究侧重研究将学习类型界定为“隐蔽学习”，然而，现实中很多企业间学习并不是仅限于该种类型的学习，而可能是开发式学习，为此，在考虑后续研究时，可以从单一学习类型视角综合看待学习的效果，这是思路之一。一直以来，对知识联盟内企业间的知识合作（学习），存在两种截然不同的认知观点，其一是 IIamel（1991）所提及的“学习竞赛”（the race to learn），即联盟是获得伙伴知识和技能的机制；另一个强调联盟是企业获得合作专业化（co-specialization）及能力提高的机会，也就是说，这种能力是伙伴能力结合带给企业创造新业务的机会中获取的，所以 Kale et al.（2000）指出，联盟的成功依赖于单个成员的学习投入程度。在第一种联盟学习模式中，组织学习是不稳定的，必然会导致联盟的解体，这是因为在学习竞赛中，总有一些成员学习能力强、学习速度快、效果好，进而控制了联盟关系，从而易于攫取本应该由其他联盟伙伴获得的利益。而在第二类联盟学习类型中，通过学习获得的收益可以转移到其他成员的其他业务领域或产品领域，这会增进联盟的现期净收益，从而强化联盟伙伴间合作的动机。

另外，在考虑知识联盟企业的学习倾向上，可以从应用性倾向还是探索性倾向两个维度上分析，冯进路（2007）引用 Benner & Tushman（2003）的论述，提出了联盟学习的两个创新需求，其一为应用性创新，其二为探索性创新。他所提及的创新是针对技术创新的，然而，作为知识的一种高级形式，技术创新 / 创造意味着企业知识/技术基础的提升，或者可以成为知识基础有了增量发展。而这种知识增量可以体现在两个学习意图上，那就是企业学习倾向于将自有知识/技术作小的改善或者简单调整的应用性尝试，还是倾向于不依赖自身现有知识/技术，而是开创新的获取新的知识源以及构造新的知识/技术形态的探索性尝试。而这些学习导向又是通过什么样的机制影响企业知识基础的提升绩效和技术地位呢？这是一个需要进一步研究的深刻课题。

（3）**知识联盟运行绩效评价指标体系有待进一步完善**。本研究在战略联盟理论研究的基础上，依据它与知识联盟的异同点，提出了基于结果评价和过程评价的主观评价指标体系，虽然从新的视角对这一理论和实践予以分析和诠释，然而满意度绩效和合作延续性倾向、知识基础提升绩效之间又存在很大的相关性，所以在综合评价时，必然会出现多重共线性的问题。另外，对于研究中未被深化研究以及验证的重要假设，如知识网络结构对知识基础提升以及合作企业地位变迁以及控制机制对合作延续性倾向等的关联研究还需进一步深入和细化的研究，期待发现其内在的机制。本研究是对企业知识联盟的整体研究，因此本研究所涉及的变量较多，为了简化问卷，将部分题项进行了合并，从而降低了变量之间的内在一致性。另外国内外对于知识联盟运行绩效的实证研究较少，因此，部分指标群由于目前的理论研究尚不成熟，在指标体系的构建过程中属于探索性研究。基于上述原因，造成部分变量难以通过验证，不得不在最后的结构方程建模中予以删除和简化。

（4）**知识联盟发展新动向**。随着高新技术战略地位的提升，科技创新对经济的贡献率愈来愈强。高新企业之间的竞争尽管主要表现为产品或服务竞争，但其背后更是技术的竞争。而隐藏在技术背后则是代表知识产权的专利，专利已然成为企业的生命基石。而上升到国家层面来看，包括专利在内的知识产权政策受到越来越多国家的强制干预，使知识产权制度已逐渐呈现异化的态势。这种异化的知识产权制度不再维护公平和促进创新与技术进步，而是反过来束缚、限制甚至压抑着知识产权的弱势主体（梁心新等，2013）①。

在实践中，企业间专利技术网络也存在非理性扩张以及滥用行为等，这使得专利在技术创新过程中的作用更呈现不确定性特性。一方面，专利保护企业的智力成果，削减技术推广中的不确定性从而促进技术创新；另一方面，过度强调保护发明者的发明收益，不能为更大范围内技术创新所产生的技术创新收益提供保护，进而又延缓整个社会技术创新过程。在知识资本为主导的时代，知识资本的正外部性很强，知识资本获取必然会依赖经济组织的网络状横向一体化形态，实现知识资本异质化条件下的知识分工。在知识分工日益精密的高新技术行业里，高新技术变得日趋复杂。这种技术的复杂性促进了网络合作化技术创新模式的出现，它使得原有的单个企业间的竞争关系已经演变为企业团队间的竞争关系，处于创新合作团队内部的企业间的关系，也随即变为一种前期技术合作，后期开展市场竞争的关系，如多家美国电子信息企业组成的微电子开发体（MCC）即是这种网络合作化技术创新行为主体。专利作为一种

① 梁心新，徐慧．知识产权制度异化的国家博弈分析［J］．知识产权，2013（9）。

保护自身创新成果的合法手段，往往被频繁地用来打击竞争对手。在提倡处理知识分工的模块化网络组织中，专利被分割在不同的企业或者个人手中，专利片段化成为必然的趋势。与此趋势相对应的是单个企业的认知能力的有限性。企业只能在一定的专业领域内获取全部知识极小的一部分，从而就在自己专业化领域内申请获得专利[①]。专利研究专家 Shapiro（2000）曾提出“专利丛林”假说，认为，在创新累积过程中，众多且重叠的专利可能形成了“专利丛林”，即相互重叠的专利权形成稠密的网络。专利丛林将产生专利“互补性”问题和“敲竹杠”问题，最终导致“技术市场”的失灵和低效率。在高技术领域，几乎不可能有一家企业垄断全部的技术，而技术专利使用上的重叠也几乎是不可避免的。

云计算、物联网、移动互联网、新一代移动通信等新兴业态的发展加速创新的进程，且企业对知识产权尤其是专利的重视程度、知识产权创造及运用水平达到新的高点。以智能手机企业竞争为例，据世界知识产权组织 2014 年 3 月发布的报告，中兴通讯凭借 2309 件专利位居全球 PCT 专利申请第二，而在 2011 年和 2012 年中兴通讯已连续两年蝉联全球 PCT 专利申请第一。截至 2013 年底，中兴通讯在全球专利拥有量超过 5.2 万件，其中超过 90% 为发明专利，累计专利授权量已超过 1.6 万件。2014 年 5 月，我国中兴公司和华为公司的专利申请量分别以 2309 件和 2094 件位列世界第二和第三，

① 曹虹剑，张慧，刘茂松．产权治理新范式：模块化网络组织产权治理［J］．中国工业经济，2010（7）：84–93。

仅次于日本松下。①现代产业急需高端技术，而其创新过程和模式更呈现复杂化、网络化、动态化，其技术创新成果的产权的归属与合理界定，又成为专利实施中的另一大难题。高新技术研发领域的专利竞争活动出现了一些新的发展动态，为此，应对当前最高端知识联盟——专利联盟的运行态势与绩效评价进行系统分析，为高新企业突破专利网络化布局带来的隐患提出了策略建议。

与技术专利持有网络化的趋势相伴，以专利并购为目的的并购行为逐渐凸显。例如，摩托罗拉移动拥有专利超过 1.7 万项，另有 7500 项已提交并等待批准，这些专利涉及包括 4G 和通信等关键的行业无线标准，正是看中了摩托罗拉在移动技术领域巨大的专利技术优势。2011 年，谷歌以 125 亿美元收购摩托罗拉移动业务，谷歌通过与摩托罗拉并购，霸占移动互联网时代的终端，也扩大自己移动搜索业务的市场份额。2013 年 9 月 3 日，微软公司和诺基亚公司共同宣布，微软将以 72 亿美元收购诺基亚硬件与服务业务，获得大量诺基亚手机的专利组合。这种并购行为在一定程度上却使并购企业的专利过度集中，相对于其他企业具有相对的专利集中优势。专利集中度较强，一定程度上对于本领域其他企业参与技术竞争带来压力。

伴随专利集中以及专利密集化分布态势，专利诉讼在市场竞争中频繁地被当作阻击竞争对手的手段。因此诸多的企业开始在储备专利的同时加入专利混战，期待通过专利战阻碍竞争对手。下表是作者统计整理的 2012—2013 年智能手机产业发生的较大专利诉讼案件。

---

① 杜峰．中兴华为专利申请居世界前三［N］，通信信息报，2014 年 5 月 4 日，http：//tech.sina.com.cn/it/2014-05-04/10369357152.shtml。

表 7-1　2010—2013 年智能手机产业的部分专利案

		原告方	被告方	案情简况
2011	2	华为	摩托罗拉和诺基亚西门子	摩托罗拉公司向诺基亚西门子公司转移华为公司的保密信息的内容，侵犯其专利
		苹果公司	宏达电（HTC）	侵犯其专利主要涉及苹果便携式电子设备中的软件架构和用户界面，以及触摸屏硬件和移动传感器等领域
2012	5	苹果公司	三星电子	苹果公司在向三星发出专利授权邀约遭到三星拒绝以后，将三星告上法庭
		LG 公司	三星电子	三星在其最新款旗舰智能手机 Galaxy S4 中侵犯了 LG“眼球跟踪”技术专利
		美科技资产公司	中兴通讯	侵犯其芯片专利
		爱立信	三星电子	三星产品所使用的几项电信和网络标准必不可少的爱立信专利技术和其他被广泛用于无线和消费电子产品中的爱立信专利发明
		RIM	诺基亚	诺基亚侵犯其 WLAN 技术专利
2013	6	华为	中兴通讯	控告中兴数据卡专利侵权
		美 Flashpoint 技术有限公司	中兴通讯	侵犯其图像处理相关技术专利
		华为	中兴通讯	中兴通讯侵犯其 EP335 专利 LTE 系统和终端产品的专利权
		美国科技资产有限公司	中兴通讯	中兴通讯及美国中兴侵犯其芯片专利
		诺基亚	HTC	HTC 侵害 Nokia 欧洲第 1148681 号专利即关于透过空中界面更新移动终端设备软件的方法与装置
		微软	摩托罗拉移动	摩托罗拉移动侵犯微软一项名为 ActiveSync 的同步软件技术

数据来源：由作者根据中国知识产权网、中国知网相关资料整理而得。

7.3.2　问题延伸：对专利网络化现象的思考

专利申请成为高新企业的一种策略性行为，与专利制度最初的激励创新的目标渐行渐远。Stuart 和 Graham et al.（2009）[①] 对美国近 5000 个企业家申请专利的动机予以调查，发现高新企业之所以诉诸专利保护，依赖专利促进企业技术创新的动机极其微弱，其主要动机往往锁定在其他因素上，如防止他人模仿该产品或服务，防止其他公司对自己发起专利侵权诉讼的几率，或者借助专利提高公司的谈判地位（如交叉许可），或借此增加专利许可收入，提升公司的声望或产品形象等。高新企业往往借助专利权授权量获得风险投资的青睐，专利申请成为企业融资的变通途径。诺贝尔经济学奖获得者谢林（Schelling）将这种行为称为策略性行为，即一个厂商通过影响竞争对手对该厂商行动的预期，使竞争对手在预期的基础上做出对该厂商有利的决策行为。高新企业的产品和服务具有网络外部性特征，为避免被模仿的窘境，诉诸专利，通过研发专利的数量和质量累积影响行业内其他竞争对手的预期，进而使之“望而却步”。实践中，国内外大多数企业专利申请的目的不再是为促进创新与技术进步而在于战略策略，不少企业已经开始着力于申请这种“战略性专利”，对他们而言，专利就是许可谈判中的筹码，或是防御专利诉讼的盾牌。欧洲专利局在 2007 年一份未来专利制度研究报告中指

---

① Stuart J.H. Grahamet al. High Technology Entrepreneurs and the Patent System: results of the 2008 Berkeley Patent Survey［J］. *Berkeley Tech*. L.J. 1255（2009）: 1296–1308.

出：专利不再是企业的防御工具，已经成为企业的核心战略。在接受欧盟委员会征询的企业中，18.7% 的企业坦承专利申请的目的就是要阻止竞争对手，而在竞争最激烈的高科技行业，持有这种观点的企业会更多[①]。CISCO 公司 CEO 说过："许多人和公司是为了获得专利而获得专利，……他们是在往雷区中布雷[②]。"近年来先后爆发的华为和思科、华为和摩托罗拉等事件敲响了警钟。而我国中兴和华为、联想等企业的专利申请总量上获得长足发展，不能不说也是一种策略性行为的体现。

高新企业以专利为手段开展战略性竞争的策略性行为在逐渐背离专利制度保护创新成果，激励技术创新的目标。企业为自保而开始追求专利的数量，采用外围专利抢占战术，诸多缺乏技术创新本质的专利被彻底工具化。泡沫专利与垃圾专利数量与日俱增，企业需要在申请和维护专利的过程中耗费大量的人力、物力与财力，造成资源资本的浪费。而与此竞争态势相呼应的是，一些专利"流氓"大量涌现，他们不从事专利研发，仅通过购买专利权控告其他公司从而获取利益，从而使得创新公司蒙受巨额损失，令企业深陷专利战泥潭，更严重干扰其正常的研发创新活动。因此，专利诉讼泛滥与"创新"目标相去甚远，过度的专利诉讼不利于二次创新。在赋予发明专利权保护后，由于专利数目过多，而使用每一个专利都必

① 从柯达到苹果三星大战：专利也疯，新浪科技［EB/OL］. http：//tech.sina.com.cn/it/2011-09-29/18196129788.shtml，2012 年 3 月 22 日最后访问。

② 李伟 . 试析"专利爆炸"产生的原因——基于对专利制度的考察［J］. 科学学与科学技术管理，2010（2）：20–26。

须取得许可，使得资源无法被充分使用，成为后续发明与创新的障碍。为此，我们认为，应从以下几个方面开展进一步的研究。

1. 对企业专利予以科学评估，优化企业专利组合网络和布局

一个有效的专利库可以提高企业技术的自由运作度。它既是企业获取竞争优势的进攻型武器，也是战略性防御武器，比如作为防御性武器，当面临外部企业的诉讼时，拥有关键专利的一方可以通过专利运作，就可能削弱竞争对手的诉讼诉求，而同时，当拥有了有效的专利库，可以用来反诉竞争对手。因此，优化企业的专利布局，是高新技术企业立足的关键。而在专利布局优化策略中，被企业逐渐开始关注并付诸实施的专利丛林策略成为一种的战略性竞争手段。这种策略的实施有其制度根源，因为当前专利申请要求专利权利撰写必须多元化和尽可能详细，它一方面使专利申请被全部否定的可能性大大降低，另一方面，还无形中加大外部竞争对手侵权的可能性，具体表现出增加了潜在的侵权者，因为申请技术专利的一方所面对制造商、销售商乃至消费使用者都可能对其侵权，且详细的专利描述扩大了侵权赔偿范围和额度，使侵权企业抗辩的成本大大提高。为此，企业管理者应更重视专利资源的科学评估，制定专门的专利管理规划，聘请专业的第三方，鉴别企业核心技术，围绕核新技术建立整套外围专利，构建企业的专利丛林围墙。企业如果综合产业、市场和法律等因素，对专利进行有机结合，涵盖了企业利害相关的时间、地域、技术和产品等维度，构建严密高效的专利保护网，形成稳定的路障式布局，比如高通公司布局了 CDMA 的基础专利，使得无论是 WCDMA、TD-SCDMA，还是 CDMA2000

的3G通信标准，都无法绕开其基础专利这一路障型专利。而苹果公司针对手机及电脑触摸技术进行的专利布局，也给竞争者回避其设计设置了很大的障碍。而技术优势强的企业则可以进行地毯式布局，即将实现某一技术目标之所有技术解决方案全部申请专利，采用这种布局的企业应是某一技术领域内拥有较强的研发实力，各种研发方向都有研发成果产生，且期望快速与技术领先企业相抗衡的企业在专利网策略中使用，也适用于专利产出较多的电子或半导体行业。

2. 加大企业对知识产权风险的监测与管控力度

通常来讲，企业应该保护的知识产权包含以新产品、新技术、新工艺、新方法、新材料、新设计、新配方、新品种等专利权和技术秘密为主，涵盖商标权和技术秘密、著作权以及国家法律规定保护的其他知识产权。企业对这些无形资产要密切关注其动态发展，比如设立专门的知识产权管理部，建立企业知识产权档案，分门别类加以整理，跟踪国内外知识产权政策、产权交易合同、诉讼案例及纠纷处理经验积累的编纂工作，对企业业务范畴内的相关知识产权的动态管理，能使企业始终站在国际竞争的最前沿，关注知识产权流失风险，加大监测和管控力度。使应对国内外知识产权风险形成机制常态化管理，以中兴通讯为例，2000年左右，诺基亚、摩托罗拉等国际通信巨头上门索要高额专利许可费，由于当时中兴通讯专利底子薄，最终只能支付高昂的专利许可费。中兴公司近年来受美国337调查的被诉案件达6起，从2013年12月至2014年3月，中兴通讯在美国已经连续赢得对TPL、IDCC、Flashpoint的“337调查”终裁胜诉。中兴通讯法务部部长郭晓明表示，胜诉源自中兴通讯建立了非常成熟的，在业界值得广泛认可的知识产权的风险控制体系。

因此，在企业内部形成知识产权风险应对的知识管理流程。一方面，加强企业内部知识管理。人力资本所创造的智力成果的监管。凡本企业员工完成企业工作任务、利用企业名义、利用企业物质条件产生的智力劳动成果，属于职务智力劳动成果，其持有权属本公司。还可在企业内部创建知识产权刊物，组织宣传和学习有关知识产权的法律知识并交流经验。供研发人员和知识产权工作人员关注专利国际规则与实施前沿信息，增强创新能力，提高对知识产权资产性质的认识。另一方面，对外对合作创新引发的知识产权风险也应进一步提高警惕。合作创新模式是以合作研究为主的技术合作，在此过程中，由于合作各方信息不对称、合作主体行为的选择以及市场不确定性等多种因素的交互作用，在知识共享机制中产生知识产权风险，即智力成果所有人对其知识产权的所有权或基于知识产权的当前或潜在利益带来负面效应的事件及其可能性（何瑞卿等，2007）[①]。在应对合作创新知识产权风险方面，企业除了提高产权保护意识以及更全面地了解国内外知识产权法律条文外，更应该理性慎重地选择合作对象，有其在合理设计以知识为标的的契约时，更应该侧重对合作中的知识投入与成果分享、合理分配等问题进行严谨设计。

① 何瑞卿，黄瑞华，徐志强.合作研发中的知识产权风险及其阶段表现［J］.研究与发展管理，2007，18（6）：77-82。

3. 选择加入合适的专利联盟组织，寻求外部专利资源，提升企业实质性技术创新能力

高新行业领域面临专利网络化发展的困境（任慧等，2014）①。为规避这一问题，从企业层面上，应建立或加入更完善的专利联盟（专利池）。专利联盟是企业应对契约不完备状态下的一种新的制度安排，是企业市场交易行为的一种补充，它是根据各相关专利权人签订的放弃专利排他权以共享专利的互惠协议，它将各成员专利集中管理以统一对联盟内外授权，从而实现了各专利权人之间的专利共享。专利联盟不仅可以降低交易成本，还是克服互补性和敲竹杠问题的有效手段。然而，在我国成功组成的专利联盟数量很少，当前主要有以下几方面问题，比如，联盟中存在包容的技术水准整体较低、专利联盟中的技术组合不合理以及联盟功效发挥不健全等问题。致使我国专利联盟没有发挥到它应有的作用。由于技术抑制或制度方面的不足，国内专利联盟基于标准组织而形成的专利联盟仍然很少。专利联盟内的专利技术组合不太合理，一方面，上下游技术纵向匹配不合理。另一方面，专利联盟内专利之间的横向关系未能很好地理顺。在这样的情况下，专利池更像一个政策池（Lampe & Moser，2010，2012）②③。研究发现，与通常关于专利池功效研

---

① 任慧，朱美容，王彦博．专利网络化运行瓶颈及规制研究综述［J］. 情报杂志，2014（11）：67-72。

② Lampe R.L.，Moser P. Do patent pools encourage innovation? Evidence from the nineteenth-century sewing machine industry［J］. *The Journal of Economic History*，2010，70（04）：898-920.

③ Lampe R.L.，Moser P. Do patent pools encourage innovation? Evidence from 20 us industries under the new deal［R］. *National Bureau of Economic Research*，2012.

究预期相反，他们研究发现，规制不良的专利池可以通过削弱创新者间的竞争程度而阻碍创新。比如，如果联盟内专利形成了一个产业标准，这就要求联盟外的企业必须开发与产业标准兼容的技术或产品，这在一定程度上限制了竞争。联盟内的企业也会利用现在的“安装基础”优势，尽量保护现有标准和技术，而缺少进一步研发的激励。所以，从长远来看，在行业内又有较强技术优势的企业可以选择建立更为合理的专利联盟（池），从联盟技术组合、联盟成员行为约束整体出发，构建完善的专利集中管理模式，提升行业尤其是企业的根本性创新能力。以 2007 年成立的中彩联专利联盟为例，该专利联盟成立之初的宗旨在于专门负责成员企业与美国数字电视专利权人进行知识产权谈判，然而其联盟成员却均不是美国数字电视标准（即 ATSC）的成员，且拥有能与 ATSC 标准专利权人进行互换、抵消的专利数量相当有限，即使存在能够互换的重要专利，是否完全要放入中彩联专利联盟，各联盟成员之间也没有完全协商。因而，中彩联专利联盟相对于具有国际技术标准支撑的 ATSC 专利联盟而言，实力相对弱小，其建立并未使中国彩电行业的专利困境得到实质性的改变①，不能代表该行业最高技术标准。

4. 规范管理专利申请行为，加强企业技术秘密的保护

针对专利权人专利申请动机异化的情况，防止大量的垃圾专利申请，各国已加强对专利申请采取特别审查措施，提高专利授权门槛，确保仅对高质量专利申请进行授权。比如早在几年前，美国就

---

① 朱振中，吴宗杰．专利联盟的竞争分析［J］. 科学学研究，2007（1）：110–115。

围绕“问题专利”，形成了三种改革方案：一是改革专利授权体系以避免“问题专利”的授予；二是改革目前的专利执行体系来避免执行“问题专利”带来的负面影响；三是通过有效性推定和授权后的复审程序对现行专利权的效力进行重构①。这从制度上提高专利授权的判断标准，在执行上加强专利审查力度。

而且，对于如何在专利审查环节加强力度与提高效率，目前主要有两种主要思路：一种是增设专利审查员，重新设计审查员的薪酬奖励体系，激励审查员寻找与该专利申请相关的信息；另一种是在审查过程中引入社会监督，最典型的例子是美国纽约大学和美国专利与商标局合作实施的一个名为“透视专利”的项目，它是一个以提高专利质量为目的的在线系统，首次将公众的参与引入专利审查程序，任何人都可以在线提供与待审专利或已公布专利有关的在先技术，为审查机构提供关于待审专利的相关信息。将专利检索工作外包给专门从事专利检索工作的第三方专业机构，也将有助于减少专利审查员的工作量②，使之能完全致力于专利“三性”的判断，进而有助于专利质量的提高。但这不意味着，申请专利时不应使用必备的一些技巧以保留企业技术秘密。只要措施得当，在一定程度上保留技术秘密可以使企业大大降低维权和监督成本，使申请人既获得一定的权利保护，又不至于使某些特定的技术细节大白于天下。

① 陈武．问题专利与专利权的重构——拟议中的“美国专利改革法案”思想评述［J］．环球法律评论，2009（4）：53–60。

② 金泳峰，黄钰．专利丛林困境的解决之道［J］．知识产权，2013（11）：83–88。

作为专利申请者的企业，应该首先理清专利申请哪些细节可以披露，哪些可以保留。在辨析这一问题上，保留细微环节应局限于很难发现或不引人注意的内容。其次，考虑对那些将来有可能带来巨大维权成本的技术环节也应尽量保留。而最应该注意的是把握好保留技术在申请的总体中占据的比例不要太大，否则会给竞争对手留下较大的开发空间。除此之外，企业在对外专利技术交易中，应加强激励约束机制的同时，根据交易中对方的表现来确定对方的资信等级，作为今后交易的参考，避免因为监督不力而遭受对方道德风险行为的损失。

对于现有的专利制度，为了激励技术的创新，尤其是高新技术企业中越来越多的技术被纳入专利制度的保护范围。然而，伴随高新技术密集化和复杂化趋势，赋予它权益的专利在运行中却出现了系列问题。如上所述，专利过度片段化与过度集中的矛盾，高新企业申请和使用专利的动机异化趋势，以及处理这些问题的诉诸对象专利联盟在实际运行中也存在着技术组合和组织运行不良等问题，一定程度上限制了企业间的竞争，阻碍其技术创新发展。这也引发了一些关于如何规约企业的专利行为，以及对专利制度作用机制的反思，比如杨利（2009）①就指出，发明创造不依赖专利的激励，专利制度通过确认和保护的专利权益，激励专利技术的开发与运用行为。我国学者王春法也认为，专利技术在技术创新过程中的作用是非常复杂的，它既有减少技术方面的不确定性从而促进技术创新过

① 杨利．专利激励论的理性思考［J］，知识产权，2009，19（1）：55-60。

程的一面，也有过分强调保护发明者的发明收益，不能为更大范围内技术创新所产生的技术创新收益提供保护而延缓整个社会技术创新过程的一面。因此，处在知识产权制度初创阶段的国家，我国依然更多关注的是保护问题，却忽视了知识产权滥用可能导致限制市场竞争、专利丛林和专利诉讼纠纷等问题。而吴汉东在中国专利法颁布 30 周年座谈会上重申，将“提高创新能力”确定为专利法的立法宗旨之一，专利权的有力保护是专利密集型产业存在的基本条件。专利制度的改革也势在必行，其治理的重点也应从源头上加以规制。因此，作为制度设计者和行业发展的规制主导方，政府应给予高度重视。

参考文献

［1］波普尔．科学知识进化论．见：纪树立，编译．波普尔科学哲学选集［M］．生活·读书·新知三联书店，1987。

［2］陈菲琼．关系资本在企业知识联盟中的作用［J］．科研管理，2003年第5期。

［3］陈菲琼．企业联盟绩效私人利益和共同利益评价系统［J］．科研管理，2002年第7期。

［4］陈菲琼．我国企业与跨国公司知识联盟的知识转移层次研究［J］．科研管理，2001年第2期。

［5］陈菲琼，徐金发．中国企业与跨国公司知识联盟是提高企业竞争力的有效途径［J］．数量经济技术经济研究，2000年第12期。

［6］陈武．知识传播机理的物理学视角探讨——从知识势差的角度来解释知识流动［J］．科技和产业，2010（1）。

［7］陈志雄．整合内容资源，助力传媒创新——新媒体时代“全媒体”解决之道［J］．中国传媒科技，2008（3）。

［8］程忠良．报业产业链整合分析［J］．中国报业，2006（10）。

［9］褚建勋．基于复杂网络的知识传播动力学研究［D］．中国科学技术大学博士论文，2006年。

［10］党兴华，李莉．技术创新合作中基于知识位势的知识创造模型研究［J］．中国软科学，2005年第11期。

［11］董永梅，刘烨等。基于行业的知识联盟构建研究［J］．情报杂志，2007年第12期。

［12］杜静，魏江．知识存量的增长机理分析［J］．科学学与科学技术管理，2004（1）。

[13] 冯长利，王勇，基于博弈论的知识联盟合作创新研究 [J]. 情报杂志，2009 (7)。

[14] 冯进路．企业联盟知识转移与技术创新 [M]. 经济管理出版社，2007年6月。

[15] 符正平．论企业知识联盟 [J]. 中山大学学报社会科学版，1999年第1期。

[16] 龚毅，谢恩．战略联盟控制研究综述 [J]. 预测，2005 (1)。

[17] 关涛．跨国公司内部知识转移过程与影响因素的实证分析 [M]. 复旦大学出版社，2006年第12版。

[18] 和金生，李江．知识发展的类生物模型 [J]. 科学学研究，2008 (4)。

[19] 和金生．知识管理与知识发酵 [J]. 科学学与科学技术管理，2002 (3)。

[20] 贺盛瑜、邓勇．虚拟企业的组织结构设计 [J]. 成都信息工程学院学报，2003年第3期。

[21] 侯闯．内容＋内容管理＝知识资本 [N]. 计算机世界，2003-12-01，第B16版。

[22] 胡飞．中国电视内容产业价值链结构成长研究 [J]. 湖南大学传播学硕士论文，2008。

[23] 胡厚宝，彭灿．知识联盟中的知识转移障碍与对策 [J]. 科技进步与对策，2007年第3期。

[24] 胡军．知识论 [M]. 北京大学出版社，2003年版，第58页。

[25] 技术创新．百度百科．http://baike.baidu.com/view/332418.html。

[26] 蒋国平．企业战略联盟高失败率原因分析及其成功之路 [J]. 天津财经学院学报，2001 (21)。

[27] 李焕荣，林健．基于知识联盟的企业核心能力培养 [J]. 科研管理，2001年第3期。

[28] 李健，金占明．战略联盟伙伴选择、竞合关系与联盟绩效研究 [J]. 科学学与科学技术管理，2007 (11)。

[29] 李江．基于知识网络的企业网络化创新能力研究——以软件产业为例 [D]. 天津大学博士学位论文，2008。

[30] 李廉水．论产学研合作创新的组织方式 [J]. 科研管理，1998年第1期。

[31] 李树林．知识新联盟时代到来 [J]. 管理科学文摘，2004年第2期。

［32］李勇，史占中，屠梅曾．知识网络与企业动态能力［J］．情报科学，2006（3）：434—437。

［33］李元旭，唐林芳．发展核心能力的有效途径—知识联盟管理［J］．财经问题研究，1999年第12期。

［34］林忠礼．基于价值链重构的报业集团竞争战略研究［D］．山东大学博士学位论文，2007。

［35］蔺楠，覃正，汪应洛．基于Agent的知识生态系统动力学机制研究［J］．科学学研究，2005（6）。

［36］刘植惠．情报学基础理论研究动向［J］．情报学报，1986（4）。

［37］龙勇、龚顺杰．竞争性研发联盟合作效应影响因素分析［J］．科技进步与对策，2009年第5期。

［38］卢丽娟，黄胜杰，钱刚毅．R&D联盟决策的新视角——资源理论和实物期权理论的融合［J］．广西会计，2003（8）。

［39］马德辉，包昌火．知识网络——竞争情报和知识管理的重要平台［J］．中国信息导报．2007（11）。

［40］马庆国．管理统计——数据获取、统计原理、SPSS工具与应用研究［M］．科学出版社，2002。

［41］梅国平，唐惠荣，李军等．SMG新闻共享平台的技术选型、实施及其技术特点［J］．现代电视技术，2006（10）。

［42］［美］约瑟夫·熊彼特．经济发展理论［M］．商务印书馆1990年版。

［43］彭灿，胡厚宝．知识联盟中的知识创造机制：BaS-C-SECI模型［J］．研究与发展管理，2008年第1期。

［44］奇达夫，蔡文彬著；王凤彬，朱超威等译．社会网络与组织［M］．人民大学出版社，2006年版。

［45］曲波，田传浩．基于平衡记分卡的战略联盟绩效评价框架［J］．技术经济与管理研究，2005（1）。

［46］任慧，和金生．我国新型产业集聚区及其知识联盟构建模式的探讨［J］．管理现代化，2009年第3期。

［47］任慧，和金生．我国新型产业集聚区及其知识联盟构建模式的探讨［J］．管理现代化，2009年第3期。

［48］任慧，和金生．知识联盟：我国融合态媒介组织的发展路径探究

[J] . 情报理论与实践，2010 (4)。

[49] 任慧 . 基于知识酶合论的跨媒介组织知识酶化机理探究 [J] . 情报杂志，2010 (1)。

[50] 沙勇忠 . 信息资源管理的发展趋势 [J] . 情报资料工作，2002 (1)。

[51] 苏中锋，谢恩，李垣 . 基于不同动机的联盟控制方式选择及其对联盟绩效的影响——中国企业联盟的实证分析 [J] . 南开管理评论，2007，10 (5)。

[52] 孙洛平 . 产业集群的交易费用理论 [M] . 中国社会科学出版社，2006 年版。

[53] 孙小兰 . 企业战略联盟论 [M] . 西南财经大学出版社，2008 年 10 月版。

[54] 万伦来，束学康 . 知识联盟与技术创新：以中国 3G 技术联盟中心为例 [J] . 中国科技论坛，2004 年第 7 期。

[55] 王大洲 . 企业创新网络 (进化与治理)[M] . 知识产权出版社，2006 年 12 月版。

[56] 王凤彬，刘松博 . 战略联盟中的风险及其控制—种基于资源观的分析 [J] . 管理评论，2005，17 (6)。

[57] 王金龙 . 报业集团媒体资源共享与差异化处理 [J] . 青年记者，2005 (3)。

[58] 王君，樊治平 . 一种基于有向无环图的组织知识度量模型 [J] . 系统工程，2002，20 (5)。

[59] 王雪原 .R&D 联盟创新资源管理效果评价 [J] . 科学学与科学技术管理，2009 (8)。

[60] 魏江 . 产业集群——创新系统与技术学习 [M] . 科学出版社，2003 年版。

[61] 邬爱其 . 全球竞争本地网络与企业集群化成长——理论分析与浙江经验 [M] .2008 年 1 月版。

[62] 吴谷平 . 推动传播手段创新转变媒体生产方式——十七大报告学习笔记 [J] . 新闻记者，2008 (1)。

[63] 吴明隆 .SPSS 统计应用实务——问卷分析与应用统计 [M] . 科学出版社，2003。

[64] 向杰 . 产业技术创新战略联盟已遍地开花 [OL/EB] . 科技网，http://www.stdaily.com/kjrb/content/2010-06/07/content_195685.htm，2010-06-07。

[65] 徐立军．从产品联盟到知识联盟：企业战略联盟的发展趋势［J］．经济师，2002 年第 10 期。

[66] 薛伟贤，冯宗宪．网络环境下企业虚拟化探析［J］．科研管理，2002 年第 7 期。

[67] 闫立罡，吴贵生．联盟绩效的影响因素分析［J］．研究与发展管理，2006，18（5）。

[68] 严建援，颜承捷，秦凡．企业战略联盟的动机，形态及其绩效的研究综述［J］．南开学报：哲学社会科学版，2003（6）。

[69] 阎海峰，知识在网络组织中的流动分析——以跨国网络结构为例［J］．外国经济与管理，2001 年第 10 期。

[70] 杨树弘．新媒体及其发展战略路径［EB/OL］．中国新闻研究中心，http：//www.cddc.net/shownews.asp？newsid=12218，2009-03-25。

[71] 叶林良，应洪斌，张东志．基于 Fuzzy-AHP 的动态联盟潜在合作伙伴能力的识别研究［J］．经济论坛，2006（21）。

[72] 佚名．方正助推传统媒体战略变革［EB/OL］．比特网，http：//network.chinabyte.com/341/11052841.shtml，2009-12-04。

[73] 尹江勇．6 个产业技术创新战略联盟成立［OL/EB］．大河网，2010-05-16。

[74] 喻卫斌．网络组织的契约关系与机会主义行为的防范［J］．山东社会科学，2007（7）。

[75] 张东风．基于复杂性理论的企业集群成长与创新系统研究［M］．中国社会科学出版社，2010 年 2 月版。

[76] 张丽妮．基于 Know-Net 的知识管理研究［J］．现代情报，2004，24（5）：201—202。

[77] 张明，江旭等．战略联盟中组织学习、知识创造与创新绩效的实证研究［J］．科学学研究，2008（4）。

[78] 周敏．跨组织知识管理理论与方法研究［D］．武汉理工大学博士论文库，2006 年。

[79] 周朴雄，余以胜．面向知识联盟知识创新过程的信息资源组织研究［J］．情报杂志．2008 年第 9 期。

[80] Alliance Analyst. 1996. *Managing alliances：skills for the modern era*. March。

[81] Anand B，Khanna T. 2000. Do firms learn to create value？The case of alliances. *Strategic Management Journal* 21（3）：295-316.

[82] Anderson，Erin. 1990. Two firms，one frontier：On assessing joint venture performance. *Sloan Management Review*，31（2）：19-30.

[83] Anderson，E. & Weitz，B. 1989. Determinants of continuity in conventional industrial channel dyads. *Marketing Science*，8：310-323.

[84] Argyris，C. & Schön，D.（1996）*Organizational learning II*：*Theory*，*method and practice*. Reading，Mass：Addison Wesley.

[85] Argyris，C. & Schon，D.A.（1978）. *Organizational Learning*：*A Theory of action perspective*. Adison-Wesley Publishing：Reading，MA.

[86] Ariño A. 2003. Measures of strategic alliance performance：an analysis of construct validity. *Journal of International Business Studies*，Vol.33，1，1-14.

[87] Arthur，Brian W. 1989. Competing technologies，increasing returns，and lock-in by historical events. *Economic Journal* 99：116-131.

[88] Barney，Jay B. 1991. "Firm Resources and Sustained Competitive Advantage，" *Journal of Management* 17（1）：99-120.

[89] Beckmann，M.J.（1994）. On knowledge networks in science：collaboration among equals. *Regional Science*，28：233-242.

[90] Bennett，E.D.，Brandt，F.S.，& Klasson，C.R.，*Space Technology*：*Barriers and Aids to its effective utilization*. Austin，Tx：University of Texas，November 1967，p.24.

[91] Bian，Y. 1997. Bringing strong ties back in：Indirect ties，network bridges，and job searches in China. *American Sociological Review*，62：366-385.

[92] Bleeke J.，Ernst D.（eds）.（1993）. *Collaborating to Compete*：*Using Strategic Alliances and Acquisitions in the Global Marketplace*. Wiley：New York.

[93] Bleeke，Joel & David Ernst. 1991. The Way to Win in Cross-Border Alliances. *Harvard Business Review* 69（6）：127-135.

[94] Blodgett，L.L. 1992. Factors in the instability of international joint ventures：An event history analysis. *Strategic Management Journal*，13（6）：475-481.

[95] Bronder，Christoph & Pritzl，Rudolf（December 1992）. Developing Strategic Alliances：A Conceptual Framework for Successful Co-Operation.

European Management Journal 10: 412-421.

[96] Burt, R.S. 2002. Bridge decay. *Social Networks*, 24: 333-363.

[97] Burt, R.S. 2004. Structural holes and good ideas. *American Journal of Sociology*, 110: 349-400.

[98] Burt, R.S. "Structural Holes Versus Network Closure as Social Capital." In N. Lin, K. Cook, & R.S. Burt (eds.), *Social Capital: Theory and Research*. Hawthorne, N.Y.: Aldine de Gruyter, 2001.

[99] Carter, A.P., (1989) . Know-How Trading as Economic Exchange. *Research Policy*, 18: 155-163.

[100] Chesbrough, H. (2003) . *Open innovation, the new imperative for creating and profiting form technology. Boston*: Harvard business school press.

[101] Chowdhury, I.R. & Chowdhury, P.R. (2001) . *Joint venture instability: a life cycle approach*, MPRA Paper No.1556, posted 07. November 2007.

[102] Chung, Q.B., Luo W.H. & William P.W. (2006), Strategic alliance of small firms in knowledge industries: A management consulting perspective. *Business Process Management Journal*, 12 (2): 206-233.

[103] Cohen, W.M., & Levinthal, D.A. (1990) . Absorptive capacity: A new perspective on learning and innovation. *Administrative Science Quarterly*, 35: 128-152.

[104] Coleman, J.S. 1990. *Foundations of social theory*. Cambridge, MA: Harvard University Press.

[105] Cronbach, L.J., 1951, Coefficient alpha and internal structure of tests. *Psychometrika*, 16 (3), 297-334.

[106] Crossan, M. & Inkpen, A. (1995) . The subtle art of learning through alliances. *Business Quarterly*, Vol.60, No.2, pp.68-78.

[107] Das, Tarun K. & Bing-Sheng Teng. 1998. Between Trust and Control: Developing Confidence in Partner Cooperation in Alliances. *Academy of Management Review*, 23 (3): 491-512.

[108] Das, T.K., & Teng, B. 2000. A resource-based theory of strategic alliances. *Journal of Management*, 26: 31-61.

[109] Das, T.K., & Teng, B. 2001. Trust, control and risk in strategic

alliances. *Organization Studies*，22：251-284.

［110］Davenport，T.H. & Prusak L.（1998）. *Working Knowledge*. Harvard Business School press.

［111］Dierickx，Ingemar & Karel Cool. 1989. Asset Stock Accumulation and Sustainability of Competitive Advantage？ *Management Science*，35（12）：1504-1513.

［112］Ding X-Ho & Huang R-H & Liu D-L（2010）. *Resource allocation for open and hidden learning in learning alliances*. Asia Pac J. Management，Published online：27 January.

［113］Doz，Y.L. & Hamel，G.（1998），*Alliance advantage：the art of creating value through partnering*. Harvard Businestonss School Press，Boston，MA.

［114］Doz，Y.L. 1996. The evolution of cooperation in strategic alliances：Initial conditions，or learning processes？ *Strategic Management Journal*，Summer Special Issue，17：55-83.

［115］Dussauge，P. & Garrette，B. 1995. Determinants of success in international strategic alliances：Evidence from the global aerospace industry. *Journal of International Business Studies*，26：505-530.

［116］Duysters，G.，A. de Man. 2003. Transitory Alliances：an Instrument for Surviving Turbulent Industries. *R&D Management*，33：49-58.

［117］Dyer，J.H. & Singh，H.，1998. The Relational View：Cooperative Strategy and Sources of Inter-Organizational Competitive Advantage？ *The Academy of Management Review* 23（4）：660-679.

［118］Ethiraj，S.K.，Kale，P. & Krishan，M.S.（2005）. Where do capabilities come from and how do they matter？ A study in the software services industry，*Strategic Management Journal*，Strat. Mgmt. J.，26：25-45.

［119］Etzkowitz，H.，& L. Leydesdorff（2000）. The dynamics of innovation：from national systems and "mode 2" to a triple helix of university-industry-government relations. *Research Policy*，29：109-123.

［120］Garcia-Canal et al.，（2002）. Time compression diseconomies in accelerated global alliances. *Management Decision*，40/8：745-754.

［121］Garvin，D.（1993）. Building a learning organization. *Harvard Business review*，July-August，pp.78-91.

［122］Geringer，J.M. & Hebert，L.（2nd Qtr.，1991），Measuring Performance of International Joint Ventures. *Journal of International Business Studies*，Vol.22，No.2，pp.249-263.

［123］Glaister，K.W. & Buckley，P.J. 1998. Management-performance relationships in UK joint ventures. *International Business Review*，Volume 7，Issue 3：235-257.

［124］Graen，G.B.，& Uhl-Bien，M. 1995. Development of leader—manager exchange（LEM）theory of leadership over 25 years：Applying a multi-level multi-domain perspective. *Leadership uarterly*，6：219-247.

［125］Granovetter，M. 1985. Economic action and social structure：The problem of embeddedness. *American Journal of Sociology*，91：481-510.

［126］Granovetter，M.S. 1985. Economic Action and Social Structure：The Problem of Embeddedness. *American Journal of Sociology*，91：481-510.

［127］Granovetter，M. 1983. The strength of weak ties：A network theory revisited. *Sociological Theory*，1：201-233.

［128］Grant，R.M.，& Baden-Fuller，C. 2004. A knowledge accessing theory of strategic alliances. *Journal of Management Studies*，41：61-84.

［129］Griliches，Z.R&D.（1984）. *Patents and productivity*. University of Chicago Press：Chicago.

［130］Guielford，J.P.，1965，*Fundamental Statistics in Psychology and Education*，4th Ed.，McGraw-Hill Inc.，NY.

［131］Hamel，G.（1991）. Competition for competence and interpartner learning within international strategic alliances. *Strategic Management Journal*，12：83-103.

［132］Hamel，G.，Doz，Y. & Prahalad，C.（1989）. “Collaborate with your competitors and win”，*Harvard Business Review*，Vol.67，No.1，pp.133-139.

［133］Harrigan，Kathryn Rudie 1988，Joint Ventures and Competitive Strategy. *Strategic Management Journal*，Vol.9，No.2：141-158.

［134］Harri，L.（2006）. Knowledge flows in self-organizing processes. *Journal of knowledge management*，10（4）：127-135.

［135］Hayek，Fredrick A. 1963. Rules，*perception and intelligibility*. Proceedings of the British Academy，XLVIII：321-344.

[136] Hayek Fredrick A. 1952. *The sensory order：an inquiry into the foundations of theoretical psychology*. Routledge & Kegan Paul，London.

[137] Hennart，J.-F. 1988. A transaction cost theory of equity joint ventures. *Strategic Management Journal*，9（4）：361-374.

[138] Hitt，Michael A.，Tina M. Dacin，Edward Levitas，Jean-Luc Arregle，and Anca Borza. 2000. Partner Selection in Emerging and Developed Market Context：Resource-Based and Organizational Learning Prospective. *Academy of Management Journal*，43（3）：449-467.

[139] Holland，J.（1995），*Hidden Order：How Adaptation Builds Complexity*. Perseus Books，Cambrige.

[140] Hu，L.，& Bentler，P.（1995）. Evaluating model fit. In R.H. Hoyle（Ed.），Structural equation modeling. *Concepts，issues，and applications*（pp.76-99）. London：Sage.

[141] Inkpen，A.C. and Currall，S.C.（1998）. The nature，antecedents，and consequences of joint venture trust. *Journal of International Management*，Vol.4，No.1，pp.1-20.

[142] Inkpen，A.C. 2002. *Learning，knowledge management and strategic alliances：So many studies，so many unanswered questions*. F.J. Contractor，P. Lorange，eds. Cooperative Strategies and Alliances. Pergamon，Oxford，U.K.，267-289.

[143] Inkpen，A.（1999）. Joint venture formation：planning and knowledge-gathering for success. *Organizational Dynamics*，Vol.27，pp.33-48.

[144] Inkpen，Andrew C. Learning and Knowledge Acquisition through International Strategic Alliances. *The Academy of Management Executive*（1993—2005），Vol.12，No.4，Competitiveness and Global Leadership in the 21st Century（Nov.，1998），pp.69-80.

[145] Isabella，L.A.（1990），Evolving interpritations as a change unfolds：how managers construe key organization events. *Academy of management Journal*，Vol.33，No.1，pp.7-41.

[146] Kaiser，H.F.，1974，An index of factorial simplicity，Psychometrics，39，31-36.

[147] Kale, Prashant, Jeffrey H. Dyer, Harbir Singh. 2002. Alliance capability, stock market response, and long-term alliance success: the role of the alliance function. *Strategic Management Journal* 23 (8).

[148] Kale P. & Singh H. 2007. Building Capabilities through Learning: the role of the alliance learning process in alliance capability and firm-level alliance success. *Strategic Management Journal Strategic Mgmt. J.*, 28: 981-1000.

[149] Kale P., Singh H., Perlmutter H. Learning and protection of proprietary assets in strategic alliances: Building relational capital. *Strategic Management Journal*, 2000, 21: 217-237.

[150] Kale, P., Singh, H., & Perlmutter, H. 2000. Learning and protection of proprietary assets in strategic alliances: Building relational capital. *Strategic Management Journal*, 21: 217-237.

[151] Kauffman, S. (1993), *The origins of Order: self-Organization and Selection in Evolution*. Oxford University Press, New York, NY.

[152] Ketelhöhn, W. 1993. What do we mean by cooperative advantage? *European Management Journal*, 11 (1): 30-37.

[153] Khanna, T., Gulati, T., & Nohria, N. (1998). The dynamics of learning alliances: Competition, cooperation, and relative scope. *strategic Management Journal*, 19 (3): 193-210.

[154] Killing, J.P., 1983, *Strategies for joint venture success* (Praeger, New York).

[155] Kogut B. (1988). *A study of the life cycle of joint ventures. In Cooperative Strategies in International Business*. Contractor F.K., Lorange P (eds). Lexington Books: Lexington, MA: 169-186.

[156] Kogut, B. 1988. Joint ventures: Theoretical and empirical perspectives. *Strategic Management Journal*, 9: 319-332.

[157] Kogut, B. 1989. The stability of joint ventures: Reciprocity and competitive rivalry. *Journal of Industrial Economics*, 38: 183-198.

[158] Kogut, B. & Zander, U. (1993). Knowledge of the firm and the evolutionary theory of the multinational corporation, *Journal of International Business Studies* 24: 625-645.

［159］Kogut，B. & Zander，U.（1992）Knowledge of the firm，combinative capabilities and the replication of technology. *Organization Science* 3（3）：383-397.

［160］Lei，D. & Slocum，J.，（1991）. Global strategic alliances：payoffs and pitfalls. *Organizational Dynamics*，Winter：44-62.

［161］Lippman，S. & Rumelt，R.（1982）. Uncertain imitability：an analysis of interfirm differences in efficiency under competition. *Bell Journal of Economics* 13：418-438.

［162］Li，P.P. 1998. Towards a geocentric framework of organizational form：A holistic，dynamic and paradoxical approach. *Organization Studies*，19：829-861.

［163］Lunnan R. & Haugland，Sven A. 2008，Predicting and measuring alliance performance：a multidimensional analysis. *Strategic Management Journal*，Vol.29，5：545-556.

［164］Lyles MA. 1988. Learning among joint venture sophisticated firms. *Management International Review*，Special Issue 28：85-98.

［165］Madhok A，Tallman S.B. Resources，transactions and rents：managing value through interfirm collaborative relationships. *Organization Science*，1998，9（3）：326-339.

［166］Madhok，A. & Tallman，S. 1998. Resources，Transactions，and Rents：Managing Value through Interfirm Collaborative Relationships. *Organization Science*，9（3）：326-339.

［167］Martin，X. & Salomon，R.（2002），*Knowledge transfer capacity and cooperative strategies：when should firms leverage tacit Knowledge through licensing and alliances？* in F.J. Contractor & P. Lorange（eds.）Cooperative strategies and alliances，Elsevier science：ansterdam，pp.729-748.

［168］Mohr，A.T.，2006. A multiple constituency approach to IJV performance measurement. *Journal of World Business* 41：247-260.

［169］Mohr，Jakki & Robert Spekman，1994. Characteristics of Partnership Success：Partnership Attributes，Communication Behavior，and Conflict Resolution Techniques. *Strategic Management Journal* 15（2）：135-152.

［170］Morgan，Robert M. & Shelby D. Hunt. 1994. The Commitment-Trust Theory of Relationship Marketing. *Journal of Marketing* 58（3）：20-38.

[171] Morrison M. & Mezentseff L. (1997). Learning alliances—a new dimension of strategic alliances. *Management Decision* 35/5: 351-357.

[172] Mowery, David C., Joanne E. Oxley, Brian S. Silverman, 1996, Strategic Alliances and Interfirm Knowledge Transfer. *Strategic Management Journal*, Volume 17, Special Issue: Knowledge and the Firm: 77-91.

[173] Mowery, D.C., Oxley, J.E., & Silverman, B.S. 1996. Strategic alliances and interfirm knowledge transfer. *Strategic Management Journal*, 17 (Special Issuc): 77-91.

[174] Nielsen, B.B., 2007. Determining international strategic alliance performance: A multidimensional approach. *International Business Review*, 16 (3): 337-361.

[175] Nielsen, B.B. (2002). *Determining International Strategic Alliance Performance*. WP-6, 1-46.

[176] Nielsen, B.B. (2002). *Determining International Strategic Alliance Performance*. WP-6, 1-46.

[177] Nonaka I. A Dynamic Theory of Organizational Knowledge Creation. *Organization Science*, 1994, 5 (1): 14-37.

[178] Nonaka, I. Konno, N. (1998). The Concept of "Ba": Building a Foundation for Knowledge Creation. *California Management Review*, 40 (3): 40-54.

[179] Nonaka, I. & N. Konno: 1998, The Concept of Ba: Building a Foundation for Knowledtge Creation. *California Management Review* (Spring) 40 (3): 40-47.

[180] Norman, P.M. (2002). Protecting knowledge in strategic alliances Resource and relational characteristics. *Journal of High Technology Management Research*. 13 (2): 177-202.

[181] Olkkonen, R. (2001). Case study: The network approach to international sport sponsorship arrangement. *Journal of Business & Industrial Marketing*, 16 (4): 309-327.

[182] Olk, P., 2002, Evaluating Strategic alliance Performance, Cooperative strategies and alliances [M] Farok J. eds.

[183] Oxley, J.E., & Sampson, R.C. 2004. The scope and governance of

international R&D alliances. *Strategic Management Journal*, 25: 723-749.

[184] Park, S.H., & Russo, M.V. 1996. When competition eclipses cooperation: An event history analysis of alliance failure. *Management Science*, 42: 875-890.

[185] Penrose, E., T. (1959) *The Theory of the Growth of the Firm*. Oxford: Oxford University Press.

[186] Peridis, T., Oliver, C. & Phan, P.H. 1997. *Impact of shared values and interest on strategic alliance effectiveness*. Paper presented at the Academy of Mnanagement Annual Meetings, Boston, MA.

[187] Peter P.L., 2007. Social tie, social capital, and social behavior: Toward an integrative model of informal exchange. *Asia Pacific J. Manage* (2007) 24: 227-246.

[188] Phillip H. Phan & Theodore P. (2000). Knowledge creation in strategic alliances: Another look at organizational learning. *Asia Pacific Journal of Management*, Vol.17, 201-222.

[189] Polanyi, M., *The tacit dimention*. Routledge & Kegan Paul: London, 1966, 2-3.

[190] Porter, M. *The comparative advantage of nations*. New York: Free Press, 1990.

[191] Poulymenakou A. & Prasopoulou, E., 2004. Adopting a lifecycle perspective to explain the transition from technological innovation to alliance management. *Management Decision*, Vol.42, No.9: 1115-1130.

[192] Ranga, L.M., J.L. Miedema & R.J. Jorna. 2008. Enhancing the innovative capacity of small firms through Triple Helix interactions: challenges and opportunities. *Technology Analysis and Strategic Management*, 20 (6).

[193] Reuer, J.J., Zollo, M. & Singh, H. (2002). Post-Formation Dynamics in Strategic Alliances. *Strategic Management Journal* 23 (2): 135-151.

[194] Richard R. Nelson, Sidney G. Winter (1982). *An evolutionary theory of economic change*. Cambridge, Massachusetts: The Belknap Press of Harvard University Press.

[195] Rizzello, S., 2003. Cognitive Economics: Foundations and Historical

Evolution, Università di Torino. *Working Paper*, No.04/2003.

[196] Rizzello, S., 2004. Knowledge as a Path-Dependence Process. *Journal of Bioeconomics* 6: 255-274.

[197] Rizzello, S. (1997), "The Microfoundations of Path-dependency", in L. Magnusson-J. Ottosson (eds.) *Evolutionary Economics and Path-dependence*, E. Elgar, Cheltenham, pp.98-118.

[198] Robin Cowana, Nicolas Jonardb (2004). Network structure and the difusion of knowledge. *Journal of Economic Dynamics and Control*. (8): 1557-1575.

[199] Sarkar, M.B., Echambadi, R., S. Tamer Cavusgil, Preet S. Aulakh, 2002, The Influence of Complementarity, Compatibility, and Relationship Capital on Alliance Performance. *Journal of the Academy of Marketing Science*, Vol.30, No.2: 141-158.

[200] Saxton, T. 1997. The effects of partner and relationship characteristics on alliance outcome. *Academy of Management Journal*, 40 (2): 443-461.

[201] Schoenmakers W. & Duyster, G. (2006). Learning in Strategic Technology Alliances. *Technology Analysis & Strategic Management*, 18 (2): 245-264.

[202] Senge, P., *The Fifth Discipline: The Art and Practice of the Learning Organization*. RandomHouse, Canberra, 1992.

[203] Simonin, B. 1999. Ambiguity and the process of knowledge transfer in strategic alliances. *Strategic Management Journal*, 20: 595-623.

[204] Simonin, B.L., An empirical investigation of the process of knowledge transfer in international strategic alliances. *Journal of international business studies*, 2004 (35), 407-427.

[205] Simonin, B.L. (2004). An Empirical Investigation of the Process of Knowledge Transfer in International Strategic Alliances. *Journal of International Business Studies*, 35 (5): 407-427.

[206] Simonin BL. 1997. The importance of collaborative know-how: an empirical test of the learning organization. *Academy of Management Journal* 40 (5): 1150-1174.

[207] Simonin, B. 1997. The importance of developing collaborative know-how: An empirical test of the learning organization. *Academy of Management Journal*, 40 (5): 1150-1174.

[208] Sirkka, L. Jarvenpaa, Huseyin Tanriverdi (2003). Leading virtual knowledge networks. *Organizational Dynamics*. (4): 403-412.

[209] Snyder, W.M. & Cummings, T.G. (1998). Organization learning disorders: Conceptual model and intervention hypotheses. *Human Relations*, 51 (7): 873-895.

[210] Spekman, R.E., Forbes, T.M. III, Isabella, L.A, and Mac Avoy, T.C. (1998), Alliance management: a view from the past and a look to the future. *Journal of management Studies*, Vol.35, No.6, pp.747-772.

[211] Spek van der, R, André Spijkervet (1996). *Knowledge Management: Dealing Intelligently with Knowledge*. Knowledge Centre CIBIT, Utrecht, The Netherlands.

[212] Stanek, M.B. (2004), Measuring alliance value and risk: a model approach to prioritizing alliance projects. *Management Decision*, Vol.42, No.2, pp.182-204.

[213] Teece, D.J., (1998). Capturing Value From Knowledge Assets—The New Economy, Markets for Know-How, and Intangible Assets. *California Management Review*, 40 (3): 55-79.

[214] Teece, D. J., Pisano G., & Shuen, A. 1997, Dynamic capabilities and strategic management. *Strategic Management Journal*, 18: 509-533.

[215] Tgriffith, F. & sawyer, J. (2006). Supporting Technologies and Organizational Practices for the Transfer of Knowledge in Virtual Environments. *Group Decision and Negotiation* 15: 407-423.

[216] Uzzi, B. 1996. The sources and consequences of embeddedness for the economic performance of organizations: The network effect. *American Sociological Review*, 61: 674-698.

[217] Van Buren, M.E. (1999), *the fifth discipline: the art and practice of the learning organization*. Doubleday, New York, N.Y.

[218] Von krogh, G. 1998. Care in Knowledge creation. *California Management*

Review, 40（3）: 133-153.

［219］Vonkrogh, G.（1998）. Care in Knowledge Creation. *California Management Review*, 40（3）, 133-154.

［220］Williamson, O.E.（May, 1973）, Markets and Hierarchies: Some Elementary Considerations, The American Economic Review, Papers and Proceedings of the Eighty-fifth Annual Meeting of the American Economic Association, 63（2）: 316-325.

［221］Williamson, O.E. 1991. Strategizing, economizing, and economic organization. Strategic Management Journal, *Winter Special Issue*, 12: 75-94.

［222］Xiu-Hao Ding & Rui-Hua Huang & Dong-Lin Liu. *Resource allocation for open and hidden learning in learning alliances*, Asia Pac J Manag DOI 10.1007/s10490-009-9189-5.

［223］Zander, U. & Kogut, B. 1995. Knowledge and speed of the transfer and limitation of organizational capabilities: an Emperical Test. *Organization Science*, Vol.6, No.1: 76-92.

［224］Zeira, Y., & Yeheskel, O., & Newbury, W.（2004）. A comparative analysis of performance assessment: International joint venture managers versus regional headquarters managers. *The International Journal of Human Resource Management*, 15: 670-682.

［225］Zhao Z.J. & Anand J., A multilevel perspective on knowledge transfer: evidence from the Chinese automotive industry. *Strategic Management Journal*, 2009, 30: 959-983.

［226］Zollo M., Winter S. 2002. Deliberate learning and the evolution of dynamic capabilities. *Organization Science* 13（3）: 339-351.

附录　调查问卷

《知识联盟运行绩效的实证研究》调研问卷

尊敬的公司领导：您好！

感谢您关注这份调研问卷，此次调研完全出于学术研究的目的，旨在研究企业构建知识联盟中的学习特征、构建的联盟特征等以及这些因素对知识联盟运行绩效的影响，您几分钟的作答将提供莫大的帮助，我们会对贵单位提供的信息进行保密，并承诺尽快将研究结果予以分享。非常感谢您的大力支持！

问卷填表说明

① 请项目合作管理活动的部门主管或参与合作的工作人员填写。

② 如果您填写的是电子稿问卷，请变更答案颜色即可。

③ 第二部分题项的作答请针对第一部分您所选择的合作项目填写。

④ 以下各题中的“知识”包含新技术，新产品，先进的服务理念、管理流程以及管理技能等。

第一部分　贵公司及填表人的基本信息

1. 公司所在地 ______　　公司存续时间 ______　　（年）

2. 贵公司的员工人数为以下哪个选项，在该选项前打√。

□50 人以下　□51—250 人　□251 人以上

3. 您目前负责的学习导向的合作项目是（请选定一项并针对此项目对合作过程填写本问卷）

□接受 / 吸收合作伙伴的知识 / 技术　□向合作伙伴提供技术服务

□合作开发新技术　□合作推广新技术　□其他

4. 贵公司与合作方的学习属于以下哪种类型？

□大体对等的合作学习　□获取对方知识为主的合作学习

□向对方传授自己知识为主的合作学习　□其他

5. 您所选择的项目和以下哪个伙伴开展合作？

□企业　□大学或科研院所　□政府部门　□中介机构（行业协会、联合会、生产力促进中心）□其他 ______（请填写您的具体情况）

6. 贵公司对外合作的主营业务属于

□制造业　□通信产业　□医药化工行业　□咨询业

□传媒产业　□软件开发服务业　□农业　□其他 ______（请填写您的具体情况）

7. 您的职务 ______　　8. 您所在的部门 ______

第二部分 问卷主体部分

一、企业学习变量

	完全不符合 ⟷ 完全符合
我们非常注意保护自己的核心知识	1 2 3 4 5
我们发现合作伙伴非常注意保护其核心知识	1 2 3 4 5
我们想从合作方那里获取合约之外的核心知识	1 2 3 4 5
合作伙伴想从我们这里获得约定之外的核心知识	1 2 3 4 5
我们彼此都把对方看作竞争对象，唯恐比对方学到的知识少	1 2 3 4 5
我们派遣的人员对合作工作流程能够熟练掌握	1 2 3 4 5
我们负责合作工作的人员会经常报告合作进展及绩效表现	1 2 3 4 5
以前的合作经验能够指导我们构建和监管目前的合作关系	1 2 3 4 5
我们会把合作中产生的问题和解决方案整理存档以供以后参考	1 2 3 4 5
在从事合作事宜的人员队伍中，有经验丰富的实践专家	1 2 3 4 5
在从事合作事宜的人员队伍中，有较高理论修养的专家	1 2 3 4 5
我们有能力把从合作伙伴那里学到的知识应用于其他非合作项目	1 2 3 4 5
我们有能力对合作伙伴的知识做适应性改进	1 2 3 4 5
我们习惯于与合作伙伴学习 / 传授约定的内容	1 2 3 4 5
我们鼓励从事项目合作的人员多体会对方的隐含性知识	1 2 3 4 5
从事合作事宜的员工敢于质疑我们既定的项目合作方针	1 2 3 4 5

续表

二、知识合作网络自身变量	
	完全不符合 ⟵⟶ 完全符合
我们除了与合作伙伴合作过之外，还和其他机构进行过类似项目合作	1 2 3 4 5
我们与合作机构合作次数很多	1 2 3 4 5
现在的合作是通过之前与我们合作的机构介绍而实现的	1 2 3 4 5
我们与行业内外交流的机会很多	1 2 3 4 5
我们不断尝试寻求新的合作的机会	1 2 3 4 5
我们相信为合作投入的知识能带来好收益	1 2 3 4 5
我们相信合作伙伴具备履行合作义务的能力	1 2 3 4 5
我们相信伙伴不会背弃我们	1 2 3 4 5
项目各方负责人变更与否不会影响我们之间今后的合作	1 2 3 4 5
我们与合作伙伴的组织文化不相同	1 2 3 4 5
各合作方的项目负责人处理业务的方法差异很大	1 2 3 4 5
各方合作学习的动机差异很大	1 2 3 4 5
我们和合作方业务领域差异很大	1 2 3 4 5
我方对于合作者的行为按照合同规定进行了监督	1 2 3 4 5
只有当合同规定了所有的合作细节后，双方才可以顺利地合作	1 2 3 4 5
双方倾向于在合同中详细地说明合作所涉及的全部细节	1 2 3 4 5
我们经常通过各种指标（财务指标或市场份额 / 占有率等）来检查合作的发展情况	1 2 3 4 5
我们越来越相信我们的合作伙伴了	1 2 3 4 5

续表

合作伙伴对我们的承诺（合作机会、开放自有知识）越来越多了	1 2 3 4 5
我们更愿意向合作伙伴承诺（合作机会、开放自有知识）了	1 2 3 4 5
合作伙伴从事项目合作工作的人员经常变化	1 2 3 4 5
我们从事合作工作的人员已经常变化	1 2 3 4 5
我们之间的关系正从合作向竞争方向转化	1 2 3 4 5
我们和伙伴通过个人接触，小团体交流等非正式渠道实现合作	1 2 3 4 5
我们和伙伴的合作内容和方式根据需要灵活变动	1 2 3 4 5
鼓励双方在合作内容的基础上进一步拓展合作的范围	1 2 3 4 5
合作方履行合作责任基本不需要彼此相互检查和监督	1 2 3 4 5

三、知识属性（转移的知识复杂和模糊程度）

	完全不符合 ⟷ 完全符合
我们合作学习的过程中发现	1 2 3 4 5
合作伙伴的技术 / 过程诀窍等知识很复杂，我们学不会	1 2 3 4 5
合作伙伴的技术 / 过程诀窍等知识的属性很模糊，我们无法辨别清楚	1 2 3 4 5
合作伙伴的技术 / 过程诀窍等知识不宜口头传授，我们只能意会	1 2 3 4 5
合作伙伴的技术 / 过程诀窍等知识没有什么蓝本、指导手册文件可以参考	1 2 3 4 5
合作伙伴的技术 / 过程诀窍等知识不能很好地适用于我们	1 2 3 4 5

续表

四、知识联盟运行绩效（即对合作学习过程与合作学习结果的效果评价的问题）	
（一）知识基础提升绩效	**完全不符合 ←→ 完全符合**
我们联合开发出了可以共享的新知识	1 2 3 4 5
合作各方管理合作关系的能力提升	1 2 3 4 5
合作各方获取对方技术（知识）的程度	1 2 3 4 5
我们运用旧知识的能力提高了	1 2 3 4 5
我们获取其他伙伴新知识的能力提升了	1 2 3 4 5
我们获得了进入合作项目外新的市场渠道	1 2 3 4 5
我们具备了开发合作项目之外新知识的能力	1 2 3 4 5
我们获得了进入合作项目外新的市场渠道	1 2 3 4 5
项目合作带来的知识远比我们投入的知识多了	1 2 3 4 5
合作伙伴管理项目的能力／技能提升了	1 2 3 4 5
（二）知识联盟运行过程绩效	**完全不符合 ←→ 完全符合**
我们与合作伙伴的合作频率高	1 2 3 4 5
我们会考虑优先选择原合作伙伴	1 2 3 4 5
我们以往经验能指导今后合作	1 2 3 4 5
我们不会退出目前与伙伴的合作关系	1 2 3 4 5
我们很愿意和合作伙伴以外的机构合作	1 2 3 4 5
我们与合作伙伴的合作过程很愉快	1 2 3 4 5
我们合作管理过程很满足	1 2 3 4 5
我们合作目标能够完成	1 2 3 4 5
我们对合作成果很满意	1 2 3 4 5
我们与合作伙伴关系很融洽	1 2 3 4 5
我们的技术在合作中能保持控制地位	1 2 3 4 5

续表

我们有优先选择合作与否的权利	1 2 3 4 5
我们合作开发的技术能更好地为我们使用	1 2 3 4 5
我们在本行业中的竞争力提升了	1 2 3 4 5
跨行业合作的机会增多了	1 2 3 4 5

后　记

自2008年攻读管理学博士学位，我初步体验了隔行如隔山的学科间差异。跨学科研究历程必然是辛苦的，但我也是幸运的，跟随恩师和金生教授的研究步伐，接触到了一个改变我未来学术生涯的研究领域。它似乎像一把神奇的钥匙，既打开了我的学术大门，也打开了我真正读书学习的法门。分散的知识片段、知识基因以某种特殊的方式对接，形式越多元化，新知识也就越容易创造出来，人的认知能力也越能提升。

也许正是在这样的思路引导下，每一次团队研讨，我都会从同门师兄师姐师弟师妹们的知识分享中，获得各种新奇的想法。现在想来，对我而言，所谓灵感也许正是跨学科思考所带来的神奇效应，它不但打开了我分析思考问题的学术视野，也得以更好地反哺到我的教学工作中，产生了全新的课堂体验，使我总能从跨学科的角度增加课堂教学的互动频率，加深分析的维度和深度，这也许是能从学生们那里获得认可的一个原因。学习路上，师生共进，教学相长。在此，感谢那些教导过我的所有老师们，也感谢为课堂做出贡献的所有学生们，他们的好学是我进一步深入学习的动力。

选题的过程是痛苦的。一次次地探索、碰壁、再探索、再碰壁……这种焦头烂额的生活状态至今历历在目，事实上，这种日子对于每一个走在科研道路上的人，都是一种常态，并且延续一生。犹记得，做博士论文的日日夜夜，一边是无边无际的学术深海，一边是懵懂顽皮的年仅3岁的女儿。哄她入睡时斗智斗勇，待其睡下，方再爬起的日日夜夜，如今看来，像是看另一个人的人生经历。可笑的是，原本以为自己在斗智斗勇中是胜利者，多年后，女儿跟我提起这些经历，说她知道，妈妈总是在她睡着了就爬起来工作的事宜，只是也困了，就干脆不闹了。

尽管经历内心的煎熬，功夫还是不负有心人，我还是遇见了我的幸运词汇：知识联盟，结缘知识联盟这一选题更是我的幸运。因为，读博第一学期，以《我国知识联盟发展现状及其运行绩效的实证研究》为题首次申请教育部人文社科青年项目，并获批了！人生的转折和学术新生从此开启，进入固定研究领域，虽然节奏单一，然深陷其中，自得其乐。每当一篇论文经过反复修改被期刊录用，收获的狂喜简直可以扫掉平日积累的所有沉闷，一颗心怀学术研究的心就这样一点点被激活了。一个念头闪现，深夜探身记录灵感的场景也恍如昨日。

在那攻坚克难的日子里，犹记得简陋的办公室像一块巨大的磁铁吸引着我，每日牵引着我从家到办公室的往返。因为，我始终相信“世上无难事，只怕有心人”的至理名言，也相信终有“柳暗花明又一村”的情景出现，所以才能踏着这些泥泞，充满着勇气在摸索中前行。

求学路上我是幸运的，其一，我有幸得到了导师和金生先生的指导，使我的思维如脱缰一般畅游在知识的海洋中；其二，我有幸得到所在单位全额资助攻读全脱产博士学位的机会，使我摆脱了经济上的后顾之忧；其三，我有幸得到了教育部人文社会科学青年项目的基金资助，使我能轻松地奋战在科研攻关的道路上，并获得丰收的喜悦。

在此，首先我要感谢睿智而不乏幽默，谦和而不乏敏锐的导师和金生先生。与先生的结识并有幸成为其门下的弟子，是我有生以来最大的收获。先生和蔼可亲，为人谦和的风范让我领略到什么是学者的涵养，什么是文化积淀赐予人的气质。多年过去了，2008年第一次见到先生时的情景犹如昨日才发生的事情！因为工作的变迁，我在先生身边追随的时间常常被遥远的距离所分割，没有从恩师身上学到更多的知识和方法，没有更多机会亲自接受先生的教诲，一直是一件遗憾的事情。导师和金生先生所开展的关于知识的类生物学说的研究领域，为我辈提供了探索知识本身奥秘的宽松而自由的学术思想空间，在先生门下，我感悟到知识创造的力量以及知识共享给予的创意空间。很感谢先生给予我的无价精神财富，和先生共处的时光必然是我求学路上不朽的回忆。

我还要感谢一直在我身边默默关心和支持我的亲人。科研的道路是艰辛的，但是父母的鼓励和认可都更坚定了我的信念。感谢我的爱人李春雷教授对我工作和学术研究的支持，一直是他的鼓励才使我选择走上了学术研究的道路，一路走来，他既是我的同学，一起成长；也像是导师，在关键路口给予我影响终身的建议；感谢我的女儿和儿子，他们的出现让我的生命有了更深刻的意义，能体会到其他任何力量都无法给予的快乐和勇气。

我要衷心感谢我的同门师兄弟姐妹、同窗好友及身边关心支持我的各位朋友，我学习、工作、生活中的每一点进步，离不开你们的鼎力相助。另外，感谢在论文写作中所查阅的各参考资料的作者们，是他们的智慧给了我无尽的灵感。

书稿从初稿、修订到最终付梓，历经10个年头，其中滋味品起来，五味杂陈。除了终于要松一口气外，更多是忐忑。经历多年的学术历练，愈发感受到学术研究的神圣，当初那个懵懵懂懂进入管理学领域的“门外汉”依然还是刚窥冰山之一角的懵懂学生，越是接近它，越觉得自己进入了“绝望之谷”，好在学科归属最终尘埃落定，希望自己在今后的教学与科研工作中，不断孜孜以求，在探索和收获新知中收获更多的快乐。

最后，向所有给予鼓励、支持与帮助的单位和个人致以深深的谢意！特别感谢我的工作单位广州大学各位领导和同仁对本书出版的鼓励和支持。书稿在二校后，2022年2月底上海疫情集中爆发，停工停产停学……全国人民抗疫号角再次吹响，上海各界人士为此更是付出了巨大的努力和代价，此书能够顺利出版，要特别感谢疫情稳定后复工的上海三联书店的各位工作人员，尤其向杜鹃女士对本书疏漏之处的不吝指正以及严谨负责的工作态度致敬！

是为记！

任慧于广州

二零二一年四月

图书在版编目(CIP)数据

企业知识联盟及其运行绩效评价研究/任慧著. —上海：上海三联书店，2023.1
ISBN 978-7-5426-7778-5

Ⅰ.①企… Ⅱ.①任… Ⅲ.①企业联盟-企业绩效-研究-中国 Ⅳ.①F279.244

中国版本图书馆 CIP 数据核字(2022)第 134560 号

企业知识联盟及其运行绩效评价研究

策　　划 / 徐锦燕
著　　者 / 任　慧

责任编辑 / 杜　鹃
装帧设计 / 一本好书
监　　制 / 姚　军
责任校对 / 王凌霄

出版发行 / 上海三联书店
(200030)中国上海市漕溪北路 331 号 A 座 6 楼
邮　　箱 / sdxsanlian@sina.com
邮购电话 / 021-22895540
印　　刷 / 上海惠敦印务科技有限公司

版　　次 / 2023 年 1 月第 1 版
印　　次 / 2023 年 1 月第 1 次印刷
开　　本 / 890mm×1240mm　1/32
字　　数 / 230 千字
印　　张 / 10.875
书　　号 / ISBN 978-7-5426-7778-5/F·869
定　　价 / 79.00 元

敬启读者，如发现本书有印装质量问题，请与印刷厂联系 021-63779028